D1732198

Unternehmen versinken im Datenmüll

Ansätze und Vorgehen für ein effizienteres Datenmanagement

www.symposion.de/it-management

Herausgegeben von
WOLFGANG L. BRUNNER, MARTIN G. BERNHARD, JÜRGEN WEBER

Redaktion
MARKUS KLIETMANN

Mit Beiträgen von
MARTIN G. BERNHARD, WOLFGANG L. BRUNNER, JESPER DEGN, OLIVER GÖNNER,
RALF KRISTÉLL, INGO OCHLAST, FRANK PIONTEK, KAI SCHIEFER, JOACHIM SCHREY,
OLIVER STRUCK, JÜRGEN WEBER, SUSANNE WILBERG, CORNELIA ZWIRNMANN

Impressum
Unternehmen versinken im Datenmüll

Herausgeber
Wolfgang L. Brunner,
Martin G. Bernhard,
Jürgen Weber

Projektentwicklung
Markus Klietmann,
Symposion Publishing

Redaktion
Markus Klietmann

Satz
Karen Fleming, Martina Thorenz
Symposion Publishing

Druck
CPI buch bücher.de
Frensdorf

Umschlaggestaltung
Symposion

Photo
© NilsZ – Fotolia.com

ISBN 978-3-939707-63-9
1. Auflage 2011
© Symposion Publishing GmbH,
Düsseldorf
Printed in Germany

Begleitdienst zu diesem Buch
www.symposion.de/it-management

Redaktionelle Post bitte an
Symposion Publishing GmbH
Münsterstr. 304
40470 Düsseldorf

Bibliografische Information der Deutschen Bibliothek:
Die Deutsche Bibliothek verzeichnet diese Publikation
in der Deutschen Nationalbibliografie; detaillierte
bibliografische Daten sind im Internet über
http://www.ddb.de abrufbar.

Unternehmen versinken im Datenmüll

Ansätze und Vorgehen für ein effizienteres Datenmanagement

www.symposion.de/it-management

Immer mehr Unternehmen leiden unter einem ganz neuen Abfall-problem: Datenmüll. Die zunehmende Nutzung digitaler Kommu-nikationsmittel führt zu einer wachsenden Informationsflut und lässt den Vorrat an gespeicherten Daten geradezu explodieren. Aber was davon ist wertvoll, was nicht? Für Unternehmen ist Datenmüll nicht nur eine Kostenfrage, sondern auch organisatorisch eine echte Her-ausforderung. Wie lässt sich Datenmüll regelmäßig aufspüren und entsorgen?
Diese Frage untersuchen die Autoren des vorliegenden Buchs. Sie zeigen anhand ausgewählter Beiträge exemplarisch die Situation in verschiedenen Geschäftsbereichen auf und erläutern, wie Datenmüll entsteht, welche Risiken daraus resultieren und warum man digitale Altlasten nicht ohne Weiteres löschen kann. Neben der Klärung der rechtlichen Aspekte beschreiben sie Lösungsansätze für den richtigen Umgang mit Daten.

Das Buch behandelt dabei unter anderem folgende Aspekte:
⇨ wie man Datenmüll erkennt und entsorgt,
⇨ warum zu viel Information gesundheitliche Folgen haben kann,
⇨ wie man Dokumente so handhabt, dass kaum Datenmüll entsteht,
⇨ wie man mit kritischen und sensiblen Daten umgeht,
⇨ wie sich redundante Datenbestände vermeiden lassen,
⇨ wie man einen Prozess zum Datenmüllmanagement einführt,
⇨ Einblicke in die Praxis von Banken und Versicherungen.

Über Symposion Publishing

Symposion ist ein Fachverlag für Management-Wissen und veröffentlicht Bücher, Studien, digitale Fachbibliotheken und Onlinedienste.

Das Programm steht auch zum Download zur Verfügung – über das Verlagsportal kann der Leser nach Kapiteln suchen und diese individuell zusammenstellen. Wissen ist damit blitzschnell verfügbar – jederzeit, praktisch überall und zu einem attraktiven Preis.

www.symposion.de

Unternehmen versinken im Datenmüll

Ansätze und Vorgehen für ein effizienteres Datenmanagement

Herausgeber und Autoren

Herausgeber

Martin G. Bernhard

Dipl.-Ing. (Wirtschaftsingenieur) (M.B.A.) ist geschäftsführender Gesellschafter der ECG Management Consulting GmbH in Berlin. Er ist seit 1987 als Management Berater in den Bereichen Strategie, Organisationsentwicklung und Informationsmanagement für national und international agierende Unternehmen tätig. Martin G. Bernhard war vor seiner Tätigkeit unter anderem bei Mercer Management Consulting und bei Arthur D. Little International beschäftigt. Er ist Mitherausgeber von 9 Fachbüchern in den Bereichen IT-Management sowie Strategie- und Organisationsentwicklung sowie Autor zahlreicher Fachbeiträge. Darüber hinaus hat er in den letzten fünfzehn Jahren zahlreiche Vorträge und Seminare im In- und Ausland gehalten. Neben seiner Tätigkeit bei der ECG ist und war er in Aufsichtsrats- und Beiratsfunktionen für verschiedene Unternehmen tätig.

Wolfgang L. Brunner

Prof. Dr., ist seit 1997 Professor an der Hochschule für Technik und Wirtschaft, Berlin. Nach dem Studium der Betriebs- und Volkswirtschaftslehre in Regensburg und Berlin war er für 20 Jahre im Finanzdienstleistungssektor aktiv. Einschlägige Veröffentlichungen zum Bankmanagement liegen als Monographien und Beiträge in Fachzeitschriften und Sammelwerken vor. Herr Brunner ist Vorsitzender des Vorstandes des Berliner Instituts für Bankunternehmensführung. Er hält engen Kontakt zur unternehmerischen Praxis über Unternehmensberatungs- und Aufsichtsratstätigkeit.

Jürgen Weber

Dr., Associate Partner ECG, Berlin, Schwerpunkte: IT-Strategie, Sourcing, virtuelle Organisationen und Technologieberatung. Promotion in Biophysik/Pharmakologie, danach tätig bei Schering AG in Berlin, Leiter der »IT Kommunikation und Infrastruktur« beim Hoechst-Schering Jointventure AgrEvo, später Aventis CropScience (Outsourcing, Business Technology Alignment und Change Management). Zur Zeit: Arbeit an der Schnittstelle Klinische Prüfungen und Informationstechnologie

Autoren

JESPER DEGN
ist leitender Angestellter bei den Versicherungsunternehmen Deutscher Ring in Hamburg und leitet den Bereich Interne Dienste.
Er verantwortet die Abteilungen Posteingang
(Eingangsbearbeitung, Scannung, Erkennung
und Archive), Betriebsdienste (Medienproduk-
tion, Materialverwaltung und Postausgang)
und Betriebsstätten (Zentrale Leittechnik,
Raumplanung, TK-Anlagen und Netze).
Davor hat er den Bereich Informatik-Betrieb
geleitet. Er arbeitet für verschiedene Unternehmen im Bereich der Fortbildung mit dem
Schwerpunkt Vertragsgestaltung mit Blick auf
SLAs und Kostenoptimierung.

OLIVER GÖNNER
Rechtsanwalt, hat sich nach dem Studium
der Rechtswissenschaften auf die Beratung im
Bereich Datenschutz spezialisiert. Seit 2004 ist
er Inhaber der Rechtsanwaltskanzlei Gönner
und hat im Sommer 2010 das Datenschutz-
Beratungsunternehmen SICODA GmbH
gegründet. Zurzeit ist er für diese Unternehmen als Berater, Dozent und externer Datenschutzbeauftragter tätig.

RALF KRISTÉLL
ist seit über 20 Jahren in verschiedenen IT-
Positionen international tätig. Angefangen
bei der Schering AG war Kristéll später im
Hoechst-Konzern und bei Aventis Cropscience beschäftigt. Heute ist er bei der IBM
als Delivery Project Executive tätig. Kristéll
ist Diplom-Ingenieur der Technischen Informatik mit einem mehrjährigen Studium der
Nachrichtentechnik. Er wurde 2003 durch
das Project Management Institute (PMI) zum
Project Management Professional (PMP) zertifiziert. Bei der IBM erwarb Kristéll die höchst
mögliche Zertifizierungsebene eines Executive
Project Managers. Kristéll ist seit 2005 ITIL
Foundation zertifiziert. Die aktuellen Schwerpunkte seiner Arbeit bilden die Leitung großer

Projekte im Application-Maintenance-Bereich
und die Weiterentwicklung der Project Management Profession der IBM.

INGO OCHLAST
Dr., promovierte nach Abschluss seines Hoch-
schulstudiums 2003 an der Universität Wien
und Bonn. Im Anschluss erfolgte seine Fach-
arztausbildung zum Arbeitsmediziner.
Seit Dezember 2008 ist er leitender Arbeitsmediziner der Hochschule für Wirtschaft und
Technik in Berlin. Zu seinen Kompetenzen
gehören die arbeitsmedizinische Betreuung
(Vorsorgeuntersuchungen, Begehungen und
Beratungen), Begutachtung und Einsatzbeur-
teilungen.

FRANK PIONTEK
ist Dipl. Wirtschaftsinformatiker (FH) und
bei einem weltweit führenden Unternehmen
im Bereich der Medizintechnik als IT-Sicher-
heitsverantwortlicher und Datenschutzbeauftragter angestellt. In seiner vorherigen Position
war er mehrere Jahre in der IT-Strategiebe-
ratung tätig. Hr. Piontek verfügt über umfangreiche Erfahrungen im IT-Umfeld, nicht
zuletzt durch seine über 10-jährige Tätigkeit
in verschiedenen IT-Positionen im In- und
Ausland eines führenden internationalen Che-
mieunternehmens.

KAI SCHIEFER
Der Autor Schiefer ist Richter und zur Zeit
dem Amtsgericht Dortmund zugewiesen.
Zuvor war er während des Referendariats für
den Datenschutzbeauftragten der Stadt Düsseldorf und der Heinrich-Heine-Universität
Düsseldorf sowie im Anschluss mehrere Jahre
für ein Bonner Datenschutzberatungsun-
ternehmen als Berater, Dozent und externer
Datenschutzbeauftragter tätig.

JOACHIM SCHREY
Prof. Dr. iur., Rechtsanwalt, Partner im Büro
Frankfurt von Noerr LLP, spezialisiert auf
IT- und Datenschutzrecht. Prof. Dr. Schrey
betreut komplexe IT-Projekte, insbesondere
IT-Systemintegrations- und IT- sowie Business

Process-Outsourcingverträge, und berät auch bei IT-Projektkrisen. Datenschutzrecht und IT-Compliance gehören ebenso zu seinen Fachgebieten. Er ist Mitglied des Aufsichtsrats einer deutschen Versicherungsgesellschaft sowie Honorarprofessor und Lehrbeauftragter an der Universität Frankfurt und bei der ebs Executive Education GmbH, Oestrich-Winkel.

OLIVER STRUCK
ist gelernter Bankkaufmann. Seit seinem Jurastudium arbeitete er in verschiedenen Positionen bei der G&H Bankensoftware AG. Als einer der ersten Mitarbeiter der G&H Bankensoftware prägte er dabei nicht nur maßgeblich die Entwicklung des BANCOS Wertpapier- und des BANCOS Kreditsystems, sondern forcierte auch die Erschließung neuer Geschäftsfelder und Märkte. Im Mai 1999 wurde ihm Prokura erteilt; im selben Jahr wurde er Mitglied des Vorstands und ist seitdem für die Ressorts Entwicklung, Marketing und Vertrieb verantwortlich.

SUSANNE WILBERG
ist ausgebildete Werbemanagerin und war in dieser Funktion langjährig in Agenturen sowie in Marketingabteilungen von nationalen und internationalen Unternehmen, zuletzt sieben Jahre bei Sony, tätig. Mitte 2007 gründete sie mit zwei Partnern den Online-Reputation-Service »DeinguterRuf.de« und war dort in der Geschäftsleitung tätig.
Seit Anfang 2010 entwickelt sie mit ihrer Kommunikationsberatung Wilbergkommunikation Online-Reputations- und Social Media-Konzepte sowie Online-Projekte.

CORNELIA ZWIRNMANN
studierte Betriebswirtschaftslehre und Fachjournalismus. Sie arbeitet als Business Consultant und Produktmanagerin für das Berliner SB-Spezialistenhaus SARROS GmbH.

9

Die Herausforderung Datenmüll – eine Einführung

Ein neuer Müllberg wächst heran. Er stinkt nicht und ist nahezu unsichtbar. Dennoch birgt er haufenweise Probleme. Bislang sind die Folgen des dramatischen Wachstums von Datenmüll kaum untersucht. Doch die Risiken insbesondere für Unternehmen, sind hoch.

In diesem Beitrag erfahren Sie:
- warum die Omnipräsenz von Information in der Informationsgesellschaft zu einem Problem wird,
- was Datenmüll eigentlich ist,
- wodurch er entsteht und welche Folgen daraus resultieren.

Wolfgang L. Brunner, Martin G. Bernhard, Jürgen Weber

Die Problematik Datenmüll

Eine unübersehbare Besonderheit kennzeichnet die heutige Wissensgesellschaft: Die Omnipräsenz von Informationen. Egal ob im Privaten oder im Business, niemand kann sich dem Informationsüberangebot entziehen. Auf immer mehr Kanälen verbreiten sich Daten geradezu explosionsartig. Es herrscht kein Mangel an Information, sondern eher ein eigentümlicher Notstand, der durch die schiere Informationsmenge und unseren nur mäßig ausgeprägten Fähigkeiten, damit umzugehen, resultiert.

Doch dass das Phänomen Informationsüberflutung eine stark individuelle Komponente (subjektives Empfinden) hat und nicht allein durch unsere heutigen technischen Entwicklungen hervorgerufen wird, zeigt das folgende Zitat:

> *»Eine der Krankheiten dieser Zeit ist die Überzahl an Büchern – so überladen ist die Welt von ihnen, dass es unmöglich ist, den Wust an unnützem Zeug zu verdauen, der täglich ausgebrütet und in die Welt geworfen wird.«*

Der Ausspruch stammt von Barnaby Rich aus dem Jahr 1613 [1] und greift das eigentliche Dilemma vorweg, in das die moderne Informationsgesellschaft geraten ist. Es zeigt aber auch, dass das Phänomen der Informationsüberflutung schon seit langem beklagt wird.

Das heutige Informationswachstum führt zwangsläufig zu einem neuen und bisher kaum untersuchten Phänomen, dessen Folgen insbesondere für Organisationen und die Menschen, die in ihnen tätig sind, in diesem Werk untersucht werden sollen: Datenmüll.

Die schiere Menge täglicher Informationen und die unvollkommenen Methoden sie zu bewältigen verdeutlichen, dass die eigentliche Herausforderung darin besteht, unseren Umgang mit Information weiter zu entwickeln: Es geht um die Optimierung von Methoden des Vergleichens und Aufarbeitens von Information, die Hand in Hand mit organisationalen Veränderungen gehen müssen.

Datenmüll, zunächst als nutz- und wertlose Daten eines Unternehmens oder einer Institution verstanden, ist eine gewaltige Herausforderung. Schon allein die wachsende Nutzung digitaler Kommunikationsmittel führt zur sprunghaften Zunahme veralteter Daten. Was davon ist wertvoll, was nicht? Für Organisationen ist das Aufbewahren von Datenmüll insbesondere eine Kostenfrage. Das sollte die erste Erkenntnis eines für die Speicherkapazitäten Verantwortlichen sein. Weiter muss er die Frage beantworten, ob seine Organisation in der Lage ist, unnützes Aufbewahren von Daten zu reduzieren oder auf Verfahren zurückgreifen kann, mit denen Datenmüll regelmäßig aufgespürt und dann entsorgt werden kann. Darüber hinaus gibt es eine Vielzahl rechtlicher Aspekte, die nicht unbeachtet bleiben können.

Dieses Buch zeigt anhand ausgewählter Beiträge exemplarisch die Situation in verschiedenen Geschäftsbereichen auf. Neben der Klärung der rechtlichen Aspekte von Datensammlungen will es Lösungsansätze beschreiben, die es ermöglichen, der Datenflut Herr zu werden.

Was ist eigentlich Datenmüll?

Daten, Informationen, Nachrichten und Wissen sind die tragenden und zugleich auch prägenden Begriffe in unserer Informationsgesellschaft. Während der Begriff Daten als logisch strukturierte Informationseinheiten einfach, verständlich und messbar ist, entzieht sich der Begriff Information durch die Weitläufigkeit der Verwendung einer allgemeingültigen Definition. Neben der Nachrichtentechnik und Informatik befassen sich die Semiotik als Teilgebiet der Sprachwissenschaften, die Erkenntnistheorie und die Wissenschaftstheorie mit der Aufarbeitung des Begriffes Information.

Die Generierung und Anwendung von Wissen findet im Kopf statt. Modelle wie die Wissenstreppe von North [2] verdeutlichen, dass letztlich die Wettbewerbsfähigkeit eines Unternehmens gefährdet ist, wenn der individuelle Transformationsprozess von Information zu Wissen nachhaltig gestört ist.

North kennzeichnet Wissen als die Zusammensetzung und die Kombination von Zeichen, Daten und Information. Wissen ist seiner Ansicht nach ein individueller, kognitiver Prozess, dessen Anwendung zu einer bestimmten Könnerschaft führt, die durch Wollen zum Handeln wird. Die hiernach übergeordnete Stufe des Handelns ist die Kompetenz. Erst wenn diese im richtigen Kontext und im Zusammenhang mit Einzigartigkeit stehen, wird Wettbewerbsfähigkeit erreicht und im besten Fall auch verstärkt. Datenmüll entsteht immer dann, wenn der Transformationsprozess von den gesammelten Daten über Information zu Wissen im Sinne von North gestört ist.

Im Rahmen des vorliegenden Buches ist die schon erwähnte Wissenstreppe von North ein probates Modell, vor dessen Hintergrund der Einfluss der verschiedenen Aspekte der Datenmüllproblematik auf die Störung des Transformationsprozesses von Daten hin zu Wissen erläutert werden soll.

Wodurch entsteht Datenmüll?

Schon in der Steinzeit übte sich der Mensch nicht nur im Jagen, sondern auch im Sammeln. Doch lässt sich die heutige Datensammelwut auf Verhaltensrelikte aus der menschlichen Stammesgeschichte reduzieren? Dieser Blickwinkel reißt zwar einige überraschende Aspekte bei der Betrachtung der Ursachen an [3], leistet aber keinen wirklichen Beitrag zur Lösung des Problems.

Ein gutes und sicherlich nicht seltenes Beispiel für die Entstehung von Datenmüll im privaten Bereich ist die digitale Photographie. Die technische Entwicklung macht es möglich, dass immer mehr Bilder – also Daten – praktisch ohne weitere Kosten angehäuft werden. Mit jedem Urlaub und mit jedem Event wird die private Sammlung um zahllose Bilder erweitert. Neben Datum und Uhrzeit stehen bisher kaum automatisierbare Kriterien für die ausufernden Sammlungen im Hinblick auf die Sortierung und Verwaltung zur Verfügung. Obwohl durch die GPS-Integration in moderne Kameras in Zukunft auch die Ortsinformationen zur Verfügung stehen oder durch Mustererkennung in Bildern ein objektorientiertes Aufspüren von Bildern möglich scheint, gibt es keine wirkliche Alternative zur manuellen Verschlagwortung. Diese sprengt jedoch den für solche Aufgaben verfügbaren zeitlichen Rahmen. Bilder verlieren somit nicht nur durch die schiere Menge an individuellem Wert, sondern auch durch die stark eingeschränkte gezielte Wiederauffindbarkeit einzelner Bilder. Schließlich wird sich der private Bildermacher mehr auf das Photographieren konzentrieren und weniger auf das Betrachten seiner Bilder. Wenn durch die zunehmende Unübersichtlichkeit der Sammlung einerseits der Zeitaufwand für die Suche nach einem bestimmten Photo unangemessen hoch sein wird und andererseits die heimische Festplatte an die Grenzen ihrer Kapazität gelangen wird, stellt sich zwangsläufig die Frage nach dem weiteren Aufbewahren der Bilder. Rationale Überlegungen werden in diesem Beispiel sicherlich von irrationalen, eher emotionalen Aspekten überlagert. Die Folge dürfte sein, dass eher die Speicherkapazitäten erweitert werden, um nicht über das Eliminieren einzelner Photos entscheiden zu müssen. Unternehmen und Institutionen müssen sich indes dieser Herausforderung stellen.

Datenmüll ist insbesondere für die Wirtschaft, aber auch für Institutionen der öffentlichen Hand ein stark wachsendes und zugleich unbequemes Problem. Viele Unternehmen wissen nicht genau, welche Daten in ihrer Organisation wirklich vorhanden sind. Unternehmensübernahmen oder -verkäufe machen die Situation nicht besser. Häufig fehlen eine systematische Inventarisierung der unterschiedlichsten Datenbestände und die sich notwendigerweise anschließende Definition von Prozessen, die der Datenanalyse und damit der Generierung von Wissen dient. Hier liefert der Beitrag von *Kristéll* in diesem Buch ein sehr anschauliches Beispiel.

Unternehmen und in zunehmendem Maße auch Privatpersonen sind durch Regularien und Gesetze gezwungen, Daten über einen längeren Zeitraum vorzuhalten. Besonders drastische Verschärfungen sind infolge der tragischen Ereignisse des 11. Septembers 2001 und der zahlreichen Wirtschaftsskandale der letzten zehn Jahre eingeführt worden. Bedauerlicherweise sind die Ausführungsbestimmungen oft nicht sehr konkret, so dass häufig alle Daten über sehr lange Zeiträume gespeichert werden. Dies ist besonders bei Systemen wie E-Mail, die extrem hohe Datenzuwachsraten generieren, problematisch.

Ein weiterer Datenmüllerzeuger sind die zahlreichen Vorversionen bei der Planung, Organisation und Durchführung von Projekten. In Projekten werden beispielsweise Präsentationen zu Projektmeilensteinen erarbeitet. Kurz vor einem Meilensteintermin werden regelmäßig noch zahlreiche Ergänzungen z. B. durch Vorabstimmungsprozesse in die Präsentations- oder Berichtsversion eingearbeitet. Zusätzlich werden die Präsentationen oder Berichte auch noch an einen großen Verteilerkreis per Mail verteilt. Diese Dateien verteilen sich redundant auf zahlreichen Datenträgern. Ein sehr hoher Teil dieser so erzeugten und verteilten Präsentationen oder Berichte ist Datenmüll. Generell werden für ein »Datei-Endprodukt« zahlreiche Vorversionen erstellt, an einen großen Verteilerkreis versendet und auf verschiedenen Datenträgern redundant gespeichert. Durch diese Prozesse explodiert quasi das

Datenvolumen und der weitaus größte Teil des Datenvolumens fällt als Datenmüll ab. Daraus allein entstehen u. a. die folgenden Fragestellungen:

⇨ Findet jeder betroffene Mitarbeiter auch nach längerer Zeit tatsächlich wieder die Endversion zum Projektmeilenstein?

⇨ Nach welchen Regeln sollen die Vorversionen eines Endproduktes gelöscht bzw. sicher entsorgt werden?

⇨ Wie kann dieses stetig wachsende Datenvolumen beherrscht werden?

⇨ Welche Risiken bestehen für das Unternehmen bzw. die Organisation, wenn für den erzeugten Datenmüll keine sichere Entsorgung erfolgt?

Die Projektmanagement-Methoden verlangen zwar die Einrichtung einer verbindlichen Ablagestruktur für das Projekt, jedoch findet das Thema der Datenmüllentstehung und -beseitigung im oder nach dem Projekt keine Berücksichtigung.

Ob E-Mails, Projektdokumente, die Umsetzung von Gesetzesanforderungen oder die Nutzung neuer Technologien (z.B. unternehmensinterne Videokanäle): die Datenmenge und damit auch der Datenmüll steigen! Die Firma Balesio AG, ein Anbieter von Dateioptimierungs-Technologien, geht von einem weltweiten Datenwachstum von 2009 (mit 800.000 Petabyte) bis zum Jahr 2020 (auf 35.000.000 Petabyte), also eine mehr als Vervierzigfachung des Datenvolumens in etwas mehr als einem Jahrzehnt.

Kreditinstitute sind – wie andere Unternehmen des Finanzdienstleistungssektors auch – Prototypen für den schier unstillbaren Datenhunger. Dies liegt in der Natur der Sache. Sie produzieren keine Güter. Sie erbringen ausschließlich Finanzdienstleistungen. Diese sind nicht lagerfähig und entstehen erst im Augenblick ihrer Nachfrage. Damit müssen Banken einen erheblichen – heute elektronisch gestützten – Vorrat an Finanzdienstleistungen vorhalten. Dazu kommt die Abwicklung meist standardisierter Vorgänge, wie z. B. Online-Überweisungen oder Barabhebungen am Geldausgabeautomaten. Auf Grund einer

Vielzahl gesetzlicher Vorschriften speichern Banken Kundendaten. Die persönlichen Daten werden während der Dauer der Kundenbeziehung vorgehalten. Daneben speichert ein Kreditinstitut auch die für den Kunden abgewickelten Transaktionen, so dass sich ein Kundenberater im Falle eines Beratungsgesprächs auf seinem »Schirm« einen vollständigen Überblick über die Kundenverbindung verschaffen kann. Neben diesen Beispielen aus dem Bankenbereich zum Thema Datenbevorratung bieten zudem die Beiträge von *Brunner, Struck, Wilberg* und *Zwirnmann* Lösungsansätze zu dieser Problematik.

Die folgende Tabelle soll einen Überblick vermitteln, welche ausgewählten Gesetze und Regularien zur Datenbevorratung zwingen.

Tabelle 1: Ausgewählte Gesetze und Regelungen mit Bezug zum Thema »Daten«

	Geltungs-bereich	Speicherobjekt	Dauer	gültig seit	Kommentar
»Gesetz zur Neurege-lung der Telekommu-nikationsüberwachung und anderer verdeckter Ermittlungsmaß-nahmen« [4]	Deutschland, Telekommuni-kationsunter-nehmen	Verpflichtung von Telekom-munikationsanbietern zur Speicherung von Verbin-dungsdaten (keine Inhalte) von Telefongesprächen und Internetdiensten (E-Mail, VoIP), bei Mobiltelefon auch die benutzten Funkzellen.	6 Monate	Am 2. März 2010 hat das Bundes-verfassungsgericht das Gesetz für un-vereinbar mit dem Grundgesetz und damit für nichtig erklärt [5].	Alle Daten sind gelöscht worden. Eine EU-Richtlinie (2006/24/EG) ver-pflichtet Deutschland jedoch zur Wiederein-führung eines Gesetzes zur Vorratsdatenspei-cherung.
EU-Richtlinie 2006/24/EG [6]	Mitglied-staaten der Europäischen Union	Verpflichtung von Telekom-munikationsanbietern zur Speicherung von Daten, die zur Feststellung des Teilneh-mers oder Benutzers von Telefon- und Internetdiens-ten (E-Mail, VoIP) erforder-lich sind (keine Inhalte). Bei Mobiltelefonie werden auch die genutzten Funkzellen gespeichert.	Mindes-tens 6 Monate, maxi-mal 24 Monate	Umsetzung in Deutschland durch das Bundesverfas-sungsgericht am 2. März 2010 für nichtig erklärt.	

Tabelle 1: Ausgewählte Gesetze und Regelungen mit Bezug zum Thema »Daten« (Fortsetzung)

	Geltungsbereich	Speicherobjekt	Dauer	gültig seit	Kommentar
Gesetz über das Verfahren des elektronischen Entgeltnachweises vom 28. März 2009 (ELENA)	Deutschland	Die Einkommensdaten (Name, Anschrift, Versicherungsnummer, Geburtsdatum, Einkommenshöhe, Art des Einkommens, die Beitragsgruppen) aller Beschäftigten werden an die »Deutsche Rentenversicherung Bund« in Würzburg übertragen. Die Übermittlung der Meldung an die Zentrale Speicherstelle ist zu protokollieren.	.	Die Meldung von Daten durch die Arbeitgeber erfolgt seit dem 1. Januar 2010. Ab 1. Januar 2012 wird das Datenabrufverfahren verfügbar sein.	Zugriff ist nur für berechtigte Behörden nach Freigabe durch den beschäftigten Bürger ab 2012 vorgesehen. Beispiel: Ein Wohngeldantragsteller berechtigt die Behörde die zur Wohngeldberechnung benötigten Daten abzurufen.
SWIFT-Abkommen [8]	Mitgliedstaaten der Europäischen Union	Zugriff US-amerikanischer Behörden auf die Daten der SWIFT (Society for Worldwide Interbank Financial Telecommunication). Speicherung von Name und Adresse des Absenders und des Empfängers einer Überweisung in die USA sowie einer innereuropäischen Bargeldanweisung.	Bis zu 5 Jahre	Am 8. Juli 2010 durch das Europäische Parlament gebilligt.	

Tabelle 1: Ausgewählte Gesetze und Regelungen mit Bezug zum Thema »Daten« (Fortsetzung)	Geltungs-bereich	Speicherobjekt	Dauer	gültig seit	Kommentar
SWIFT-Abkommen [8]	Mitglied-staaten der Europäischen Union	Widersprüchlich sind Aussagen, ob die Bankdaten an Drittstaaten weitergegeben werden dürfen.	Bis zu 5 Jahre	Am 8. Juli 2010 durch das Europäische Parlament gebilligt.	
Basel II (= Eigenkapitalvorschriften für alle Kreditinstitute und Finanzdienstleistungsinstitute, die vom Basler Ausschuss für Bankenaufsicht vorgeschlagen wurden) Kreditwesengesetz, Solvabilitätsverordnung Mindestanforderungen an das Risikomanagement (MaRisk) [9]	Mitglied-staaten der Europäischen Union	Regulatorische Eigenkapitalanforderungen richten das Kreditgeschäft stärker am tatsächlichen Risiko aus, mit der Folge, dass umfangreichere Kundendaten erhoben werden. Darüber hinaus werden interne und externe Ratingurteile herangezogen. Kreditwürdigkeit wurde vor allem an vergangenen Zahlen (Bilanzen) festgelegt. Durch Basel II fließen auch in die Zukunft gerichtete Faktoren mit ein, wie z. B. Konjunkturanalysen, Markttrends, und »weiche« Faktoren, wie Strategie oder Personalmanagement, aber auch mögliche Krisenszenarien und Gegenstrategien.	permanent	1. 1. 2007	Basel III bezeichnet ein geplantes ergänzendes Regelwerk des Basler Ausschusses zu den bestehenden Eigenkapitalregeln. Es basiert auf den Erfahrungen mit Basel II und auf den Erkenntnissen und Erfahrungen aus der internationalen Finanzmarktkrise der Jahre 2007 ff.

Tabelle 1: Ausgewählte Gesetze und Regelungen mit Bezug zum Thema »Daten« (Fortsetzung)

	Geltungs-bereich	Speicherobjekt	Dauer	gültig seit	Kommentar
KonTraG (Gesetz zur Kontrolle und Transparenz im Unternehmensbereich) [10]	Vorstand, Aufsichtsrat und Wirtschaftsprüfer deutscher Unternehmen	KonTraG fordert die Einführung eines »Frühwarnsystems« unternehmensgefährdender Entwicklungen. Dieses führt zu starker organisationaler Formalisierung und technischer Absicherung von Berichts- und Kommunikationsstrukturen.		1. 5. 1998	Ziel des KonTraG ist es, die Corporate Governance in deutschen Unternehmen zu verbessern.
Sarbanes-Oxley Act of 2002 (SOX) [11]	Als Reaktion auf Bilanzskandale von Unternehmen wie Enron oder Worldcom gilt das Gesetz für US-amerikanische und ausländische Unternehmen, deren Wertpapiere an US-Börsen (national securities exchanges) gehandelt werden.	Ähnlich wie beim KonTraG führt SOX zu starker organisationaler Formalisierung und technischer Absicherung von Berichts- und Kommunikationsstrukturen.		30. 7. 2002	

Welche Konsequenzen hat die Datenflut?

Die Technik zur Verarbeitung von Daten, Information und Wissen wird immer komplexer, teurer, langsamer und fehleranfälliger. Das schlägt sich auch in den Strategiekonzepten der Speichersysteme der Hersteller nieder, die oft auch Anbieter von Backup- und Archivlösungen sind. Aus dieser Entwicklung sind glänzende Geschäfte zu generieren. Softwaremethoden zur Datenkomprimierung und gezielte Deduplizierung gewinnen mehr und mehr an Gewicht – ein Indiz, dass das Datenwachstum schneller als die technologische Weiterentwicklung der Speichersysteme voranschreitet. Die Key Player auf diesem Gebiet (EMC, IBM, HP, Dell) liefern sich mittlerweile Übernahmeschlachten um in diesem Bereich spezialisierte Unternehmen (EMC kaufte Avamar und Data Domain, IBM übernahm Dilligent und Dell kaufte Ocarina Networks).

Besonders dramatisch, weil schleichend und schlecht messbar, ist, dass Entscheidungsprozesse durch das Überangebot an Information erschwert werden[12]. Dieser Bereich gewinnt weltweit an Bedeutung und wird zurzeit intensiv erforscht. Überflüssige oder veraltete Informationen stellen zweifelsfrei Datenmüll dar. Die Grenze, ob Daten überflüssig oder gar veraltet sind, ist jedoch nur schwer zu ziehen. Es gibt in diesem Zusammenhang keine allgemein gültigen Regeln. Im Endeffekt muss vom Nutzer definiert werden, was er als überflüssig oder veraltet ansieht. Daten besitzen per se nämlich kein Verfalldatum. Die Frage, ob diesen Informationen nicht doch etwas Positives abgewonnen werden kann, bleibt vorerst unbeantwortet. Zudem wird dieses Thema vom Aufkommen neuer Krankheitsbilder begleitet, wie der Beitrag von *Ochlast* zeigt.

Neue Lösungsansätze sind notwendig

Letztendlich zeigen die Entwicklungen innerhalb der Industrie, dass unablässig Software- und Technologielösungen zur Speicherung von Daten entwickelt werden. So werden die Datenbestände weiter wachsen und zweifellos auch der Datenmüll.

Erste praktische Ansätze zur Eindämmung des Datenmülls illustrieren die Beiträge in diesem Buch. Der Aufsatz von *Piontek* zeigt auf, welche Ansätze zur Datenvermeidung und zur Datensparsamkeit sich unter Berücksichtigung von § 3 a Bundesdatenschutzgesetz (BDSG) heranziehen lassen. Wie durch Unternehmensprozessbetrachtung in der IT Datenmüll identifiziert und eingedämmt werden kann, schildert der Artikel von *Degn*.

Was jedoch noch fehlt, ist ein ganzheitlicher Unternehmensprozess, mit dem das Datenwachstum eingedämmt und der Datenmüll kurz- bis mittelfristig reduziert werden kann. Selbst aus den im Buch beschriebenen Beispielen lässt sich kein pragmatisches Projektmodell oder ein Leitfaden zur Identifizierung und Eindämmung des Datenmülls ableiten. Daher stellt *Bernhard* ein konkretes Projektmodell zur Einführung eines Datenmüll-Management-Prozesses vor. Es reicht von der Identifikation des Datenmülls und der Orte, an denen er entsteht bis zum Monitoring des Datenmülls als Prozess. Auszüge aus diesem Projektmodell, z. B. Maßnahmen zur Eindämmung des über den Zeitverlauf gespeicherten E-Mail-Volumens, werden bereits in der Praxis, z. B. Service-Level-Agreements mit begrenzten E-Mail-Postfachgrößen für die Endanwender, eingesetzt. Dieses Projektmodell kann für die Einführung eines Datenmüll-Management-Prozesses in einem Referenzunternehmen angewendet werden. Es muss auf die jeweilige Situation der Organisation zugeschnitten werden.

Mit dem wachsenden Datenmüllproblem ergeben sich Handlungsfelder für die Zukunft, denn praxiserprobte Lösungen zur Einführung eines Datenmüll-Management-Prozesses fehlen fast gänzlich. Selbst die Fachliteratur schweigt zu diesen Fragestellungen. Eine naheliegende Zielsetzung könnte somit die Erstellung eines Leitfadens für Unternehmen mit folgenden inhaltlichen Beschreibungen sein:
⇨ der Datenmüll-Management-Prozess mit seinen Haupt- und Teilprozessen
⇨ die Rolle eines Datenmüll-Managers
⇨ ein Leitfaden zur Identifikation des Datenmülls

⇨ ein Maßnahmenkatalog mit konkreten Vorschlägen zur Eindämmung sowie kurz- bis mittelfristigen Reduzierung des Datenmülls

⇨ Kennzahlen zur Ermittlung und Steuerung des Datenmülls, z. B.

- die Datenvolumina für unterschiedliche Datenbereiche, in denen hohe Mengen von Datenmüll vorhanden sind oder vermutet werden (z. B. E-Mails, Projektdateien, Office-Dokumente, Videodateien, Voice-Dateien)
- die Anzahl der durchschnittlichen SPAM-Mails pro Mitarbeiter und Jahr
- Kosten für die Bearbeitung der SPAM-Mails pro Mitarbeiter und im Unternehmen insgesamt
- Kosten für die Aufrechterhaltung eines Datenmüll-Management-Prozesses
- Kosten für die jährlich durchzuführenden neuen Maßnahmen zur Reduzierung des Datenmülls
- das Datenmüllvolumen insgesamt im Verhältnis zum Gesamtdatenvolumen
- das jährliche Datenmüllvolumen insgesamt und näherungsweise die Kosten für die Speicherung (inklusive Sicherung) des Datenmüllvolumens
- das abgeschätzte potenziell einsparbare Datenmüllvolumen für das Folgejahr

Darüber hinaus fehlen in fast allen Unternehmen weltweit konkrete Mengengerüste über Datenmüll und Einsparpotenziale durch Eindämmung bzw. Reduzierung des Datenmülls, die durch einen im Unternehmen gelebten Datenmüll-Management-Prozess erarbeitet werden könnten [13]. Da das Datenaufkommen täglich wächst, ist – schon unter Kostengesichtspunkten – möglichst rasch zu klären, wie dieser Entwicklung begegnet werden kann.

Ganz offensichtlich ist der Druck auf die Unternehmen noch nicht groß genug, da sie selbst relativ großen Kosteneinsparpotenzialen im Blick auf den eigenen Datenmüll wenig Beachtung schenken. Selbst wenn davon ausgegangen werden muss, dass es den Unternehmen

schwer fallen dürfte, relativ trenngenau zwischen Daten und Datenmüll zu unterscheiden, sollte eine intensivere Auseinandersetzung mit
dieser Thematik herbei geführt werden. Die Beiträge von *Gönner* und
Schiefer sowie *Schrey* legen nahe, dass wegen der zutiefst menschlichen
Bestrebung, zu sammeln und zu horten, diesem Petitum bis heute
zu wenig Beachtung geschenkt wird. Möglicherweise wird schon die
Erkenntnis über dieses Defizit zu ersten nachhaltigen Handlungen führen. Die Zeit ist reif.

Dank

Ein besonders herzlicher Dank für die zielorientierte und vor allem
geduldige Zusammenarbeit mit dem Verlag »Symposion Publishing«,
Düsseldorf, für die Erstellung des vorliegenden Werkes gilt Herrn Markus Klietmann – insbesondere für seine Anregungen zum Aufbau des
Buches und seine kontinuierliche Betreuung der einzelnen Beiträge.
In diesen aufrichtigen Dank sei auch Frau Inga Trenn von der Firma
ECG Management Consulting GmbH, Berlin, eingeschlossen, die mit
großer Geduld, Sorgfalt und Initiative bei den Korrekturen geholfen
hat.

Literatur

[1]   *Zitiert in:* D. J. PRICE DE SOLLA *(1963), Little science, big science, Columbia University Press, New York., p. 63; http://www.springerlink.com/content/wp7281t7h032r051/*

[2]   KLAUS NORTH: *Wissensorientierte Unternehmensführung - Wertschöpfung durch Wissen, 4. Auflage, Wiesbaden 2005.*

[3]   SUSAN BLACKMORE/ MONIKA NIEHAUS-OSTERLOH: *Die Macht der Meme, Oder die Evoluti-on von Kultur und Geist Heidelberg 2010.*

[4]   *Gesetz zur Neuregelung der Telekommunikationsüberwachung und anderer verdeckter Er-mittlungsmaßnahmen sowie zur Umsetzung der Richtlinie 2006/24/EG: Drucksache 798/07 vom 9. 11. 2007.*

[5]   URTEIL DES BUNDESVERFASSUNGSGERICHTS: *1 BvR 256/08, 1 BvR 263/08, 1 BvR 586/08, vom 2. 3. 2010.*

[6]   *Richtlinie 2006/24/EG des Europäischen Parlaments und des Rates, Amtsblatt der Europä-*
        ischen Union L105/54 – L105/63 vom 13. 4. 2006.

[7]   *Gesetz über das Verfahren des elektronischen Entgeltnachweises (ELENA-Verfahrensgesetz)*
        Bundesgesetzblatt Jahrgang 2009, Teil I Nr. 17 vom 1. April 2009, pp 634 – 642.

[8]   SWIFT-ABKOMMEN: *Amtsblatt der Europäischen Union vom 13. 1. 2010, L8/11 - L8/16.*

[9]   BASEL II: *http://www.bis.org/publ/bcbs128ger.pdf.*

[10]   KONTRAG: *Gesetzestext im Bundesgesetzblatt I Nr.24 S. 786 vom 30. 4. 1998.*

[11]   SARBANES-OXLEY ACT OF 2002: *Bill Text 107th Congress (2001 - 2002) H.R.3763.ENR.*

[12]   MARTINA VOLNHALS/ BERNHARD HIRSCH: *Information Overload und Controlling, Zeitschrift*
        für Controlling & Management, Sonderheft 1/2008.

[13]   WOLFGANG L. BRUNNER/ JÜRGEN WEBER/ MARTIN G. BERNHARD: *Waffen gegen E-Müll -*
        Neue Ansätze zur Bewältigung von Datenwachstum und -müll. In: geldinstitute, Juni 2008,
        S. 68 bis 71.

Das Problem:
Der Datenberg wächst beständig

Ein neues Krankheitsbild: das Information-Overload-Syndrom

Wir leben heute nicht nur im Zustand ständiger Erreichbarkeit, sondern leiden schlicht an einem Übermaß an Informationen. Was ist wichtig, was nicht? Wir können uns nicht entscheiden und geraten in Stress. Welche Auswirkungen die Informationsflut hat und wie wir damit umgehen können, zeigt dieser Beitrag.

In diesem Beitrag erfahren Sie:
- inwiefern unser Gehirn einer Informationsüberflutung ausgesetzt ist,
- mit welchen Handlungsstrategien wir bewusst und unbewusst darauf reagieren,
- weshalb sich Multitasking dabei als kontraproduktiv erweist.

INGO OCHLAST

Problemstellung

Die Fähigkeit des Gehirns, sich an neue Anforderungen anzupassen, ist enorm – ständig wachsen neue Informationsleitungen zwischen unzähligen Gehirnzellen, nicht mehr verwendete werden abgebaut. Auf diese Weise werden neue Eindrücke und Informationen umgesetzt, nicht mehr gebrauchte Daten vergessen – das Gehirn optimiert im Feuergefecht der Neurotransmitter eine zunehmend große Datenflut.

Die Informationsexplosion unserer postmodernen, digitalen Gesellschaft ist enorm – E-Mails, SMS, MMS, Pushmails, Multi-Tasking, Suchmaschinen und Co. stellen immer höhere Anforderungen an die Plastizität unseres Gehirns. Was jedoch, wenn die menschliche Festplatte voll, unser Hauptprozessor überlastet ist? Das Datenvolumen des Gehirns ist sehr wohl begrenzt, seine Speicherkapazität umfasst in etwa 3 Petabyte, was 1024 Terabyte entspricht (1 Terabyte = 10^{12} Byte). Das ist bereits eine unvorstellbar große Datenmenge. Wenn man sich aber vor Augen führt, dass nach Berechnungen der Berkeley Universität auf allen bekannten Datenträgern dieser Welt im Jahr 2002 fünf Exabyte (1 Exabyte = 10^{18} Byte) gespeichert wurden und dass die weltweite Datenmenge jährlich um 30 Prozent zunimmt, wird deutlich, dass das menschliche Gehirn einer schier unendlichen Datenmenge gegenübersteht. Eine Überlastung durch Informationen (Information Overload) ist die unausweichliche Folge.

Der Begriff *Information Overload* wurde erstmalig von Alvin Toffler (1970) und Bertram Gross (1964) [1] verwendet. Er beschreibt einen Zustand, in dem eine Person Schwierigkeiten hat, aufgrund übermäßiger Datenmengen eine Entscheidung zu treffen. »Wenn von der Informationsgesellschaft gesprochen wird, so ist das falsch, denn es ist eine mit Informationen überschüttete Gesellschaft. Doch die Informationsquantität bewirkt aus sich heraus noch keine qualitative Verbesserung.« [1] Informationen sind Wörter, Zahlen, Bildelemente, Töne, Gerüche etc., die von einem Individuum aufgenommen und psychisch verarbeitet werden können.

Jeder Mensch versucht durch seinen individuellen Perfektionismus, sich dieser neuen Realität zu stellen. In den Medien wird dabei häufig suggeriert, dass 100 Prozent Leistung nicht genug sind – nach dem Motto: »Wenn du ein Ziel erreichen willst, musst du 120 Prozent geben.« Zwanghaft versuchen wir, dieser Doktrin nachzueifern. Auszuruhen und zu entspannen, gleichsam den »Cache« des Gehirns zu leeren, gilt in unserer Gesellschaft dagegen als unproduktiv. Die auf den italienischen Nationalökonom und Soziologen Vilfredo Pareto zurückgehende 80/20-Regel postuliert, dass 80 Prozent der Leistung oft schon in 20 Prozent der Zeit erreicht werden (Pareto-Prinzip). Dennoch versuchen wir, auch die restlichen 20 Prozent Leistung zu erreichen, getrieben durch die Angst vor Versagen und ausbleibendem Lob unserer Kollegen und Vorgesetzten. Hierfür müssen wir jedoch die restlichen unangemessenen 80 Prozent der Zeit investieren – Ursache und Wirkung werden außer Kraft gesetzt. Wenn Sie beispielsweise einen Vortrag vorbereiten, erreichen Sie mit 20 Prozent vom maximalen Gesamtaufwand 80 Prozent der geplanten Zielstellung. Streben Sie jedoch 100-prozentige Perfektion an, brauchen Sie die weiteren 80 Prozent des Gesamtaufwandes, um die restlichen 20 Prozent zu erreichen.

Neurobiologische Voraussetzungen der Informationsverarbeitung

Betrachtet man die psychologische Komponente des Information-Overload-Syndroms, so ist die Aktivität unseres neuronalen Systems der grundlegende Faktor. Der Organismus verfügt über diverse zentralnervöse Komponenten – so hat unser Gehirn wie jedes Computernetzwerk auch die Möglichkeit, die Datenflut zu filtern und Prozesse auszubremsen. Auf der neurophysiologischen Ebene gibt es erregende (exzitatorische) und hemmende (inhibitorische) Synapsen sowie unzählige Botenstoffe (Neurotransmitter), die unsere Informationsflut abändern. Übergeordnet sind diesen basalen Verbindungen komplexere Hirnstrukturen, welche durch aufsteigende Nervenbahnen (aufsteigendes retikuläres Aktivierungssystem ARAS) mit Impulsen versorgt werden. Der Neocortex ist hierbei die oberste Instanz und das stammesgeschichtlich jüngste Organ, es findet sich nur bei Säugetieren und ist beim Menschen am ausgeprägtesten. Der Neocortex mit seinen verschiedenen Abschnitten verwaltet hierbei Informationen aus untergeordneten Hirnbereichen wie dem Thalamus (Verarbeitung von Sinneswahrnehmungen). Das Limbische System als Teil des Neocortex ist die Funktionseinheit des Gehirns, die der Verarbeitung von Emotionen und der Entstehung von Triebverhalten dient. Dem Limbischen System werden sowohl emotionale wie rationale Leistungen zugesprochen. Kleine Veränderungen führen in diesem Gesamtsystem zu komplexen Störungen wie Depression, Manie, Ängste. Stress als mitwirkender Faktor spielt hier eine wesentliche Rolle.

Abwehr und Coping als Prinzipien der Informationsbewältigung

Der Mensch bedient sich bewusster und unbewusster Mittel, um im komplexen Bewertungsprozess der Datenvielfalt – unter Berücksichtigung seiner aktuellen Lebenslage in biologischer, psychischer und sozialer Hinsicht – einen für ihn gangbaren Weg der Situationsbewältigung zu entwickeln. Zwei grundsätzliche Prinzipien stehen ihm hier zur Verfügung: Abwehr und Coping (Bewältigen).

Abwehrmechanismus ist ein Begriff, den Sigmund Freud [2] zu Beginn des Zwanzigsten Jahrhunderts in seinen psychoanalytischen Theorien beschrieben hat. Er bezeichnet damit weitgehend unbewusst ablaufende Reaktionen, die das Ich zur Abwehr unerwünschter Triebimpulse oder unangenehmer Affekte entwickelt. Entscheidend ist dabei, dass wir selber in der Regel nicht bemerken, wenn wir etwas abwehren. Dies kann uns jedoch mit Hilfe besonderer Techniken der Selbstreflexion bewusst gemacht werden (z. B. im Rahmen einer Psychotherapie). Abwehr ist keineswegs immer ein pathologischer Vorgang, sondern zunächst eine zentrale Grundfunktion der menschlichen Psyche, um in Widerstreit stehende psychische Tendenzen (Triebe, Wünsche, Motive, Werte) so verarbeiten, dass daraus eine konfliktfreiere mentale Verfassung resultiert. Grundsätzlich teilt man Abwehr in die Bereiche

⇨ Veränderung der Wahrnehmung (Verdrängen, Verleugnen),
⇨ Veränderung der Bedeutung (Rationalisierung, Identifikation) und
⇨ Neutralisierung von Gegenmaßnahmen (Ungeschehenmachen, kontraphobische Handlungen).

Erst eine rigide, festgefahrene Abwehr, die dauerhaft verhindert, dass eine realitätskonforme Auseinandersetzung mit Reizen, Situationen, Personen etc. stattfinden kann, muss problematisiert und professionell behandelt werden.

Von den Abwehrmechanismen lassen sich die Coping-Strategien (engl. to cope = »bewältigen«) abgrenzen. Wichtig zum Verständnis ist, dass es sich hierbei in erster Linie um bewusst ablaufende Prozesse handelt, mit denen eine Person auf sie einwirkende Stresssituationen kognitiv bewältigt und eine Vermeidungsstrategie für die Zukunft entwickelt. Diese Bewältigungsstrategien teilt man in drei Kategorien ein:

⇨ handlungsbezogen (aktives Vermeiden, Solidarisieren, Zuwenden, Zupacken),

⇨ kognitionsbezogen (Akzeptieren, Aggravieren, Ablenken, Humor, Ironie),

⇨ emotionsbezogen (Selbstbedauern, Selbstbeschuldigen, Resignation, Schuld zuweisen).

Bei näherer Beschäftigung mit der Thematik zeigt sich, dass es in allen drei Kategorien Strategien gibt (z. B. aktives Vermeiden, Ablenken, Isolieren), die von Freud fast mit den gleichen Begriffen als Abwehrmechanismen beschrieben wurden. Der Unterschied besteht hauptsächlich darin, dass die Coping-Maßnahmen eher bewusst eingesetzt werden, wobei der Übergang zwischen unbewusster Abwehr und bewusstem Coping als fließend anzusehen ist – besonders bei den emotionsbezogenen Maßnahmen kann man diese zuvor beschriebene Aufteilung nicht mehr anwenden.

Informationsüberlastung macht krank

In der Stresstheorie unterscheidet man Eu- und Dysstress. Als *Eustress* (Die Vorsilbe »Eu« kommt aus dem Lateinischen und bedeutet so viel wie »gut«) werden diejenigen Stressfaktoren bezeichnet, die den Organismus positiv beeinflussen. Ein grundsätzliches Stress- bzw. Erregungspotenzial ist für das Überleben eines Organismus unabdingbar. Positiver Stress erhöht die Aufmerksamkeit und fördert die maximale Leistungsfähigkeit des Körpers, ohne ihm zu schaden. Eustress wirkt sich somit auch bei häufigem, langfristigem Auftreten positiv auf die psychische oder physische Funktionsfähigkeit eines Organismus aus. Er tritt auf, wenn ein Mensch Motivation oder Anregung empfindet.

Als *Dysstress* (»Dys« kommt aus dem Griechischen und heißt übersetzt »schlecht, widrig«) bezeichnet man Reize, die als unangenehm oder überfordernd gewertet werden. Stress wird erst dann negativ interpretiert, wenn er häufig auftritt und kein körperlicher Ausgleich erfolgt. Ebenso können negative Auswirkungen auftreten, wenn die unter Stress leidende Person durch ihre Interpretation der Reize keine Möglichkeit zur Bewältigung der Situation sieht. Beispiel: Ein Manager wird z. B. pro Tag durchschnittlich 190 Mal gestört, weil neue Daten seine Aufmerksamkeit fordern – das Zuviel an Dysstress steigt über die Zeit. Viele Manager leiden schließlich unter Angstzuständen, innerer Unruhe, Entscheidungsschwäche und Gedächtnisstörungen. Der Informationsstress wirkt sich zunehmend sowohl auf den Beruf als auch auf das Privatleben aus, da die meisten Menschen in beiden Lebensbereichen agieren. Durch die zuvor beschriebenen Coping-Strategien kann diesem Dysstress entgegen gewirkt werden.

Beim Information-Overload-Syndrom wird das Gehirn zunehmend mit Datenmüll zugeschüttet. Dieser wird als negativer Stress empfunden. In Befragungen verbinden Erwachsene »Information Overload« mit Wörtern wie gestresst, überwältigt, selbstzweifelnd, unsicher, verletzlich und ängstlich. Abhängig von der individuellen Empfänglichkeit für Stress und den vorliegenden Abwehr- und Bewältigungsstrategien können psychische Filterfunktionen versagen, während auf der emotionalen Ebene diese Prozesse durch individuelle Erfahrungen, wie man beispielsweise mit einer Situation umgeht, noch verstärkt werden. Als Folge lässt sich eine Einschränkung der kognitiven Funktionen wie Konzentrationsstörungen, Vergesslichkeit, Wortfindungsstörungen etc. beobachten. Auf der psychovegetativen Ebene können sich Schlafstörungen, Libidoverlust und Appetitlosigkeit einstellen. Ferner können Depressionen und Ängste aus dem Formenkreis der affektiven und Belastungsstörungen hinzukommen. In der Arbeitswelt sehen wir zunehmend das Burnout [3] (engl. to burn out: »ausbrennen«). Es beschreibt einen Zustand ausgesprochener emotionaler und geistiger Erschöpfung mit reduzierter Leistungsfähigkeit. Ein Burnout steht immer im Zusammenhang mit der Arbeit und wird meist durch Stress ausgelöst, der nicht bewältigt werden kann.

Lynn Akin beschrieb ähnliche Zusammenhänge bei Schulkindern der »Texas Elementary School« [4]. [Abhängig von der Schulklasse benutzten die Schüler verschiedene Strategien zur Bewältigung neuer Aufgaben. Es zeigte sich, dass Information Overload nicht nur ein Ausdruck der Arbeitswelt ist, sondern schon die frühe Adoleszenz prägt. Kinder fühlen sich bereits in der Schule überfordert durch die Informtionsvielfalt. Besonders stehen hier die Eltern und Pädagogen in der Verantwortung, den Kindern neue Strategien der Informationsbewältigung zu vermitteln: Wie entscheide ich, ob Informationen für mich wichtig oder unwichtig sind? Wie grenze ich mich ab? Wie erkenne ich, dass Twitter, Schüler-VZ & Co. nicht lebenswichtig sind?!

Als neuer Mainstream suggerieren uns die Medien, dass es »en vogue« sei, ständig zu kommunizieren und andere an unserem Leben teilhaben zu lassen. Keine SMS, kein Blog, keine E-Mail wird umsonst gesendet, kein Click, kein Tweet geht verloren, jede kleine Neuigkeit in Facebook wird uns per Push mitgeteilt. Insofern verwundert es nicht, dass wir permanent Zeitgenossen begegnen, die meinen, in jeder Situation per Handy texten, E-Mails abrufen, »twittern«, telefonieren zu müssen. Es ist verführerisch, sich diesem Sog hinzugeben, aber oft wissen wir gar nicht mehr, ob das, was wir da alles an Informationen bekommen bzw. kommunizieren, wichtig oder bedeutungslos ist. Zwar bilden sich die Menschen ein, durch multimediale Kommunikation zu jeder Zeit mit den neuen Situationen fertig zu werden und ihren Gesprächspartnern ebenbürtig entgegenzutreten, doch der Schein trügt. Mehr und mehr wird uns bewusst, dass unser biologisches Endgerät Gehirn hier an seine Belastungsgrenze stößt.

Vor diesem Hintergrund tut sich ein Paradoxon auf: Nie zuvor stand uns eine größere Datenvielfalt und -menge zur Verfügung als heute, und zugleich haben wir immer größere Schwierigkeiten, überhaupt noch die wichtigen, relevanten Informationen zu finden. Eine aktuelle Studie der Universität San Diego, Kalifornien, hat herausgefunden, dass jeder US-Amerikaner im Durchschnitt von 34 Gigabyte Informationen täglich bombardiert wird. Zahlreiche Studien der letzten 40 Jahre bringen Information Overload immer wieder in

Zusammenhang mit Verzögerung, Stress, Depression und physischen Erkrankungen. Die Überfülle an Informationen kann somit genauso schädlich sein wie ein Mangel. Der ehemalige Intel-Manager Nathan Zeldes kalkulierte, dass das Unternehmen jährlich 1 Milliarde US-Dollar durch reduzierte Effizienz als Folge des Information Overloads verliert [5]. Insgesamt zeigt sich somit eine Entwicklung, die wir nicht aufhalten können, sondern der wir uns durch neue Tools und Bewertungsstrategien stellen müssen. Kann Multitasking helfen?

Multitasking als Strategie?

Dieser Begriff aus der Computersprache bezeichnet die Fähigkeit eines Betriebssystems, mehrere Aufgaben (Tasks) gleichzeitig zu bearbeiten. Hierbei werden die verschiedenen Prozesse in derart kurzen Abständen immer abwechselnd aktiviert, dass der Eindruck einer parallelen Aufgabenerledigung entsteht. Im übertragenen Sinne werden Personen, die überdurchschnittlich viele Informationen und Medien gleichzeitig bearbeiten, oft auch als »Multitasker« beschrieben. Forscher fanden jedoch heraus, dass Multitasking beim Menschen kontraproduktiv ist. In entsprechenden Untersuchungen ließen sich Multitasker beim Erledigen einer Aufgabe durch störende Signale eher ablenken und brauchten mehr Zeit als die Probanden der Vergleichsgruppe, die selten mehrere Medien gleichzeitig konsumieren. Ohne Ablenkung und Störungen lösten beide Gruppen die Aufgaben gleich gut. Britische Hirnforscher [6] vermuten sogar, dass Multitasking schleichend negative Auswirkungen auf die kognitiven Funktionen unseres Gehirns hat. So beobachteten sie eine signifikante Schwächung des Intelligenzquotienten bei Arbeitnehmern, die von Telefongesprächen und E-Mail abgelenkt werden. Kommunikationswissenschaftler Clifford Nass von der Stanford University vermutet, dass es den Multitaskern schwer fällt, den Kopf frei zu kriegen. »Sie denken immer darüber nach, was sie zuvor getan haben oder in Zukunft machen werden, und verschlechtern damit ihre Denkleistung« [7]. Ob Multitasking neuronal überhaupt existiert, ist mehr als fragwürdig: Fast nie erledigt man mehr als eine Aufgabe gleichzeitig und störungsfrei – als Bewältigungsstrategie des Information Overload kann Multitasking jedenfalls nicht angesehen werden.

Ob nun von Information Overload, Information Fatigue oder Burnout die Rede ist, oft überschneiden sich die kausalen Zusammenhänge und die Folgen sind die gleichen. Zu spät werden sie erkannt und behandelt. Nur eine gezielte Prävention kann der arbeitsmedizinische Ansatz sein: Es gilt, Strategien zu entwickeln, wie wir im Arbeitsalltag lernen zu fokussieren und zu entscheiden, welches Medium für die konkrete Aufgabenstellung, mit der wir uns beschäftigen, von Relevanz ist. Dabei helfen vor allem klar definierte Fragestellungen unserem Gehirn, die richtigen Antworten zu finden. Es kann wie eine Suchmaschine agieren, wir müssen herausfinden, welche Suchfunktion wir benutzen wollen und die Einstellungen entsprechend setzen. Dann findet unser Gehirn ungeachtet der gigantischen Datenvielfalt um uns herum die Antwort auf die von uns zuvor klar definierte und angeforderte Anfrage.

Wirkung und Wahrnehmung von Informationen aus Sicht des Konsumenten

Der Mensch in der Funktion des Konsumenten zeigt in der heutigen Zeit ein sehr ambivalentes Verhalten. Er fordert eine Vielzahl an Informationen über Produkte, fühlt sich von dieser Informationsvielfalt jedoch gleichsam überfordert. Aus diesem Grund ist es sinnvoll, Kenntnisse über die Wirkung und Wahrnehmung von Informationen aus der Sicht von Konsumenten zu besitzen. Es wird ersichtlich, dass die Informationen, welche einem Menschen zur Verfügung stehen, bei weitem die Verarbeitungskapazität von Informationen überschreiten und demzufolge eine Selektion erfolgen muss, um das Reizüberangebot zu kompensieren und subjektiv wichtige Informationen von eher unwichtigeren zu trennen. Die aus der Informationskonkurrenz resultierende Informationsüberflutung wird an Hand unterschiedlicher Sachverhalte zusammenfassend dargestellt.

Informationsüberlastung kann beispielsweise sein:
⇨ ein Übermaß an verfügbarer Information, das zur Beeinträchtigung der Informationsverarbeitung führt,
⇨ ein subjektiv empfundenes Gefühl, durch ein übermäßiges Informationsangebot unter Druck zu stehen (Informationsstress) und
⇨ ein Informationsüberschuss, der dadurch entsteht, dass nur ein Teil der verfügbaren Information beachtet und aufgenommen wird.

Vielerorts wird untersucht, wie sehr Menschen heutzutage mit Informationen überflutet werden und welche Gründe es dafür gibt. Der Medienpsychologe David Lewis konstatiert, dass die weltweite Datenmenge jährlich um 30 Prozent zunimmt. Auf die Frage, ob dies womöglich zum Ersticken in Informationen endet, antwortet Lewis mit einem klaren »Ja, wir ersticken im Info-Smog«. [8] Das »Ersticken« in der Vielzahl von Daten verweist damit auf ein kritisches Merkmal von Informationen: Sie werden zu einem Stress auslösenden Faktor.

Lösungsskizzen und Fazit
Zentraler Punkt zur Prävention eines Information Overloads ist die Arbeitsorganisation:
⇨ Planen Sie feste Zeiten für die Abarbeitung von E-Mails am Tag ein,
⇨ arbeiten Sie mit einer Entscheidungsmatrix zum Ausselektieren von unwichtigen Informationen (Eisenhauer-Prinzip, TRAF-Matrix),
⇨ reduzieren Sie die Informationen (Abbestellen von Newslettern, Blogs, RSS),
⇨ recherchieren Sie lieber später nach, als sich von Informationen überschütten zu lassen,
⇨ schöpfen Sie in Gedanken und Informationspausen neue Energie,
⇨ gehen Sie lieber spazieren als eine Zeitschrift zu lesen.

Inwieweit sich das Information-Overload-Syndrom in Zukunft auf unsere Psyche auswirken wird, bleibt weiterhin ein wichtiges Forschungsthema. Der Prozess der Informationsvermehrung kann nicht aufgehalten werden, insbesondere angesichts der weltweiten Vernetzung und des allgegenwärtigen Datenaustausches. Die zunehmende Technologisierung wird hier immer wichtiger, um im Vorfeld bereits Strukturierungs- und Vorfilterfunktionen zu übernehmen, bevor sich dann das Individuum mit den Daten beschäftigt. Neue Tools und Strategien gilt es zu entwickeln, die helfen, uns neugierig und aktiv mit den zukünftigen Aufgaben auseinanderzusetzen.

Literatur

[1] TOFFLER, A.: *Der Zukunftsschock. Strategien für die Welt von morgen. München, Goldmann Verlag, 1983*

[2] FREUD, A.: *Das Ich und die Abwehrmechanismen. Frankfurt am Main, 1984*

[3] FREUDENBERGER, H.-J.: *Ausgebrannt. Die Krise der Erfolgreichen – Gefahren erkennen und vermeiden. München, Kindler, 1981*

[4] AKIN, L.: *Information Overload and Children: A Survey of Texas Elementary School Students. School Library Media Quarterly Online (SLMQ), 1, 1998*

[5] PR Log: *Information Overload: Cutting Through The Garbage, Press Release – Dec 21, 2009, Online: http://prlog.org/10459591*

[6] ScienceDaily: *Multi-tasking Adversely Affects Brain's Learning. UCLA Psychologists Report, Los Angeles, July 26, 2006. Online: http://www.sciencedaily.com/ releases/2006/07/060726083302.htm*

[7] OPHIR E.; NASS C.; WAGNER A.D.: *Cognitive control in media multitaskers. Proc Natl Acad Sci USA. 2009 Sep 15; 106(37):15583-7. Epub 2009 Aug 24*

[8] O. V.: DER SPIEGEL, *Wir ersticken im Info-Smog: 11.10.2003*

Zusammenfassung

In unserer heutigen Gesellschaft stoßen wir schnell an unsere Grenzen, wenn wir uns von Informationen überschütten lassen – Information Overload ist die Folge. Bewusste und unbewusste Verhaltensweisen helfen uns normalerweise, mit Stress umzugehen. Es stellt sich heraus, dass Multitasking hierbei jedoch kein probates Mittel ist.

In der Prävention des Information-Overload-Syndroms ist die Arbeitsorganisation der zentrale Angriffspunkt. Bereits den Eltern obliegt es, ihren Kindern Techniken zu vermitteln, wie sie mit der Informationsvielfalt umgehen. Inwieweit sich Information Overload auf unsere Psyche auswirkt, ist eine interessante Fragestellung für zukünftige Studien.

Von Jägern und Sammlern oder Datenmüll im IT-Betrieb?

Ob bei der Suche nach einem externen IT-Dienstleister oder bei der Überwachung von IT-Systemen, für zahlreiche Prozesse und Entscheidungen im IT-Betrieb wird eine sorgfältige Datenbasis benötigt. Doch wann sind Daten wirklich brauchbar, um als entscheidungsrelevante Informationen zu dienen?

In diesem Beitrag erfahren Sie:
- welcher Zusammenhang zwischen Daten, Nachrichten und Informationen besteht,
- warum eine ausführliche Sammlung und Auswertung von Daten bei der Ausschreibung von IT-Dienstleistungen und bei IT-bezogenen Investitionsentscheidungen so wichtig ist.

RALF KRISTÉLL

Wie aus Daten Informationen für unsere Entscheidungen werden

Hartmann und Fink [1] eröffnen ihr kürzlich erschienenes Buch »Das Missing-Link-Prinzip« mit dem Zitat eines führenden deutschen Managers, der sagte: »Wir wissen alles, aber wir tun es nicht.« Was soviel bedeutet wie: Wir haben alle Informationen, können aber die Strategie nicht in Maßnahmen umsetzen.« Ich möchte diesen Gedanken aufgreifen und ihn in Bezug auf die Daten, die die Quelle jeglicher Information sind, erweitern: Wir haben alle Daten, verwenden sie aber nur unzureichend bei der Entscheidungsfindung.

Wie komme ich zu der Aussage, dass wir Daten ungenügend nutzen? Um diese Frage zu beantworten, hilft es, sich zunächst vor Augen zu führen, in welcher Beziehung die Begriffe *Daten* und *Information* zueinander stehen. Dazu vorab eine kleine Definition der Verwendung der Begriffe in diesem Beitrag:

⇨ *Daten* sind (systematisch) gemessene, gesammelte Werte, Angaben, Fakten etc.

⇨ Die *Nachricht* zielt dagegen auf den Aspekt der Mitteilung, Unterrichtung, Kundigmachung ab.

⇨ Die *Information* schließlich wird hier als relevanter Gehalt der Nachricht verstanden.

Für die Beziehung untereinander gilt im Prinzip Folgendes: Daten können unter bestimmten Voraussetzungen zu Nachrichten werden und Nachrichten können unter bestimmten Voraussetzungen zu Informationen werden. Basierend auf Informationen treffen wir Entscheidungen. Unsere Entscheidungen beruhen folglich auf der Qualität der zugrunde liegenden Daten. Ist die Qualität schlecht, zum Beispiel weil die Datenbasis lückenhaft ist, können die daraus entstehenden Informationen nicht besser werden.

Um die Verknüpfung von Daten, Nachrichten und Informationen zu verdeutlichen hier ein kleines Beispiel aus dem Alltag: Ein Baumarkt stellt bei der Inventur fest, dass weit mehr Bohrmaschinen eines Typs am Lager sind, als bis zum baldigen Erscheinen des Nachfolgetyps im Rahmen des normalen Geschäfts verkauft werden. Das reine *Datum* – 30 Bohrmaschinen – wird im Zuge der Inventur zu einer *Nachricht* für den Baumarktleiter. Dieser erhält natürlich noch viele weitere Nachrichten, z.B. wie viele Sägen, Leitern, Farbeimer etc. am Lager sind. Allerdings wird nur die Nachricht über den Bohrmaschinenbestand für ihn zu einer *Information*, da er weiß, dass in absehbarer Zeit ein Folgemodell erscheint. Daher beschließt er eine Verkaufsaktion. Schnell wird eine Beilage für die Wochenendausgabe der örtlichen Tageszeitung erstellt und auf diese Weise in Umlauf gebracht. Am Samstagmorgen wirft Herr Maier als Leser der Zeitung einen Blick auf den Flyer und stellt fest, dass der besagte Baumarkt in den nächsten 14 Tagen eine Bohrmaschine für nur 55 Euro verkauft. An dieser Stelle ist die Anzeige für Bohrmaschinen für Herrn Maier eine Nachricht.

Allerdings benötigt er derzeit keine Bohrmaschine und ignoriert die Anzeige.

Auch Herr Schmidt liest die Anzeige. Er überlegt aber schon seit einem halben Jahr, ob er sich nicht eine neue Bohrmaschine zulegen soll. Für ihn wird die Anzeige des Baumarktes somit nicht nur zur *Nachricht*, sondern zur *Information*, da sich ihr Inhalt als relevant für ihn erweist. Wie kann Herr Schmidt aber entscheiden, ob das 55-Euro-Angebot wirklich gut ist? Da er sich ja schon seit Längerem mit dem Gedanken trägt, eine neue Bohrmaschine zu kaufen, hat er schon vielfältige Angebote in Augenschein genommen und kennt somit die durchschnittlichen Preise für das angepriesene Modell. Insofern kann er bewerten, dass das 55-Euro-Angebot einen attraktiven Preis darstellt. Um diesen Vergleich anstellen zu können, bedient sich Herr Schmidt *historischer Daten*. Vor diesem Hintergrund beschließt er, die Bohrmaschine zu kaufen.

Ohne die grundlegende Bereitstellung der Lagerbestandsdaten im Baumarkt hätte Herr Schmidt nicht die Nachricht über die Verkaufsaktion erhalten, die für ihn zu einer wichtigen Information für seine Kaufentscheidung wurde. Allerdings war die Information an sich noch nicht hinreichend, um die Kaufentscheidung zu treffen. Nicht minder wichtig war der Vergleich mit anderen Preisen, die er in der Vergangenheit gesammelt hatte – die historischen Daten. Trivial ist das alles keineswegs, denn nur zu oft ignorieren Menschen in weit wichtigeren Situationen diesen grundlegenden Zusammenhang zwischen aktuellen Daten, historischen Daten, Nachrichten, Informationen und Entscheidungen. Wie Sie im Weiteren noch sehen werden…

Zurück zu Herrn Maier. Für ihn ist die Nachricht über das Bohrmaschinen-Sonderangebot vom Baumarkt nicht von Interesse. Da auch ansonsten nichts für ihn dabei ist, wirft er die Werbebeilage weg. Am darauf folgenden Wochenende möchte nun Frau Maier ein neues Regal an der Wand anbringen und bittet ihren Gatten um Mithilfe. Flugs greift er zu seinem Werkzeug inklusive seiner Bohrmaschine und macht sich ans Werk. Und es passiert, was im Rahmen dieses Artikels passieren muss: Die Bohrmaschine funktioniert nicht. Da das Regal aber fertiggestellt werden muss, macht sich Herr Maier sofort auf den Weg ins benachbarte Eisenwarengeschäft und erwirbt eine Bohrmaschine für 98 Euro. An das Angebot aus dem Baumarkt denkt er natürlich schon längst nicht mehr. Da er sich nicht mit dem Kauf von Bohrmaschinen beschäftigt hat, verfügt er auch nicht über eine historische Datenbasis zu den Preisen.

Das Interessante an dieser Problemlage ist: Eine Woche zuvor war die Anzeige des Sonderverkaufs der Bohrmaschinen für Herrn Maier nur eine Nachricht ohne Belang, eine Woche später wäre sie für ihn zu einer Information geworden, wenn er sie nicht weggeworfen und somit eine wichtige Grundlage für seine Entscheidungsfindung verloren hätte. Die Frage, ob eine Nachricht zu einer Information wird, hat somit eine zeitliche Komponente.

Sie mögen an dieser Stelle nun einwenden: »Man kann sich doch nicht alles merken, was eventuell irgendwann mal wichtig werden könnte.« Und hier kommen wir wieder zum Hauptthema des Buches: dem Datenmüll. Die Bewertung über den aktuellen oder zukünftigen Nutzen von Daten kann nicht pauschal erfolgen. Sie ist vom Betrachter, der Situation und vom Zeitpunkt der Betrachtung abhängig. Das, was man leicht als Datenmüll bezeichnen könnte, kann durchaus seine Berechtigung als historische Datenbasis besitzen. Während die Daten über die Anzahl der verfügbaren Bohrmaschinen zusammen mit den historischen Daten über den Verkauf von Bohrmaschinen pro Monat den Baumarktleiter zur Entscheidung geführt haben, eine Verkaufsaktion durchzuführen, endete der Nutzen dieser Daten für Herrn Schmidt in einer Kaufentscheidung und für Herrn Maier in einer Nachricht ohne Belang (wäre da nicht das Regal seiner Frau gewesen).

Natürlich hätte Herr Maier die Nachricht auch vorübergehend, also über die 14 Tage Gültigkeitsdauer des Angebots, speichern können, anstatt den Flyer des Baumarktes gleich wegzuwerfen. Dann wäre die Nachricht zum Zeitpunkt des Defekts seiner Bohrmaschine zu einer Information geworden und hätte seine Kaufentscheidung beeinflusst. Diese Betrachtung führt uns allerdings zu einem anderen Thema, der sinnvollen Speicherung von Nachrichten und ihres gezielten Abrufs, auf das im Rahmen dieses Beitrages nicht näher eingegangen werden kann.

Festzuhalten bleibt: Ohne Daten keine Nachrichten, ohne Nachrichten keine Informationen, ohne Informationen und dem Vergleich mit historischen Daten keine brauchbaren Entscheidungen.

Anstelle von Fakten gefühlte Probleme

Wenn Sie nun der Ansicht sind, dieses kleine Alltagsbeispiel habe keine Relevanz für die professionelle IT-Arbeitsumgebung, da wir hier doch sämtliche vorhandenen Daten in unsere Entscheidungsfindung einfließen lassen und zudem unzählige Computersysteme in allen Bereichen unseres Wirkens im Einsatz haben, um uns die bestmögliche Entscheidungsgrundlage zu geben, dann würde ich da starke Zweifel anmelden. Ich bin eher der Auffassung, dass wir uns nur zu oft auf vermeintliche Informationsquellen verlassen, die einer qualitativen Analyse nicht standhalten.

Dazu wieder ein Beispiel: Vor einiger Zeit war ich als Berater in einem großen deutschen Automobilkonzern tätig. Die Aufgabe bestand darin, die Architektur, den Betrieb und die Entwicklung von einer Anzahl Systemen innerhalb eines Aufgabengebietes zu optimieren. Als ich zu dem Projekt stieß, hatte der Automobilkonzern bereits umfangreiche Analysen, Workshops und Planungsrunden mit Unterstützung von externen Unternehmen durchgeführt. Das Ergebnis dieser Untersuchungen war, dass die Systeme nicht stabil genug liefen, um den Anforderungen eines wachsenden internationalen Geschäftes standzuhalten. Die Lösung war schnell gefunden: Neue Hardware musste her und ein kompletter Umbau der Architektur sollte zu einer deutlichen Stabilisierung des Betriebes führen. Budgets wurden beantragt, und ein Team aus internen und externen Mitarbeitern machte sich an die Feinplanung dieses Vorhabens. Nicht, dass hier ein falscher Eindruck entsteht – das Projekt hatte ein Volumen im guten zweistelligen Millionenbereich.

Da ich meine Kunden stets in dem Sinne berate, dass ich ihnen aufzeige, was sie brauchen, und nicht zwingend, was sie wollen, habe ich in einer mit Entscheidern besetzten Runde die einfache und doch so schwierig zu beantwortende Frage gestellt: »Woher wissen Sie, dass Sie diesen drastischen Umbau wirklich benötigen?« Daraufhin blickten mich die Teilnehmer des Meetings ungläubig bis völlig verständnislos an. Wie konnte ich das nur fragen? Es haben doch schon so viele Experten die Systeme begutachtet!

Nun, ich hatte mich unter Rückgriff auf den oben beschriebenen Zusammenhang von Daten, Nachricht und Information im Umfeld des Kunden umgesehen. Dabei versuchte ich, anhand der in der Vergangenheit aufgetretenen Störungen (historische Daten) zu analysieren, wo eine Häufung von Fehlern aufgetreten war.

Bemerkenswerterweise waren die Vorfälle nur sehr unzureichend in dem verwendeten Tool erfasst worden, was aber nicht an dem Programm selbst lag, sondern zum großen Teil darauf zurückzuführen war, dass die Daten schlichtweg unvollständig waren. Nur ein geringer Teil aller Störungen war erfasst worden, die Beschreibungen der Ursachen waren oberflächlich oder fehlten ganz. In mehreren Interviews mit Mitarbeitern der IT-Abteilungen wurde erkennbar, dass es kein Bewusstsein für die Notwendigkeit einer nachhaltigen Erfassung der Fehler und deren Ursachen gab. Statt dessen lag der Fokus ausschließlich auf der schnellen Bearbeitung von Vorfällen. Sobald eine Störung beseitigt war, war das Problem vergessen, eine Dokumentation erfolgte in der Regel nicht. Warum auch? Das Problem war ja behoben und die Pflege der Daten wurde als Ballast, unnötige Administration oder gar Arbeitskontrolle angesehen.

Nachdem ich mich intensiv mit dem Inhalt der erfassten Störungsmeldungen beschäftigt hatte, kam ich zu dem Schluss, dass die Daten über Fehlerhäufigkeit, Ursache und Behebung keine brauchbaren Nachrichten enthielten, geschweige denn, dass daraus Informationen abzuleiten waren. Aber wenn die Datenbasis nicht dazu geeignet war, Informationen über die Anfälligkeit einzelner Anwendungen zu gewinnen, wie konnten die technischen Experten und Berater dann wissen, dass die Lösung in der Entwicklung einer neuen Anwendungsarchitektur und neuer Hardware lag? Meine Analysen erbrachten keinen Nachweis darüber, ob alle, einzelne oder mehrere Anwendungen größere Probleme verursachten. Ohne diese Information konnte aber auch keine *Prognose* über die zukünftige Entwicklung der Stabilität der Anwendungen gegeben werden. Die im Ticket-Tool erfassten Daten ließen sich getrost als Datenmüll bezeichnen, denn aus ihnen konnten keinerlei verwendbare Nachrichten bzw. Informationen abgeleitet werden und sie waren somit auch nicht als Grundlage für die Entscheidungsfindung geeignet.

Was war also bei dem Automobilkonzern geschehen? Wie kam man zu der Aussage, dass die Anwendungen den Ansprüchen nicht gerecht würden? Wie konnten die Experten wissen, was verändert werden muss? Es konnte doch nicht sein, dass sich alle irrten oder keine Ahnung hatten.

Tatsächlich ist der Vorgang sehr typisch für viele vergleichbare Kundensituationen. Es handelte sich um eine »gefühlte« Instabilität der Anwendungen. Wie kam sie zustande? In einigen Situationen gab es tatsächlich partielle Einschränkungen bei der Systemverfügbarkeit. Da die betroffenen Personen großen Einfluss in die Unternehmensleitung hatten, erregten diese Ausfälle eine entsprechend hohe Aufmerksamkeit und hektische Betriebsamkeit. Schnell setzte sich die Meinung durch, dass die Systeme insgesamt instabil seien. Die technischen Experten und externen Berater erhielten in der Folge den Auftrag, Vorschläge zur Verbesserung der Systemstabilität zu unterbreiten. Das haben sie dann auch getan und es ist ihnen kein Vorwurf zu machen. Ihre Vorschläge waren sämtlich vernünftig, basierten auf dem derzeit technisch Machbaren und hätten zu einer Erhöhung der Systemstabilität geführt. Allerdings wozu? Die eigentliche Kernfrage, ob es überhaupt ein nachweisbares, nicht nur gefühltes Problem bei der Systemverfügbarkeit gab, wurde ihnen nämlich nicht gestellt. Diese Frage hätten sie aber auch gar nicht beantworten können, da die dafür nötigen historischen Daten nicht in ausreichender Menge und Qualität zur Verfügung standen. Das Verfügbarkeitsproblem lag mindestens 12 Monate vor dem eigentlichen Ereignis, nämlich der Fragestellung, was eigentlich verbesserungswürdig sei.

Als eine Erkenntnis aus diesem Projekt wurde ein einheitlicher Incident-Erfassungsprozess definiert, der im Gegensatz zur alten Lösung eine vollständige Erfassung und eine wöchentliche Auswertung aller Einträge vorsah. Sie mögen jetzt sehr verwundert sein und meine Schilderung im Zeitalter von ITIL V3 für eine Ausnahme halten. Aber seien Sie versichert, ich habe in meiner beruflichen Tätigkeit nur ganz selten historische Daten über das Auftreten und die Bearbeitung von Störungen in der IT gesehen, die sich als hinreichend und brauchbar für die Auswertung charakterisieren ließen. Der überwiegende Teil war hingegen nichts anderes als Datenmüll.

Datensammlung und deren Bedeutung bei IT-Ausschreibungen

Die Notwendigkeit zur Erfassung von Störungen, deren Bearbeitungszeit und der Problemlösungen kann aber auch in anderen als der oben beschriebenen Situation von Bedeutung sein. Bei der derzeitigen wirtschaftlichen Großwetterlage taucht vermehrt die Frage nach Einsparungspotenzial in der IT auf. Die Auslagerung der Betreuung und Weiterentwicklung von IT-Anwendungen (Application Management Services) liegt dabei voll im Trend. Üblicherweise werden zur Preisfindung Ausschreibungen erstellt, die die Vergleichbarkeit der Angebote möglich machen sollen. Die Ausschreibungsunterlagen haben oftmals einen Umfang von 100 Seiten und mehr. Allerdings habe ich bei der Bearbeitung solcher Ausschreibungen immer wieder die Erfahrung gemacht, dass eine der Kerninformationen zur Bewertung der Aufwände für die Betreuung der Anwendungen fehlt: nämlich die Daten über die in der Vergangenheit aufgetretenen Störungen und die Daten über die Häufigkeit von Änderungen an den Anwendungen.

Bei einer externen Ausschreibung kann man nun argumentieren, dass diese Datenbasis nicht unbedingt nötig sei, da die Anbieter solcher Leistungen ja über genügend Erfahrung verfügen sollten, um die künftig entstehenden Aufwände einschätzen zu können. Das ist jedoch ein Irrtum, da die Qualität der Anwendungsentwicklung und die Änderungshäufigkeit von Anwendungen keinem Industriestandard unterliegen. Insbesondere die Anzahl von zu bearbeitenden Störungen und Serviceanforderungen spielt dabei eine wichtige Rolle. Um das zu verdeutlichen, gebe ich Ihnen im Folgenden ein vereinfachtes Beispiel, wie typischerweise der Aufwand für den zu erbringenden Service berechnet wird:

Aufwand = Anzahl der auftretenden Störungen x Lösungszeit entsprechend der SLA-Vereinbarung x Faktor für präventive Wartung, Housekeeping etc. + Aufwand zur Abdeckung von Servicezeiten

Ohne die Kenntnis über die Anzahl der aufgetretenen Störungen kann kaum eine Abschätzung über den zu erwartenden Aufwand erfolgen. Ebenso werden die in den SLAs zu vereinbarenden Lösungszeiten eher theoretischer Natur sein, da es keine Erfahrungswerte gibt. Die Preise für die Anwendungswartung und den Anwendungsbetrieb werden also entweder einen hohen Risikoaufschlag enthalten oder aber deutlich zu optimistisch angenommen, was unweigerlich zu Nachverhandlungen oder schlechtem Service führt, da der Servicegeber seinen Betrieb wirtschaftlich gestalten muss. Beides ist mit Sicherheit weder im Interesse des Servicegebers noch des Servicenehmers.

Aber auch bei der Bewertung der Leistungsfähigkeit einer IT-Abteilung sind die historischen Daten von großer Bedeutung. Wie kann bewertet werden, ob eine IT-Abteilung über zu viele oder zu wenige Mitarbeiter verfügt, wenn man nicht belegen kann, was tatsächlich als produktive Leistung erbracht wird? Leider wird eine dazu erforderliche Datenbasis oftmals als Datenmüll verkannt, anstatt als profunde Quelle für unternehmerische Entscheidungen genutzt zu werden.

Vom Umgang mit Daten bei der Überwachung von IT-Systemen

Im Bereich des IT-Monitorings begegnet mir ebenfalls oft eine mangelnde Sensibilität für die Erzeugung und den Umgang mit Daten. Hier allerdings meist mit dem Resultat, dass Unmengen von Daten erzeugt und gesammelt werden, ohne dass ein schlüssiges Konzept für die Weiterverarbeitung und Behandlung der erfassten Daten existiert.

IT-Monitoringsysteme sammeln im Allgemeinen Daten von IT-Systemen wie Servern, Routern oder Anwendungen. Dabei senden diese Komponenten entweder ihre Daten gezielt an die Monitoringsysteme oder die Monitoringsysteme fragen den Zustand der Komponenten in definierten Zeitabständen selbstständig ab. Standardisierte Übertragungsprotokolle wie z. B. Simple Network Management Protocol (SNMP) erlauben es hierbei, dass die Monitoringsysteme über verschiedene Plattformen, Komponenten und Hersteller hinweg eingesetzt werden können. Somit kann eine nahezu vollständige Ende-zu-Ende-Abdeckung der IT-Landschaft erzielt werden. Leider werden Systeme für IT-Monitoring- oder Systemmanagement oft nicht mit der notwendigen Sorgfalt eingeführt und betrieben.

Dazu wieder ein Beispiel aus meiner täglichen Arbeit: In einem deutschen Großunternehmen kam es zu einem Ausfall eines wichtigen IT-Systems, das direkt von den Kunden des Unternehmens verwendet wurde. Erkannt wurde der Ausfall durch den Anruf von Kunden bei der Hotline des Unternehmens. Man beauftragte mich damit herauszufinden, warum dieser Ausfall nicht rechtzeitig durch die Monitoringfunktion des Rechenzentrums erkannt wurde.

Meine Nachforschungen ergaben, dass nahezu zeitgleich mit den Anrufen der Kunden die Systemmonitore des Rechenzentrums bei den betroffenen Anwendungen verschiedene Alarme anzeigten. Da es sich nicht um einen offensichtlichen Serverausfall oder um Netzwerkfehler handelte, die sofort mit höchster Dringlichkeit bearbeitet werden, schenkten die Mitarbeiter des Rechenzentrums diesen Warnsignalen keine besondere Aufmerksamkeit. Die Begründung lautete, dass die Systemmonitore täglich Hunderte von Alarmen anzeigten, die in der Regel nach einiger Zeit wieder von selbst verschwanden. Aufgrund der Menge der Events, die an den Konsolen des Systemmonitorings eingingen, wurden auch keine Tickets in das Incident-Mangement-Tool eingestellt. In diesem Fall wurden die *Daten* aus den Systemen zu *Nachrichten* im IT-Monitoringsystem. Allerdings wurden die Nachrichten aufgrund ihrer Menge nicht ausreichend analysiert und konnten somit nicht zu *Informationen* verarbeitet werden.

Wie konnte es aber dazu kommen und wie kann man dieses Problem grundsätzlich vermeiden?

Zumeist werden Monitoringsysteme nach einem stets unzureichenden Muster ausgesucht und implementiert: Auf einer eher theoretischen Basis werden Kriterien definiert, die ein Monitoring- oder Systemmanagementsystem erfüllen soll. Protokolle, Standards und zu unterstützende Anwendungsmanagementfunktionen bilden dabei die Grundlage. In der Folge werden dann Piloten installiert und die angepriesenen Funktionen ausprobiert. Ich verwende hier bewusst nicht den Begriff »getestet«, da bei einem Test grundsätzlich das Ergebnis vorher definiert ist und die Erfüllung der Anforderung an den zu überwachenden Systemen ermittelt wird. Eine professionelle Planung habe ich allerdings bei der Evaluierung von Systemen selten erlebt. Nach dem Ausprobieren erfolgt dann eine Einführungsphase, in der die Systeme gegenseitig konfiguriert werden.

Dabei ist nun auf Folgendes zu achten: Welche Nachrichten muss wer wann erhalten, damit Informationen entstehen, die gezielte Maßnahmen zur Systemverfügbarkeit ermöglichen? Der Nachrichtenfluss muss gezielt erfolgen. Nicht dadurch, dass an dem zu managenden System sämtliche voreingestellten Nachrichten an die Managementkonsole übertragen werden, wie es häufig geschieht. Vielmehr ist das individuelle Anpassen der Fehlermeldungen (traps) auf der Sender- und der Empfängerseite unerlässliche Voraussetzung, um ein sinnvolles Monitoring zu ermöglichen. Nicht jede Nachricht ist für jeden Mitarbeiter von gleicher Bedeutung. Oftmals gibt es Spezialistenteams für das Netzwerk, die Server, die Datenbanken und die verschiedenen Anwendungen. Die Zeiten der Allrounder sind seit Langem vorbei, insofern müssen die Nachrichten adressatengerecht gesteuert werden. Eine Konsole im Monitoringsystem hilft da wenig.

Nehmen wir als Beispiel das Fahren eines PKW: Um ein Auto zu fahren, benötigen wir eigentlich relativ wenig Nachrichten, neben der Geschwindigkeit und der Tankanzeige nur noch wenige andere Funktionen, die eher dem Komfort dienen. Über Sensoren werden jedoch viele weitere Daten ermittelt und zu Nachrichten aufgearbeitet, die uns nur bei Bedarf angezeigt werden, nämlich dann, wenn die Nachricht zu einer Information für uns wird. So würde niemand in einem PKW eine permanente Anzeige des Reifendrucks erwarten, aber durchaus eine Nachricht, falls sich der Reifendruck entscheidend verändert, da dies eine wichtige Information für den Fahrer darstellt, um die Kontrolle über das Fahrzeug behalten zu können.

Darüber hinaus wird eine Vielzahl von Daten ermittelt und im Fahrzeug gespeichert, die wir als Fahrer nie zu sehen bekommen. Diese Daten werden in der Werkstatt über spezielle Diagnosesysteme ausgelesen und mit Kennlinien (aus historischen Daten ermittelt) verglichen. Diese Auswertung ist allerdings nur für den KFZ-Spezialisten von Bedeutung, für ihn sind es Informationen. Wieder andere Daten werden an die Automobilhersteller übermittelt, da sie zur Weiterentwicklung verwendet werden und somit nur dort von Bedeutung sind.

Entsprechend muss auch das Monitoring von IT-Systemen aufgebaut werden. Das Capacity Management Ihres Unternehmens benötigt andere Daten/Nachrichten als die Entwickler der Anwendungsbetreuung oder die Netzwerkfraktion. Im ersten Schritt müssen Sie daher ermitteln, wer alles Nachrichten über den Zustand Ihrer IT-Systeme benötigt. Im zweiten Schritt müssen dann die einzelnen IT-Gruppen definieren, welche konkreten Nachrichten sie benötigen. Hierbei ist darauf zu achten, dass keine »Wünsch Dir was«-Liste entsteht. Bei der Erstellung der Anforderungsliste muss bereits klar sein, zu welchem Zweck die Daten ermittelt werden sollen, welche Schwellwerte für ein eventuelles Alarming zu setzen sind und wer der Empfänger der Nachrichten sein soll.

Die Erfassung und Übermittlung der CPU-Auslastung zum Beispiel ist nur dann sinnvoll, wenn Sie wissen, ab welchem Auslastungswert mit einer Beeinträchtigung der Nutzer zu rechnen ist. Auch die zeitliche Komponente ist wichtig. Nachts im Batchbetrieb sind höhere CPU-Auslastungswerte unter Umständen akzeptabel, während der gleiche Wert innerhalb der Onlinezeit fatale Folgen hätte. All diese Dinge müssen Sie bereits wissen, ansonsten hilft Ihnen die Nachricht »CPU-Auslastung 70 %« gar nichts. Auch hilft es wenig, wenn die

Netzwerkabteilung einen Alarm bei 70 % CPU-Auslastung erhält, denn diese Nachricht ist eher für den Systembetrieb und gegebenenfalls für die Anwendungsentwicklung von Bedeutung.

Leider erfordert das Einrichten eines hochwertigen Monitoring- und Systemmanagementsystems sehr viel Arbeit und Erfahrung, da oftmals erst durch die Kombination verschiedener Nachrichten sinnvolle Informationen entstehen. Ab wann eine bestimmte CPU-Auslastung zu einem Problem für Ihre Anwender im Hinblick auf die Antwortzeit wird, können Sie nur über einen Vergleich mit Ihrem Nutzersupport ermitteln, da dort üblicherweise die Beschwerden über schlechtes Antwortzeitverhalten gemeldet werden. Legen Sie nun die Kennlinien zur CPU-Auslastung und Beschwerden bezüglich der Antwortzeiten übereinander, werden Sie ermitteln können, welche Auslastung noch akzeptabel ist bzw. ab wann Sie einen Alarm aus Ihrem Monitoringsystem generieren sollten. Leider gibt es gegenwärtig nur sehr wenig Unternehmen, bei denen eine solche Planung der Monitoringsysteme und eine entsprechende Auswertung erfolgt.

Fazit

Die ausführliche Erfassung von Störungen, Zuständen und Serviceanforderungen führt keineswegs zu Datenmüll, sondern ermöglicht den Aufbau einer Datenbasis, deren systematische Auswertung zu Informationen führen kann, die Ihnen bei wichtigen Entscheidungen zur Weiterentwicklung Ihrer IT-Landschaft helfen.

Bevor Sie Daten – welcher Art auch immer – erfassen, sollten Sie allerdings unbedingt überdenken, was Sie mit diesen Daten vorhaben. Für wen werden diese Daten unter welchen Rahmenbedingungen und zu welchem Zeitpunkt zu Nachrichten und Informationen? Nicht zuletzt sollten Sie auch ein Verfallsdatum Ihrer Daten einplanen. Auf diese Weise werden Sie in Ihrem IT-Betrieb über die notwendigen Daten unter Vermeidung von Datenmüll verfügen.

Literatur

[1]   FINK, D.; HARTMANN, M.: *Das Missing-Link-Prinzip. München, 2009*

Zusammenfassung

Die Frage nach Datenmüll im IT-Betrieb rückt den Zusammenhang zwischen Daten, Nachrichten und Informationen sowie die Wichtigkeit von historischen Daten für IT-Entscheidungen eines Unternehmens in den Blick. Dabei zeigt sich, dass eine falsche und/oder lückenhafte Sammlung von Daten, etwa im Rahmen einer IT-Ausschreibung zur Auslagerung von IT-Betriebsleistungen oder bei Investitionsentscheidungen zur Modernisierung der IT-Landschaft, zu hohen Mehrausgaben führen bzw. gravierende Fehlentscheidungen provozieren kann. Insofern gilt es, stets die eigene Sorgfalt bei der Erhebung und Sammlung von IT-Betriebsdaten zu überprüfen. Ziel sollte es sein, eine Datenbasis aufzubauen, die den genauen Zweck, die Adressaten, die Haltbarkeit etc. der Daten berücksichtigt und die in der Auswertung entscheidungsrelevante Informationen liefert.

Finanzdienstleister und die Explosion der Kundendaten

Ein Kredit wird nur dann vergeben, wenn ein Kunde vielerlei Daten über sich preisgibt. Demzufolge sammeln Finanzdienstleister fleißig Kundendaten. Infolge der Digitalisierung explodiert jedoch der Vorrat gespeicherter Daten. Entsteht hier Datenmüll? Und was bedeutet dies für Kunden und Anbieter?

In diesem Beitrag erfahren Sie:
- welche Mechanismen zum ungebremsten Wachstum von Kundendaten führen,
- weshalb es bei Datenmissbrauch im Finanzbereich immer mehrere Verlierer gibt,
- zu welchen Konsequenzen die Digitalisierung bei Banken und ihren Kunden führt.

Wolfgang L. Brunner

Paradigmenwechsel in der deutschen Gesellschaft

Liberalität und Paternalismus werden gerne als Gegensatzpaar betrachtet – insbesondere bei der Frage des Datenschutzes. Doch nicht immer funktioniert diese bipolare Denkweise. Denn die Frage der Selbstbestimmung über die eigenen Daten hat sich gewissermaßen losgelöst von diesem Schwarz-Weiß-Bild. Seit digitale Medien den Menschen die Möglichkeit geben, einerseits aus dem Internet eine unüberschaubare Menge an Informationen abzurufen und andererseits Informationen via sozialer Netzwerke (wie beispielsweise Facebook oder Xing) und über Kundenkarten (wie beispielsweise Payback oder Deutschland Card) preiszugeben, hat sich das Bild deutlich gewandelt. Die Zeiten, als eine Volkszählung die Menschen auf die Straße trieb und wegen der »informationellen Selbstbestimmung« des Individuums der Rechtsweg bis zur letzten Instanz beschritten worden ist, sind vorbei.

Heute kann oder (besser gesagt) muss man feststellen, dass es kaum noch einen Aspekt gibt, der nicht mehr oder weniger freiwillig »ins Netz gestellt« wird. Diese Tendenz hat der technische Fortschritt ermöglicht. Sicherlich ist es an der Zeit, diese Entwicklung zu hinterfragen. Die in den Jahren des Wirtschaftswunders vorhandene Technikgläubigkeit dürfte in einer aufgeklärten Gesellschaft wie der unseren überwunden sein. Allerdings stoßen Kritiker des allzu sorglosen Umgangs mit den eigenen Daten auf mehr oder weniger taube Ohren. Gerade junge Menschen fallen den Verlockungen der »großen Öffentlichkeit« nach dem Motto »Wer nicht im Netz präsent ist, existiert nicht!«, anheim. Die Freiwilligkeit der Datenpreisgabe ist maßgeblich, wenn wir über den Datenschutz und den sicherlich damit zusammen hängenden Begriff des Datenmülls sprechen wollen.

Persönliche Daten sind eine wirtschaftliche Größe

Viele Unternehmen aus den unterschiedlichsten Wirtschaftszweigen sind von dem Bestreben geprägt, ihre Kunden näher zu kennen. Nicht alle Produzenten von Konsumgütern und Anbieter von Dienstleistungen verfügen über aussagekräftige Daten über ihre Abnehmer. Dies kann geschehen, weil beispielsweise eine Handelsstufe dazwischen geschaltet ist oder die Leistungen anonym erbracht werden. Nur über die Marktforschung kann ein Unternehmen den Bedürfnissen seiner Kunden auf die Spur kommen. Anbieter von Finanzdienstleistungen, wie beispielsweise Banken oder Versicherungen, tun sich im Hinblick auf Kundendaten wesentlich leichter. Ihnen liegen schon auf Grund gesetzlicher Vorschriften unzählige Informationen vor. Wer ein Konto eröffnet, ist genötigt, sich zu legitimieren und somit seine Personalien zu nennen. Diese Feststellung der Berechtigung einer natürlichen oder juristischen Person erfolgt nach steuer-, geldwäsche- und außenwirtschaftrechtlichen Gesichtspunkten.

In dem auf Dauer angelegten Bank-Kunde-Verhältnis erfährt ein Bankberater regelmäßig und beiläufig weitere Informationen über seine Kunden (z. B. Familie, Hobbys). Dem verständlichen Bedürfnis, den Vertragspartner im Vorfeld einer Entscheidung »näher kennen zu lernen«, stehen die Prinzipien der Datenvermeidung und Datensparsamkeit möglicherweise in Teilen entgegen. Die schlichte Empfehlung an den Verbraucher »keine oder so wenig Daten wie möglich preisgeben« wird dem modernen Wirtschaftsleben jedoch nicht gerecht. Der finanzielle Aufwand, der entstünde, wenn beispielsweise im Rahmen von trivialen Anschaffungen des täglichen Lebens (wie etwa der Kauf von Möbeln per Ratenvertrag oder der Abschluss eines Telekommunikationsvertrages) die eigene Bonität mit (gegebenenfalls beglaubigten) Dokumenten, wie z. B. Gehaltsbescheinigung oder Steuerbescheid, in jedem Einzelfall nachgewiesen werden müsste, wäre erheblich. Im Prinzip wäre der Aufwand in Anbetracht von in der Regel engen Margen sogar unvertretbar hoch.

Generell kann gesagt werden, dass Kreditinstituten ein hohes Maß an Vertrauen entgegen gebracht wird. [1, S. 17ff.] Obwohl dieses Vertrauen auf Grund der Finanzmarktkrise (und der damit verbundenen Vermögenseinbußen) erheblich zurückging, werden Kreditinstitute noch immer als Partner in finanziellen Fragen bevorzugt angesprochen. Bei einem Versicherungsunternehmen ist es nicht viel anders. Wer Versicherungsschutz nachsucht, ist ebenfalls gehalten, sich weitgehend zu öffnen. Nur wenn die individuellen Angaben zur Person eines Versicherungsnehmers vollständig vorliegen, ist die Versicherungsgesellschaft auch in der Lage, die Prämie zu kalkulieren. Selbst die Anbieter von Mobilfunkdienstleistungen erheben persönliche Daten. Diese benötigen sie für die Beurteilung der Bonität ihrer Kunden. Hier ist eine Schufa-Abfrage gerade bei ihrer jüngeren Kundschaft mittlerweile eine Selbstverständlichkeit.

Notabene sind persönliche Daten die Grundlage verschiedener Geschäftsmodelle von Finanzdienstleistern. Sofern sie nicht vorhanden sind, wird das eine oder andere Geschäft erst gar nicht möglich werden. Folglich werden Banken, Versicherer & Co. schon aus diesem Grunde bestrebt sein, die benötigten Kundendaten möglichst komplett zu erheben und à jour zu halten. Darüber hinaus fallen bei andauernden Kundenbeziehungen laufend neue geschäftsbezogene Daten an. Kreditinstitute halten beispielsweise Ein- und Ausgänge von Zahlungen, Wertpapierkäufe und -verkäufe fest und verfolgen aufmerksam Tilgungs- und Zinszahlungen bei den von ihnen ausgereichten Krediten. Je länger eine Kundenbeziehung besteht und je mehr Bankleistungen ein Kunde in Anspruch nimmt, umso mehr Daten über seine Transaktionen fallen an. Für Banken liegt es »natürlich« nahe, diese Daten mit den persönlichen Daten ihrer Kunden zu verbinden. Und schon verfügen sie über einen Datenpool, mit dessen Hilfe maßgeschneiderte Angebote unterbreitet werden können. Bei Versicherungsunternehmen verhält es sich ebenso.

Was machen die Anbieter von Finanzdienstleistungen mit den ihnen zur Verfügung stehenden Daten? Es liegt auf der Hand, diese Daten auch zu nutzen. Unternehmen des Finanzdienstleistungssektors sind bekanntlich bestrebt, im Rahmen ihres Customer Relationship Managements umfangreiche Datenbanken anzulegen, die Daten nach Marketing-Gesichtspunkten zu analysieren und sie einer entsprechenden Verwertung zuzuführen. [8, S. 274] Diesem Interesse steht in aller Regel der Schutz der Daten eines Kunden entgegen. Der Gesetzgeber nimmt seine Fürsorgepflicht insoweit wahr. Er hat den Schutz von Daten weitgehend per Gesetz oder über verpflichtende Normen und Richtlinien geregelt. [7, S. 45] Bei der Lösung des Zielkonflikts zwischen der systematischen Informationsaufbereitung und dem Kundeninteresse hilft ein Blick in das Bundesdatenschutzgesetz. § 28 Abs. 3 BDSG erlaubt die Nutzung von listenmäßigen oder sonst zusammengefassten Daten. Somit sind Instrumente wie beispielsweise Data Mining und Data Warehouse ohne weiteres gestattet.

Der Gesetzgeber und die Rechtsprechung sorgen sich somit um Daten, die zwar freiwillig zur Verfügung gestellt werden und dennoch nicht für die Öffentlichkeit gedacht sind. Damit tritt eine neue Denkweise in den Vordergrund. Wie lässt sich das Individuum davor schützen, selbst ein Zuviel an Daten preiszugeben? Daran schließt sich die Frage an, was denn mit den Daten passiert, die die Unternehmen des Finanzdienstleistungssektors jahrein und jahraus sammeln und bereit halten? Es muss in diesem Zusammenhang gar nicht in Erinnerung gerufen werden, was Serviceprovider des Einzelhandels im Sommer

2010 im Umgang mit Kundendaten einräumen mussten. Sie fertigten aus den Daten einer eurocheque-Karte ein Bonitätsprofil des Kunden und zeigten der Kassiererin im Supermarkt auf, welche Art von Zahlungsvorgang sie initiieren soll. [4]

Missbrauch von persönlichen Daten

Zwar hat ein Bankkunde oder ein Versicherungsnehmer das Recht, gegen die legale Nutzung seiner Daten Vorbehalte auszusprechen. Doch an dem Wirtschaftsgut »persönliche Daten« entwickeln gerade böse Buben ein gesteigertes Interesse. Dieses Interesse liegt in dem möglicherweise zu erzielenden Verkaufserlös oder dem Schadens- bzw. dem Frustrationspotenzial, wenn diese Daten in nicht berechtigte Hände gelangen. In der Vergangenheit wurden zumindest zwei Vorgehensweisen von falsch motivierten Mitarbeitern bekannt. Zum einen kann ein Bankangestellter einen einzelnen Kunden erpressen, wenn er aus seiner Tätigkeit als Berater über ihn kompromittierende Informationen erlangt. Zum anderen kann ein Finanzdienstleister erheblich geschädigt werden, indem Dateien von Mitarbeitern mutwillig oder grob fahrlässig zerstört werden (Sabotage). In diesem Zusammenhang sind beide Vertragsparteien, Bank und Kunde, die Geschädigten. Ähnlich verhält es sich bei den Coups, bei denen Daten dem Finanzdienstleister in großem Umfang gestohlen, auf eine Compact Disc kopiert und an Dritte weiter verkauft werden. Ein besonders eklatanter Fall ereignete sich bei der HSBC in der Schweiz, der ein ehemaliger Mitarbeiter der Informatikabteilung die Datensätze über mehr als 15.000 Kunden entwendete und zum Verkauf anbot. [6] Neben dem kriminellen Milieu sind mittlerweile auch staatliche Institutionen als Erwerber dieser Daten aktiv. Meist stammen sie aus Ländern, die ein von Deutschland abweichendes Verständnis in der Interpretation der Steuergesetzgebung pflegen. Nun wehren sich die ersten »geschädigten« Bankkunden. Das fürstliche Landgericht Vaduz (Fürstentum Liechtenstein) hat jüngst einem deutschen Steuerhinterzieher Schadenersatz zugesprochen. Damit kann er zumindest die gegen ihn verhängten Geldzahlungen kompensieren.

Es ist müßig, in diesem Zusammenhang über präventive Maßnahmen zum Datenschutz nachzudenken. Über die Art und Weise der (sicheren) Aufbewahrung der Daten und der Dauer der Aufbewahrung kann man ebenso trefflich streiten. Sicherlich lassen sich bei einem Schadensfall im Nachhinein die entsprechenden aufbau- und ablauforganisatorischen Stellschrauben definieren. Sobald das Kind jedoch in den Brunnen gefallen ist, ist es für vorbeugende Maßnahmen definitiv zu spät. Und es ist auch fraglich, ob bereits erkannte und abgestellte Sicherheitslücken zur Vorbeugung ausreichen. Vielmehr wird die kriminelle Energie nach weiteren Lecks Ausschau halten. Absolute Sicherheit wird es niemals geben können – allein schon aus Kostengründen. Festzuhalten ist jedoch aus Sicht der betroffenen Kreditinstitute (und Staaten), dass die Bank-/Kunde-Beziehung nicht nur beeinträchtigt worden ist, sondern auch Teile des bisher bekannten Geschäftsmodells in hohem Maße wegfallen oder zumindest stark modifiziert werden. Zunehmend häufiger und nicht mit demselben Ziel, aber dennoch mit hoher krimineller Energie machen sich Computer-Viren und -Würmer, Trojaner und Rootkits daran, Kundendaten auszuspionieren. [3, S. 208 ff.] Auch in diesem Zusammenhang können immense Schäden sowohl für die Finanzdienstleister als auch für deren Kunden entstehen. Eine lapidare Empfehlung gibt es dennoch: das Speichern von Kundendaten ist auf ein absolutes Minimum zu beschränken.

Sind Kundendaten wirklich Datenmüll?

Infolge der zunehmenden Digitalisierung von Informationen wächst insbesondere bei Unternehmen des Finanzdienstleistungssektors unaufhörlich der Vorrat gespeicherter Daten. Dabei ist zu unterscheiden, aus welchem Anlass heraus Daten von Kunden bzw. über Kunden im Unternehmen entstehen. Einmal geben Kunden gerne und freiwillig ihre persönlichen Daten preis – eine unabdingbare Voraussetzung, um überhaupt Finanzdienstleistungen in Anspruch nehmen zu können und darüber hinaus ein gegenseitiges Vertrauen aufzubauen. [1, S. 14 ff.] Auf der anderen Seite verlangt der Gesetzgeber klar und eindeutig, dass Kundendaten weit über die Person hinaus zu erheben sind. Nach dem Gesetz für das Kreditwesen (Offenlegen der wirtschaftlichen Verhältnisse gemäß § 18 KWG) oder dem Gesetz über den Versicherungsvertrag (Anzeigepflicht nach § 19 VVG) sind darüber hinaus gehende Daten zu erheben und zu prüfen, wie die individuelle Situation eines Kunden zu bewerten ist und wie die Risiken aus den beabsichtigten Geschäften einzuschätzen sind. Selbst intimste Daten, wie beispielsweise die Ergebnisse einer ärztlichen Untersuchung, können sich bei einem Versicherungsunternehmen einfinden. Derartige Daten werden über einen langen Zeitraum, meist sogar bis zur Beendigung des Versicherungsvertrages, vorgehalten.

Es liegt nahe, dass Kundendaten für individuelle Beratungszwecke benötigt und benutzt werden. Eine Idee zu weit ging allerdings die Hamburger Sparkasse bei ihrem Bemühen, ihre Kunden nach bestimmten psychologischen Merkmalen zu unterscheiden. Es ist nachvollziehbar, dass der Einsatz derartiger Merkmale das Beratungsgespräch effektiver, aber auf jeden Fall effizienter werden lässt. Im Herbst 2010 ist bekannt geworden, dass die HaSpa für ihre Kunden sieben verschiedene »Psycho-Profile« (Bewahrer, Genießer, Abenteurer, Performer, Tolerante, Disziplinierte und Hedonisten) angefertigt hat. Meist wurden die Daten durch die Kundenberater erhoben. Sie legten nach ihren Beratungsgesprächen fest, welcher ihrer Kunden mit welchem Profil im Rahmen des Beratungskonzepts Sensus angesprochen werden sollte. Der Aufschrei, der in der Öffentlichkeit kräftig widerhallte, führte zu dem Versprechen der HaSpa, künftig die Kunden nicht mehr einer der sieben Kategorien zuzuordnen und die bereits vorhandenen Daten wieder zu löschen. [5, S. 18]

Es lässt sich somit festhalten, dass den Unternehmen des Finanzdienstleistungssektors eine Fülle von Kundendaten zufließt und sie Daten über ihre Kunden selbst generieren. Bislang ungeklärt ist die Frage, welche Maßnahmen notwendig sind, damit die für den Geschäftsbetrieb wirklich benötigten Daten von den nicht (mehr) benötigten Daten, vom Datenmüll, getrennt werden können? Verschärft wird die Problematik durch die rapide Datenexpansion infolge Technologiekonvergenz (Voice & Data) und neuer Technologien (mobiles Internet via

UMTS). Liegen Kundendaten einmal vor, können sie innerhalb eines Unternehmens mehrmals abgespeichert werden – beispielsweise dann, wenn mehrere Organisationseinheiten, wie etwa Zentrale/ Filiale, Direktion/ Versicherungsvertreter oder mehrere Fachabteilungen parallel) involviert sind. Das Datenvolumen in den Kreditinstituten verdoppelt sich aus diesem Anlass bereits alle zwei bis drei Jahre, und dem entsprechend wird sich der Datenmüll im gleichen Verhältnis vermehren. [2, S. 63]

Bedeutet das Wachstum des Datenvolumens gleichzeitig auch ein Anwachsen des Datenmüllbergs? Wenn das »Haltbarkeitsdatum« von Kundendaten im Hinblick auf gesetzliche Aufbewahrungsfristen überschritten ist, kann die Frage nach Datenmüll eindeutig bejaht werden. Allerdings besitzen nicht alle Daten, die sich bei einem Finanzdienstleister angesammelt haben, eine nachhaltige Funktion und somit auch einen Wert. Selbst ihnen kann dennoch ein Wert beigemessen werden, wenn sie veraltet sein mögen bzw. keine Verpflichtung zu einer weiteren Aufbewahrung besteht. Interessant ist nämlich in diesem Zusammenhang die Frage, ab wann bzw. bei welchem Anlass Daten zu Datenmüll werden.

Müll besitzt bekanntlich keinen Wert, wenn wir zunächst an den Abfall eines Haushalts denken. In der Realwirtschaft verhält es sich zunehmend anders. Es werden knappe und somit teure Rohstoffe aus Müll ersetzt, wie z. B. seltene Metalle aus weggeworfenen Mobiltelefonen oder Geräten der Unterhaltungselektronik. Datenmüll kann durchaus für Finanzdienstleister ebenfalls ein wertvolles und begehrenswertes Gut sein. Auf der einen Seite sind die Unternehmen gehalten und womöglich sogar interessiert, eine Vielzahl persönlicher Daten bei ihren Kunden zu erheben und über eine lange Zeitspanne vorzuhalten. Die Unternehmen verfügen somit über einen Schatz. Vergangenheitsbezogene Daten, wie beispielsweise die Jahresabschlüsse von Unternehmen, die Einkommensverhältnisse und die Ausgabenstrukturen von privaten Kunden, können in unternehmensinterne Systeme, wie z. B. Bilanzanalysen, Expertensysteme oder Künstliche Neuronale Netze, eingespeist werden. Dies kann mit anonymisierten Daten, aber auch mit offenen Daten geschehen. Finanzdienstleister erzielen über diese Daten eine mehr oder weniger steil ansteigende Lernkurve. Sie generieren wertvolles Know-how – nicht nur im Kreditgeschäft. Auch in allen anderen Geschäftsbereichen, in denen ein »Track Record« von Bedeutung ist, lassen sich entsprechende Schlussfolgerungen ziehen.

Die Akquisitionsbemühungen – basierend auf einer Fülle persönlicher Daten – sind zwar durch den Gesetzgeber eingeschränkt. Dennoch lassen sich anhand von aggregierten Daten und über interne Analyse- und Segmentationsmaßnahmen homogene Kundengruppen bilden. Diese können ihren Bedürfnissen entsprechend zielgerichtet über Produkt-, Beratungs- und Serviceleistungen informiert werden. Auf diese Art und Weise lassen sich die Vertriebskosten, wie beispielsweise für unterschiedliche Vertriebskanäle (Niederlassungsnetze oder Internet) und die Aufwendungen für die Kommunikation mit Kunden deutlich senken. Statt papiergebundenen Informationen erhält ein Kunde dann die Nachrichten per E-Mail, SMS oder Twitter. Selbst die Daten, die von Nichtkunden auf Grund von Akquisitionsbemühungen generiert worden sind, lassen sich entsprechend weiter nutzen.

Fazit

Festzuhalten bleibt, dass neben dem materiellen Schaden, den Finanzdienstleister aus dem Missbrauch von Kundendaten – und ihren eigenen Daten – durch Dritte erleiden, ein Imageverlust in einem beträchtlichen Ausmaß entsteht. Dem vorzubeugen, dürfte die Entscheidungsträger eines Unternehmens des Finanzdienstleistungssektors mehr anspornen als die Frage einer sicheren IT-Architektur. IT-Sicherheit ist bekanntlich immer relativ. Für Unternehmen des Finanzdienstleistungssektors ist es vor allem eine Frage der Kosten, die für vorbeugende Sicherheit aufzuwenden sind. Und die ein Unternehmen bereit ist, auch zu akzeptieren. Und wie sehen die Konsequenzen für Kunden von Unternehmen des Finanzdienstleistungssektors aus? Nach dem Aufkommen und der weltweiten Verbreitung von sozialen Netzwerken wird der lockere Umgang mit persönlichen Daten über kurz oder lang wieder einer Aufgeschlossenheit für deren Schutz weichen. Verbraucher werden sorgfältiger darüber nachdenken, wie sie mit ihren personenbezogenen Daten umgehen.

Unternehmen des Finanzdienstleistungssektors werden zudem darüber nachzudenken haben, wie sie die Fülle von Kundendaten handhaben wollen. Auch hier scheinen gerade Kostenaspekte zu greifen. Aufbewahrung und Pflege der Daten ziehen erhebliche Kosten nach sich. Ein Zuviel an Daten, die nicht notwendig zur Abwicklung von Transaktionen sind, wird die Ergebnisrechnung beeinträchtigen. Fraglich bleibt allerdings, wohin mit den Daten, mit dem Datenmüll. Denkbar ist es, analog zum Compliance Officer einen Datawaste Officer zu etablieren, der für den richtigen Umgang mit Datenmüll verantwortlich ist.

Literatur

[1]   BRUNNER, WOLFGANG L.: *Vertrauen – die Bedeutung weicher Faktoren im Wirtschaftsleben.* In: Brunner, Wolfgang L./ Seeger, Jürgen/ Turturica, Willi (Hrsg.): Fremdfinanzierung von Gebrauchsgütern – Das alltägliche Risiko, Wiesbaden 2010, S. 13 bis 25.

[2]   BRUNNER, WOLFGANG L./ WEBER, JÜRGEN/ BERNHARD, MARTIN G.: *Spam-Mails – Datenmüll im Bankbetrieb.* In: Die Bank, November 2004, S. 58 bis 63.

[3]   JANKE, GÜNTER: *Wirtschaftskriminalität,* Frankfurt am Main, Berlin, Bern, Bruxelles, New York, Oxford, Wien 2008.

[4]   LISCHKA, KONRAD: *Zahlung per EC-Karte – Was die Datensammler wirklich wissen.* In: Spiegel Online, http://www.spiegel.de/netzwelt/web/0,1518,719168,00.html, Abfrage vom 23. 9. 2010.

[5]   O. V. (2010 A): *Hamburger Sparkasse stoppt Psycho-Vermarktung.* In: Frankfurter Allgemeine Zeitung, Nr. 258 vom 5. 11. 2010, S. 18.

[6]   O. V. (2010 B): *Großbank HSBC – Datenklau betrifft 15.000 Kunden.* In: Spiegel Online, http://www.spiegel.de/wirtschaft/soziales/0,1518,683005,00.html, Abfrage vom 11. 3. 2010.

[7]   SCHEFFLER, HARTMUT: *Neue Methoden, neue Ethik.* In: absatzwirtschaft, 3/2010, S. 44 bis 46.

[8]   WESTPHAL, BÄRBEL: *Einsatz von Data-Mining-Instrumenten im »Operativen Marketing« der Landesbank Berlin.* In: Brunner, Wolfgang L. (Hrsg.): Erfolgsfaktoren im Bankmarketing, Wiesbaden 2004, S. 273 bis 283.

Zusammenfassung

Kunden von Unternehmen des Finanzdienstleistungssektors geben bereitwillig oder auf Grund gesetzlicher Vorschriften eine Vielzahl personenbezogener Daten preis, darunter auch Auskünfte über ihre wirtschaftlichen Verhältnisse. Zwar besitzt die informationelle Selbstbestimmung nach wie vor einen hohen Stellenwert, dennoch wird heute mit seinen individuellen Daten großzügiger umgegangen.

Auf der anderen Seite benötigen Unternehmen Daten, um ihre Kunden zielgerichtet anzusprechen und zu beraten. Ohne die Kenntnis der individuellen Umstände eines Kunden ist kaum möglich, Finanzdienstleistungen zu erstellen und zu vertreiben. Obwohl die Sammelwut der Finanzdienstleister auf Grund gesetzlicher Normen limitiert wird, ist ein trivialer Hang zum Anhäufen von Kundendaten zu beobachten. Mancher Kunde weiß gar nicht, welche Daten von ihm bzw. über ihn gespeichert sind. So werden persönliche Präferenzen gespeichert oder Kunden werden nach psychologischen Kriterien segmentiert.

Was passiert mit der Fülle dieser Daten? Insbesondere, wenn ein Unternehmen des Finanzdienstleistungssektors nicht mehr verpflichtet ist, diese Daten aufzubewahren. Oder, wenn ein Kunde seine Bank verlässt oder ein Versicherungsvertrag ausläuft? Die Daten bleiben zunächst gespeichert. Daten, für die keine aktuelle Verwendung gesehen wird, mutieren unweigerlich zu Datenmüll. Wenngleich Datenmüll kein materieller Wert beigemessen wird, können die Daten dennoch einer »Zweitverwertung« zugeführt werden. Sie können beispielsweise für weitere Analysen wie Bilanzauswertungen oder als Basis für Expertensysteme herangezogen werden. Somit kann Datenmüll – wohlverstanden genutzt – durchaus noch einen Wert aufweisen.

Die Analyse:
Wie man Datenmüll erkennt
und entsorgt

Prozesse und Daten – Ordnung oder Müll?

Sobald Post – in elektronischer oder in Papierform – ins Unternehmen kommt, stellt sich die Frage, wie relevant die Dokumente sind und wie sie erfasst und aufbewahrt werden sollen. Das Beispiel eines Versicherungskonzerns verdeutlicht, wie man Dokumente so handhabt, dass kaum Datenmüll entsteht.

In diesem Beitrag erfahren Sie:
- dass die Betrachtung von Daten mehr ist als nur eine reine IT- Angelegenheit,
- warum bei der Datenorganisation auch an die physischen Dokumente zu denken ist,
- weshalb die Prozesse um die Handhabung dieser Dokumente herum die tragenden Säulen sind.

JESPER DEGN

Vorbemerkung

Ein Teil dieses Beitrags entstammt dem Versicherungsalltag beim Deutschen Ring in Hamburg, ein anderer Teil leitet sich her aus Überlegungen darüber, was den künftigen Arbeitsalltag prägen wird – hierunter finden sich auch Gedanken, die im Moment zunächst noch »Planungs- und Entwicklungsideen« sind.

Ich werde im Folgenden auf Dokumente und deren Handhabung eingehen, die in Papierform das Unternehmen erreichen oder als solche versendet werden, also zum Beispiel Eingangspost, elektronische Mails, Faxe und Ausgangspost. Ich gehe hier nicht auf das Thema Telefonie und Callcenter ein.

Es ist für den Deutschen Ring sehr wichtig, die Daten korrekt im Ablaufprozess zu behandeln, entsprechend klar und sauber zuzuord-

nen und diese geregelt abzulegen. Durch Berücksichtigung dieser Absprachen und Regeln entsteht äußerst wenig Datenmüll.
Wir wissen natürlich,

⇨ dass es eine Vergangenheit (historische Verfahren und Daten im Archiv) gibt,

⇨ dass Daten sich im Laufe der Zeit in großen Mengen ansammeln,

⇨ dass häufig eine »schnelle Lösung« gefunden werden muss, damit »alles läuft«.

Dies führt dazu, dass hier häufig »Optimierungsmöglichkeiten« existieren.

In diesem Beitrag werde ich die Bereiche so darstellen, wie sie im Ablaufprozess bereits in großen Teilen realisiert sind, aber auch wie sie in meinen Augen optimiert aussehen müssen. Bei dem Unternehmen Deutscher Ring sind viele dieser Schritte bereits Alltag. Vor allem die Fortführung der Devise »Digitalisierung vor Verarbeitung« spielt die Hauptrolle in den aktuellen Planungen für Prozessoptimierungen.

Versicherungsunternehmen Deutscher Ring

Der Deutscher Ring Krankenversicherungsverein a. G. aus Hamburg hat seinen Ursprung im Jahr 1925 und ist heute einer der erfolgreichsten Anbieter von Krankenvoll- und Krankenzusatzversicherungen. Seit April 2009 bildet das Unternehmen als gleichberechtigter Partner mit den Versicherungsgesellschaften der SIGNAL IDUNA Gruppe einen Gleichordnungskonzern.
Die Deutscher Ring Lebensversicherungs-AG und die Deutscher Ring Sachversicherungs-AG aus Hamburg sind spezialisiert auf die finanzielle Absicherung der Altersvorsorge sowie der Unfall- und Schadensrisiken von Privatkunden. Sie greifen dabei auf über 85 Jahre Erfahrung zurück. Beide Versicherer sind seit 1985 Tochterunternehmen des Schweizer Bâloise-Konzerns.
Abgerundet wird die Palette der Vorsorgeprodukte für Privatkunden durch die Deutscher Ring Bausparkasse AG und die Fondsvertriebsgesellschaft Deutscher Ring Financial Services.

Im ersten Schritt wird das Thema »Versicherungsdokumente« behandelt, während der zweite Teil dann in etwas kürzerer Form auf den Gegenstand »Geschäftsdokumente« eingeht. Damit werden die zentralen Herausforderungen in beiden Bereichen umrissen.

Also, die Frage ist: Gehören Sie zu den Müllproduzenten oder haben Sie Ihren Haushalt in Ordnung, damit nur geregelt und regelmäßig der Müll abtransportiert wird?

Die 80-zu-20-Regel

Man muss nicht alles sofort anpacken und durchplanen, sondern sich auf das Wesentliche konzentrieren und sich der »Vererbung« von Ideen und Erfahrungen – mehr dazu später – bewusst sein.

Die 80-zu-20-Regel – auch bekannt als Pareto-Prinzip – wird oft kritiklos herangezogen, wenn es gerade für opportun oder günstig gehalten wird. Sie liefert aber in vielen Fällen auch einige wichtige Einsichten. Zum Beispiel, dass sich die Kosten für die Umsetzung einer Maßnahme wie folgt verteilen: Eine 80-prozentige Umsetzung verursacht die gleichen Kosten, wie für die Umsetzung der letzten 20 Prozent der Maßnahme nötig sind. Der Erkenntnis lautet: Konzentration auf das Wichtigste!

Oder: Mit 80 Prozent Erreichung der Lösung innerhalb eines Jahres ist man sehr weit gekommen, weiter, als wenn die gesamte Umsetzung der Lösung erst in zwei Jahren fertig wäre: Ein Jahr lang können die Vorteile für den größten Teil sauber »eingefahren« werden. Hier ist die Erkenntnis: Überschaubare, segmentierte Projekte bringen schnelle Erfolge.

Beide Einsichten sind bares Geld wert – und jeder Freund von Return-on-Investement-Berechnungen freut sich. Es gibt sicherlich noch weitaus mehr gute Beispiele für diese ausgezeichnete Argumentationshilfe. Viele der 80-Prozent-Vorschläge gewinnen dadurch, dass sie gut eingesetzt werden können, um den Projektumfang und -start genehmigt zu bekommen. Auch bei Datenmüll ist es wichtiger, die 80 Prozent zu beseitigen, als im lange laufenden Projekt nicht zum Ende zu kommen.

Die Sichten

Daten – oder: Worüber reden wir eigentlich?

Das Wort »ganzheitlich« ist heutzutage zwar schon recht abgegriffen, dennoch birgt eine umfassende Betrachtungsweise den Schlüssel zum Erfolg. Viele der zu kurz gedachten Vorhaben (nach dem Motto: Schnelligkeit geht vor Analyse und Denken) rächen sich später, meist durch erhöhte Wartungs- oder Änderungskosten.
Eine ganzheitliche Sicht richtet sich daher nicht nur auf die IT-Daten auf den Datenträgern, sondern betrachtet auch:
⇨ Briefe und Dokumente, die in dem Eingangsbriefkasten und später in digitalisierter Form auf der Festplatte liegen,
⇨ Briefe und Schreiben, die an Kunden und Partner individuell geschrieben und verschickt werden,
⇨ IT-standardisierte Briefe, die automatisiert erstellt und per Post-straße (also mittels Maschinen zum automatischen Falten, Kuvertieren etc.) verschickt werden,
⇨ E-Mails und Faxe, die elektronisch das Unternehmen erreichen.

Und genau so wichtig sind die Dokumente, die innerhalb des Unternehmens unter anderem
⇨ Handlungsweisen,
⇨ Verabredungen,
⇨ Verträge,
⇨ Dokumentationen
belegen. Nicht nur das Protokoll der Vorstandssitzung ist von Bedeutung, sondern unter Umständen auch eine konkrete Arbeitsanweisung in der Posteingangsstelle. Im Einzelfall sind eventuell noch mehr Dokumenten-Typen im Unternehmen einzubeziehen, die in diesem Beitrag aber nicht behandelt werden.

Ablaufprozess – oder: Ist das wichtig?

Gerade für Versicherungen stellt die Post den wesentlichsten Informationsträger für die Beziehung zum Kunden dar. Insofern sind ältere Dokumente auch nach vielen Jahren noch höchst bedeutsam. Hier spielen sowohl die normalen, alten Papier- und Filmarchive als auch die moderneren IT-technischen Speichermedien eine Rolle.

Wenn die Inhalte und Zwecke der Dokumente, die vorkommen, doch schon bekannt sind, stellt sich häufig die Frage: Wie kommt es, dass so viele Daten sofort bei der Entstehung oder irgendwann später Müll werden? Mit anderen Worten: Warum erfolgt eine ungewollte Häufung von Daten oder Dokumenten, die keiner braucht beziehungsweise die früher oder später nicht mehr gebraucht werden?

Damit diese Fragen möglichst erst gar nicht auftauchen und zu einem ernsthaften Problem für das Unternehmen ausarten, ist es zwingend notwendig, den Umgang mit den Dokumenten zu betrachten und »zu durchleben« – also ganzheitlich zu beleuchten. Im Prinzip muss der Weg eines Dokuments von seiner Entstehung bis zu seinem Ende (Löschung/Vernichtung) bekannt sein. Ferner müssen für diesen Weg Festlegungen und Verfahren existieren, die das End-of-Life eines Dokuments bestimmen. Hier sind natürlich auch die zugehörigen Daten der Kunden- und Vertragsakten mitzuberücksichtigen.

Wer sich mit der Frage des Lebenslaufes der Dokumente beschäftigt, wird die Bedeutung dieser im Kontext des Gesamtablaufprozesses anerkennen müssen. Daher werde ich im Folgenden den Prozess als Folie für die Sicht auf den Datenmüll benutzen.

Posteingang

In diesem Abschnitt wird der Prozessablauf in seinen einzelnen Schritten aufgezeigt (vgl. Abb. 1). Hierbei werden die zukünftigen Vorhaben sowie die existierenden Verfahren zur Datenhandhabung ebenso dargestellt wie die notwendigen Schritte, die zur korrekten Behandlung der Daten führen. Auf diese Weise lassen sich bereits realisierte mit

geplanten Maßnahmen in Beziehung setzen, damit vor allem das zukünftige Ergebnis deutlich wird.

Der Prozessabschnitt *Posteingang* hat beim Deutschen Ring in
Bezug auf Realisierungsstand und beschlossener umzusetzender Maßnahmen (u.a. »Digitalisierung vor Verarbeitung«) bereits einen großen
Schritt in Richtung Ordnung und Bearbeitung getan, so dass in diesem Bereich sehr wenig Datenmüll produziert wird. Die Devise »Digitalisierung vor Verarbeitung« sowie auch die Einteilung der Arbeiten
in Vorbereitung und Kernarbeit sind die wesentlichsten Merkmale
dieses Prozesses.

Daher ist es sinnvoll, die Zielsetzung des Ablaufprozesses und
die Aufbewahrung der Dokumente darzustellen. Der zurzeit noch in
Arbeit befindliche Teil der Anreicherung (nach Feststellung der aus-
lesbaren Daten gegebenenfalls Hinzufügung von weiteren Daten für
die Sachbearbeitung) ist bereits für einige Teile im Betrieb. Hier wird
noch eine zweite größere Stufe demnächst freigeschaltet.

Es zeigt sich, dass beim Posteingang (bis hin zur Übergabe der
Eingangspost in die fachliche Bearbeitung) die Entscheidung über den
Automationsgrad des Eingangsprozesses zu treffen ist. Der Automationsgrad steht natürlich in Relation zu Wirtschaftlichkeit und Qualität.
Dabei ist die Bündelung in nur eine Eingangsstelle sinnvoll, um auch
nur an einer Stelle sowohl zu digitalisieren als auch die Vorarbeiten zu
erledigen.

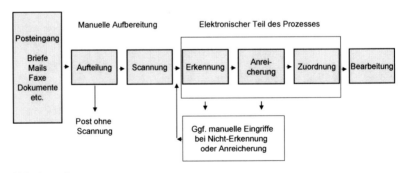

Abb. 1: *Scannung*

74

Aufteilung

Beim Deutschen Ring wird zunächst unterschieden, ob es sich um *Geschäftspost* oder um *Versicherungspost* handelt. Die erste wird, grob gesagt, für die Funktionen des Unternehmens benötigt, während die zweite einen direkten Bezug zu den versicherten Kunden hat. Die Post wird entsprechend getrennt und ins Unternehmen dirigiert. Hierbei wird die Versicherungspost aufbereitet und der physikalischen Scannung zugefügt. Mails und Faxe liegen bereits in digitalisierter Form vor und werden dem elektronischen Prozessteil der Scannung direkt zugeführt. Alle diese Dokumente gehören dann ab ihrem Eintritt ins Unternehmen zur lückenlosen Kontakthistorie mit dem Kunden.

Scannung

In der Scannung werden die Dokumente der elektronischen Aufbereitung zugeführt. Dabei werden die Dokumente nach Fallgruppen aufgeteilt, was in den meisten Fällen dem Inhalt eines Briefes entspricht. Ohne weitere Vorsortierung minimiert dies die notwendigen Vorkenntnisse und reduziert den Aufbereitungs- und Sortieraufwand beträchtlich und ermöglicht hohe Verarbeitungsgeschwindigkeiten. Es stellt aber natürlich auch eine gewisse Anforderung an den technischen Scan-Prozess. Nach der Scannung liegen die Dokumente in elektronischer Form (beidseitig gescannt) vor.
Sodann erfolgt die optische Bereinigung der Seiten, das Ausrichten (z. B. Geraderücken) sowie die Entfernung von Leerseiten.
Die Scannung ist der Beginn des *elektronischen Prozesses*, der im Weiteren aus den nachfolgend erläuterten Schritten besteht.

Erkennung

Nach der Bereinigung wird das Dokument beispielsweise anhand von Größe, Form, Textteilen, Gestaltung oder anderen Erkennungsmerkmalen erkannt. Die Erkennung wird für alle Teile des gesamten Falls vollzogen. »Fall« heißt im Kontext der Versicherung entweder der Kunde oder der Vertrag. Bei nicht erkannten Teilen wird der Fall an die manuelle Erkennung übergeben und danach wieder dem elektronischen Prozess zugeführt, bis alle Teile entweder maschinell oder manuell erkannt wurden.

Die Erkennungslogik ist in Regelbäumen definiert und wird immer von dem für das Dokument verantwortlichen Mitarbeiter festgelegt und gepflegt. Unsere Erfahrung zeigt interessanterweise, dass, sobald der Dokumententyp (Antrag, Beschwerde, Aktionsantwort etc.) erkannt wurde, es sowohl für die IT-Anlage als auch für den Menschen leichter ist, das Dokument zu verstehen.

Die Erkennung des Dokumententyps und des Anliegens ist der Beginn einer sauberen Zusteuerung zur Sachbearbeitung.

Extraktion

Nach Erkennung des Dokumententyps lässt sich der Inhalt des Dokuments durch modernere Texterkennungssoftware (OCR-Programme) bis zu einem gewissen Grad erfassen; dies funktioniert für Dokumente in Druckschrift besser als für Handschriftliches. Die optisch erkannten Daten werden sodann für die versicherungstechnische Bearbeitung bereitgestellt.

Bei Fällen mit niedriger oder gar keiner Erkennungsrate wird das gescannte Dokument in der Posteingangsbearbeitung entsprechend angezeigt, und der Sachbearbeiter übernimmt die Datenextraktion per Hand.

Anreicherung

Als Nächstes werden die Datenextrakte verarbeitet. Bei vielen Dokumenten (wie zum Beispiel Anträgen) wird der Datenextrakt genutzt, um die reine Datenerfassung durchzuführen. Hierbei findet eine automatische Belegung der entsprechenden Erfassungsmasken der jeweiligen Systeme statt. Die gewonnenen Daten werden zum Beispiel als Vorbelegung für die Eingabe der zu erfassenden Anträge genutzt. Unter Umständen finden hier weitere Tätigkeiten zur Erfassung statt (zum Beispiel Anforderung zusätzlicher Angaben).

Im optimalen Fall werden die Dokumente nach der Scannung der Kernsachbearbeitung »mundgerecht« (d. h. erkannt, kategorisiert, zugeordnet und angereichert) zur Verfügung gestellt und stehen ihr, je nach Priorität, auf Abruf bereit für die sofortige fachliche Bearbeitung.

Findet hingegen keine vorherige Extraktion oder Datenanreicherung statt, wird das Dokument direkt der Kernsachbearbeitung zugeführt.

Zuordnung

Nachdem der Inhalt erkannt, eventuell extrahiert und gegebenenfalls einer Datenanreicherung unterzogen wurde, steht dem System nun alles Wissenswerte zu dem Fall zur Verfügung. Im System wird der Fall kategorisiert und nach entsprechenden Regeln der entsprechenden Sachbearbeitung übergeben. Die Zuordnung ist gleichzeitig die Mengenmessung für Eingangmenge und -art. Damit ist eine Priorisierung, auch kurzfristig, in den Kernbereichen möglich.

Dieses Routing ist der zentrale Part in der Zusteuerung zur Sachbearbeitung. Je granularer und besser dies erfolgt, desto besser ist es im Kernbereich möglich einzuschätzen,

⇨ welche Arbeiten in welcher Menge vorliegen,

⇨ wie die Prioritäten für die Bearbeitung gesetzt werden können oder müssen,

⇨ welche Arbeiten »in Masse« und welche »in Klasse« vorliegen,
⇨ welche Arbeitskraft mit welchem Skill erforderlich ist etc.

Damit wird die Sachbearbeitung im Kerngeschäft nicht ausschließlich mengengetrieben durchgeführt, sondern kann dadurch erfolgen, dass die Fälle nach Relevanz gesteuert werden. Der Kernbereich ist dadurch in der Lage, bei Schwankungen die entsprechenden Prioritäten zu setzen.

Kernbereich

Sachbearbeitung

Im Kernbereich erfolgt die eigentliche Sachbearbeitung. Es handelt sich zum Beispiel um Neugeschäftsbearbeitung, Risikoeinschätzung, Beratung und Vertragsänderungsbearbeitung. Bei jeder Fallbearbeitung werden die den Fall betreffenden gescannten Dokumente parallel auf dem Bildschirm angezeigt.

Häufig entsteht bei der Sachbearbeitung eine Kommunikation mit dem Kunden bis hin zu einem neuen Vertragszustand, der dem Kunden dann (automatisch) zugeschickt wird. Auch hier entstehen Daten, die eine Aufbewahrung benötigen.

Zentrale Datenablage

Diese Daten (gescannte Dokumente, Kommunikation und Vorgangshistorie der ausgeführten Handlungen) werden bei dem »Fall« abgelegt und sind zum einen ein Teil der Falldaten, zum anderen aber auch ein wichtiger Teil der Kundenhistorie.

Auch periodische Änderungen oder spezielle Kommunikation mit Kunden werden entsprechend dem Fall und der Historie zugeordnet.

Die wesentliche Korrespondenz mit dem Kunden wird dabei aus den zentralen IT-Funktionen generiert. Auf diese Weise ist sie automatisch an dem Fall angehängt und geht zugleich direkt in die Kundenhistorie ein.

Diese Teile gehören damit zur allgemeinen »Datenmüllbehandlung« – es ist die Datenmenge, die geregelt und gewollt entsteht.

Dezentrale Datenablage

Ein offenes Problem bilden die Dokumente, die außerhalb der zentralen Verarbeitungen entstehen. Schreibt ein Mitarbeiter beispielsweise in MS-Word einen Brief oder eine Information an den Kunden, ist sicherzustellen, dass dieser Brief trotzdem auch in die zentrale Verwaltung der Dokumente gelangt.

Zurzeit wird hierfür ein Verfahren genutzt, mit dem solche Briefe per Knopfdruck in die elektronischen Archive eingereiht werden können. Dadurch lassen sich die entstandenen Daten und Dokumente dem Fall zuordnen. Eine Fehlerquelle besteht allerdings darin, dass der Mitarbeiter selber dafür verantwortlich ist, die Archivierung vorzunehmen.

Dieser Prozess wird demnächst auf ein Verfahren umgestellt, das die Brieferstellung immer mit dem zentralen System verbindet. Ein zusätzlicher Vorteil dabei ist, dass auf diese Weise Porto-Optimierungen über die Poststraße erfolgen können.

Organisationsthemen

Die Sachbearbeitung findet gewissenhaft, schnell und korrekt statt. Bei Individualbearbeitung steht die Einschätzung des bearbeitenden Mitarbeiters im Vordergrund. Das ist auch gut so – der verantwortungsbewusste und gut ausgebildete Mitarbeiter macht einen fast fehlerfreien Job. Durch die weitestgehende Einbindung auch der individuellen Aktivitäten in die Standardprozesse wird die Fehlermenge reduziert: Es wird weniger vergessen, und eventuelle Mängel können im Nachhinein entdeckt und gegebenenfalls korrigiert werden.

Archiv und Fristen

Unternehmen mit einer gesunden, langen Tradition haben alle eine Vergangenheit. Und einige Teile dieser Vergangenheit spielen heute immer noch eine Rolle, die nicht zu unterschätzen ist. Bei Versicherungsunternehmen handelt es sich in aller Regel um Versicherungsdokumente, Kundenschreiben, Anträge, etc. älteren Datums.

Diese Dokumente aus älteren Verarbeitungen wurden in Archiven abgelegt und »stehlen« damit Platz beziehungsweise erhöhen den Verwaltungsaufwand. Archive mit manueller Bedienung gehören bei den meisten Versicherungsunternehmen allerdings zum täglichen Brot.

Der Grund für die lange Aufbewahrungsdauer wird etwa anhand der möglichen Existenzdauer einer Lebensversicherung deutlich (siehe Beispiel unten). Die Archive funktionieren gut und in der Regel schnell. Das Risiko des Archivverlustes wurde oder wird durch Kopien, Verfilmungen, etc. gemindert.

Beispiel: Eine Lebensversicherung über Rentenzahlung wird im 18. Lebensjahr abgeschlossen. Die Rentenzahlung fängt beim Erreichen des 66. Lebensjahres an. Dauert die Rentenzahlung zum Beispiel bis zum 78. Lebensjahr, bleibt der Vertrag danach noch eine Weile (z. B. 7 Jahre) nach dem Ablauf aus Aufbewahrungsgründen im Unternehmen. Dieser Vertrag existiert also fast 70 Jahre! Die Auswirkung auf die Aufbewahrungsfunktionen ist leicht verständlich. Allein die (womöglich fehlenden!) Angaben zur eigenen Gesundheit bei Antragstellung spielen sowohl für die Tarifierung als auch möglicherweise später im Leistungsfall eine Rolle. Daher befinden sich in den Versicherungssparten schon heute viele Dokumente mit wesentlichen Informationen. Im Zweifelsfall kann eine arglistige Täuschung durch fehlende Angaben zu einer Vertragsaufhebung führen. Und im Leistungsfall ist das schon bitter.

»Schick« und einfach ist natürlich eine Lösung, bei der alle entsprechenden Dokumente in einem einheitlichen Medium aufbewahrt werden. Je nach Entwicklungsstand von Scannern, Erkennungs- und

Zuordnungssoftware und der Archivsysteme müssen diese Überlegungen von Zeit zu Zeit wieder aktualisiert werden.

Datenmüll – ja oder nein?

Im geschilderten Prozess sind nun alle versicherungstechnischen Daten im IT-technischen System, liegen in einem Stapel hinter dem Scanner oder befinden sich im Altarchiv. Und was dann? Handelt es sich nun um Datenmüll? Zur Beantwortung dieser Frage sind Life-Cycle-Betrachtungen durchzuführen, um herauszufinden, welche Daten wie lange im Unternehmen existieren müssen.

Papier-Dokumentenmüll

Fangen wir mit dem Einfachen an. Nach Scannung und elektronischer Aufbereitung werden die Original-Dokumente (bis auf sehr wenige Ausnahmen wie z. B. Sterbeurkunde, bestimmte Erklärungen, etc.) nicht mehr benötigt und können nach einer Frist von wenigen Monaten vernichtet werden. Ihre gescannten Duplikate liegen auf den Laufwerken – auf gespiegelten, dokumenten- und revisionssicheren Datenträgern. Die moderneren IT-Speichermedien und -systeme machen diese Form der Datenaufbewahrung heute relativ einfach und kostengünstig möglich.

Die wenigen in Papierform aufzubewahrenden Dokumente werden am Fall vermerkt und befinden sich im zentralen Archiv, wo sie fallorientiert gelagert werden.

Seit einigen Jahren wächst beim Deutschen Ring das physikalische Archiv allerdings nicht mehr, sondern wird durch den Abgang der Altverträge reduziert.

IT-Datenmüll

Die gescannten Dokumenten-Daten in den Speichermedien der IT-Systeme haben so lange Relevanz, bis der Fall, zu dem sie gehören, irgendwann abgeschlossen ist. Das Gleiche gilt natürlich auch für alle anderen IT-Daten.

Vollständiges Fall-Ende

Sollte der Kunde aus dem Leben scheiden, enden – je nach Erbensituation, Umständen etc. – nach einer gewissen Zeit sämtliche seiner Verträge. Danach bestehen für diese Teile zwar noch bestimmte Aufbewahrungsfristen. Wenn diese aber abgelaufen sind, kann der Fall gelöscht und die Verbindungen zu den gespeicherten Dokumenten entfernt werden. Mit einem entsprechenden Hinweis an das Archiv können die physikalisch gelagerten Papierdokumente ebenfalls der Vernichtung zugeführt werden.

Das Gleiche gilt, wenn der Kunde seine Verträge und Beziehungen zu dem Versicherer ganz auflöst.

Partielles Fall-Ende

Handelt es sich um einen einzelnen Vertrag des Kunden, der beendet werden soll, ist die Vorgehensweise schon nicht mehr ganz so klar.

Ist der einzelne Vertrag als Fall für sich zu sehen und nach Ablauf der Fristen zu entfernen? Oder ist der Vertrag ein Teil der gesamten Kundenbeziehung und soll bis zuletzt aufbewahrt werden?

Der Kompromiss

Man kann argumentieren, dass die Beziehung zum Kunden lückenlos dokumentiert sein muss. Das heißt, dass die gesamten Dokumente und Geschäftsdaten zum Kunden benötigt werden – und damit bis zum Ende der Geschäftsbeziehung erhalten bleiben. Fachbereiche, Datenschutz und Revision haben hierzu teilweise die gleiche, teilweise eine andere Meinung. IT-technisch ist sicherlich das vollständige Fall-

Ende einfach zu lösen, aber prinzipiell sind beide Formen der Beendigung denkbar.

Ich persönlich halte es für sinnvoll, die »Ereigniskette« lückenlos zu bearbeiten, zumal die Bedeutung der Kundenhistorie als Bindeglied zu den Einzelvorkommnissen von uns als wichtig erachtet wird. Wenn der Kunde über das Callcenter oder über Internet Informationen zu seinen Konten sucht, will er nicht auf irgendwelche Lücken in seinen Vertragsdaten stoßen.

Das Ende des Datenmülls?

Prozessrelevanz

Durch einen sauberen Prozess nähert man sich dem Ziel, nur relevante Daten zu lagern. Die Steuerung der Daten über IT-Mechanismen macht es, mit einem vernünftigen Konzept, einfacher, die Daten zu beherrschen. Durch eine Strukturierung über Prozesse sind die Verantwortungen und Verwaltungsschritte klar geregelt, was zu einer hohen Sicherheit in der Betrachtung und der notwendigen Bearbeitungen der Dokumente und Daten führt.
Und das Wissen, warum welche Daten gespeichert werden sollen oder nicht, ist vorhanden.

Digitalisierung der »Alt«-Archive

Die Vorhaben zur Digitalisierung der Altarchive enden häufig (zu Recht) bei der Diskussion um die Wirtschaftlichkeit. Beim Scannen, Erkennen und Zuordnen der Altdokumente sind in aller Regel erhebliche IT-Leistungen (Systementwicklung, Test, Laufzeiten) und manuelle Leistungen (Bestimmung der nicht elektronisch lesbaren Dokumente) notwendig. Die meisten Kosten-Nutzen-Berechnungen zeigen noch keine eindeutigen Vorteile der Übernahme in elektronische Archive.

80 – 20 nochmal

Die Umstellung auf solche Verfahren war mit gewachsenen Systemen, sowohl in der IT als auch in den Fachbereichen, sicherlich in Teilen als recht aufwendig einzustufen. Ferner führte die Vorstellung, ein Mammut-Projekt mit höherem Risiko und einer Lähmung anderer Entwicklungsprojekte umzusetzen, zu einer gesunden Segmentierung des Projektverlaufs.

Mit der genannten Grundidee (Life-Cycle-Betrachtung) als Zielvorstellung wurde diese Umsetzung auf den Weg gebracht, und zwar in aufgeteilten Schritten. Bei der Einführung der Scannung wurde zunächst das Teilziel verfolgt, die Realisierung nur für einen Teil der Dokumente umzusetzen. Die hieraus gewonnenen Erfahrungen konnten sowohl für den IT-Teil als auch für die Verarbeitungsweisen im Fachbereich für die weiteren Umsetzungen gewinnbringend eingesetzt werden.

Die Neuerungen führten beim Deutschen Ring in kurzer Zeit zu relativ vielen Erfolgen. Nach jeder Stufe wurde wiederholt die Erfahrung gemacht, dass scheinbar Unlösbares doch lösbar war bzw. Klarheit über weitere sinnvolle Wege hergestellt werden konnte. Und auch eingeschlagene, nicht optimale Wege konnten kurzfristig und häufig vorteilhaft revidiert werden. Das Projekt funktionierte über einen längeren Zeitraum. Durch die vielen Erfahrungen konnten sinnvolle Ergänzungen zum System entdeckt und umgesetzt werden. Diese wiederum brachten die »Widersacher« der Digitalisierung der Ablaufprozesse zum Schweigen und lösten viele konstruktive Ideen in der Belegschaft zu System- und Verfahrensverbesserungen aus, die in großer Anzahl positiven Einfluss auf das Vorhaben nahmen. Diese »Vererbung« an Ideen und Erfahrungen hat einen positiven Einfluss auf das Projekt und die Ergebnisse.

Geschäftspost

Jeden Tag gehen viele Briefe, Faxe und Mails ein, die sich nicht direkt mit den Versicherten und ihren Anliegen befassen, sondern mit dem Betrieb des Unternehmens, dem Verhältnis zu Partnerfirmen, etc. zu

84

tun haben. Im Sprachgebrauch des Deutschen Rings wird das als Geschäftspost bezeichnet.

Die Geschäftspost besteht aus vielen, sehr unterschiedlichen Eingangsposttypen. Hierzu gehören unter anderem Verträge, Korrespondenz, Werbung, Angebote usw. Im Alltag ist ein großer Teil dieser Eingänge ohne eigentliche Bedeutung für das Unternehmen, wobei die Frage nach der Relevanz eines Dokuments natürlich nur beim Empfänger festgestellt werden kann.

Auch Verträge mit externen Unternehmen oder Verabredungen, die zwischen den Zweigen und Sparten des Unternehmens getroffen werden, stellen mindestens temporäre Geschäftsbeziehungen dar. Und wer denkt schon daran, dass unter Umständen auch die Dokumentation einer Arbeitsanweisung sehr sinnvoll sein kann? Aber im Falle der (mutwilligen?) Missachtung kann dem Unternehmen womöglich beträchtlicher Schaden entstehen.

All diese Informationen kommen als Briefe, Dokumente, Mails, Faxe, etc. an. Wie werden solche »Daten« aufbewahrt? Wie ist der Wissensstand und die Wissensmenge für Nachfolger gesichert? Im folgenden Abschnitt werde ich diese Problembereiche skizzieren und kurz diskutieren.

Ist das ein Problem?

Wer kennt das nicht: Ein Kollege scheidet aus und ein anderer muss sich um die Hinterlassenschaft kümmern. Schön wäre es nun, wenn zu dem Verantwortungsbereich eine sauber geführte Akte und ein gut geordnetes Archiv vorhanden wären. Aber häufig sieht die Realität anders aus: Der ausgeschiedene Kollege hinterlässt vielleicht nicht nur Müll in seinen Unterlagen. Nein, die Unterlagen selbst weisen auch grobe Löcher aus. Unter den Mitarbeitern machen dann schnell Unmutsäußerungen die Runde wie »Das war ein Jäger und Sammler«, «Shredder-Maniac«, »Clean-Desk-Policy-Anhänger«. Alle haben sie eines gemeinsam: Die hinterlassenen Daten sind Müll. Er ist entstanden, weil klare Verantwortungen, Auftragsdefinition und unterstützende Verfahren für die Handhabung der Geschäftspost fehlen.

Verantwortung und Auftragsdefinition

Ein häufig anzutreffendes Problem ist, dass der Verantwortungsbereich einer Person (Führungskraft oder Mitarbeiter) nicht sauber definiert ist. Es reicht nicht aus, eine Beauftragung im Stile von »Können Sie sich bitte darum kümmern« auszusprechen. Es ist in der Zusammenarbeit zwischen Führungskraft und Mitarbeiter unbedingt notwendig, Aufgaben und Erwartungen klar und eindeutig zu definieren.

Entsprechende Strategien, Umsetzungsvereinbarungen, Ziele, Termine, Verfahrensabsprachen und Kulturen helfen hierbei, ein vernünftiges Miteinander zu schaffen. Ein klares Wort ist besser als eine unklare Hoffnung. Und solange diese Vereinbarungen auf einer hohen bis mittleren Abstraktionsebene verabredet wird, hinterlässt dies ausreichend Spielraum für den Betreffenden, dass er seinen Job interessant gestalten und auch die Erwartungen richtig erfüllen kann.

Zu dieser Verantwortung gehört auch, den Aufgabenbereich korrekt und kaufmännisch zu führen. Das schließt natürlich auch die häufig etwas unliebsameren Tätigkeiten wie Dokumentation, Controlling und Ablage ein, die sich aber so organisieren lassen, dass sie nicht allein auf dem Gut-Glück-Prinzip beruhen. Die zentrale Organisation der dezentralen Verantwortung muss gelebt werden.

Unter Kollegen

Zwischen Vorstand, Bereichsleiter, Abteilungsleiter und Mitarbeiter gehört ein passendes Maß an festen Strukturen und Verabredungen. Für die Verantwortung und die Ziele müssen so viel Rahmenbedingungen wie nötig niedergeschrieben sein, ohne hier allerdings zu ausführlich zu werden. Am besten ist es, die verantworteten Prozesse zur

Rollenbeschreibung zu definieren! Damit ist zumindest klar, wer sich worum kümmern muss.

Daten / Datenmüll

Der jeweilige Verantwortliche hat auch dafür Sorge zu tragen, dass sein Teil des Betriebs ordentlich und kaufmännisch sauber geführt wird. Und hier kommen die Daten zum Tragen. Jeder Vertrag, jede Anweisung, jede Verabredung ist prinzipiell für den Verantwortungsbereich wichtig. Immerhin steigt das Betreiberrisiko kontinuierlich, auch wenn wir (z. B. bei auferlegten Geldstrafen) noch keine amerikanischen Verhältnisse haben. Aber allein dies verdeutlicht bereits die Notwendigkeit einer vernünftigen »Buchführung«.

Heute ist E-Mail eine gängige Kommunikationsform. Viele Themen werden per E-Mail bearbeitet und verabredet. Also, wie sollen diese aufbewahrt werden? Darauf gehe ich im Folgenden kurz ein.

Ordner

Im Grunde kann ein analoges Prinzip bei den Verwaltungsdaten herangezogen werden, wie es bereits bei der Versicherungspost genannt wurde: Alles ist in Ordnern abzulegen, die sich mit dem Fall beschäftigen. Ob es sich um einen Outsourcingvertrag über Gebäudereinigung oder einen Dienstleistungsvertrag über Softwareberatung handelt, ist für die Logik vollkommen unerheblich. Das Gleiche gilt für Zielvereinbarungen oder Dienstanweisungen.

Die oben genannte Wichtigkeit der Mails ist ebenso zu betrachten. Ein E-Mail-Account ist zunächst »privat« für einen Menschen. In dem Fall, dass ein Mitarbeiter Geschäftliches in seiner Mail hat, muss dafür gesorgt werden, dass dieser Teil der Firma gehört – auch nach seinem Ausscheiden.

Damit ist zunächst die geschäftsmäßige Ordnung mehr oder weniger sichergestellt. Wenn hieraus ein vernünftiger, zusätzlicher Nutzen entstehen soll, muss über elektronische Systeme nachgedacht werden. Bei einigen Human-Resources-Systemen ist die Einbindung von diesen Kommunikationsdaten und Dokumenten möglich. Damit ist die Struktur der Arbeiten für das Unternehmen recht einheitlich organisierbar. Das stellt auf alle Fälle die Manövrierfähigkeit neuer Führungskräfte und Mitarbeiter zu einem gewissen Grad sicher.

Weiterhin ist es möglich, die im Einzelnen gewonnenen Erfahrungen mit Anderen zu teilen. Wir haben einiges an Potenzial allein dadurch gewonnen, dass bekannt ist, wie die Vertragsgestaltung bei Leistungsbeschreibungen oder SLAs erfolgt. Solches Wissen im Unternehmen zu teilen, bringt erhebliche Vorteile.

Kurzum – auch diese Daten sind zu organisieren. Mit einer vernünftigen Organisation kann man sich nicht nur sicherer fühlen; nein, man ist es auch. Jeder Richter, der ein Problem oder einen Unfall in der Organisation zu beurteilen hat, wird fragen: Was ist verabredet gewesen? Wie ist das festgehalten worden? etc. Das Organisationsverschulden ist bereits jetzt per Gesetzgebung ein wichtiger Faktor: Also lohnt es sich, Festlegungen zu treffen, um die Verantwortung und Verfahren klarzustellen.

Zusammenfassung

Die ganzheitliche Betrachtung von Daten schließt sowohl die physikalischen Dokumente als auch die IT-Daten ein. Der Prozess vom Eintritt der Dokumente ins Unternehmen über die Wandlung in Handlungen, Aktionen, Datenerfassung und -bearbeitung bis hin zum letztendlichen »Ablauf« des Dokuments muss definiert sein. Nur die klar geregelte Behandlung im Prozessstrom sichert die bewusste Steuerung der Dokumente und Daten.

Höhergradigere Prozessreinheit führt in den Abläufen außerdem zu positiven wirtschaftlichen Effekten. Einer davon ist die Klarheit auf der Datenseite. Ferner ist diese Kontrolle der Datenflüsse (in und außerhalb der IT) notwendig für eine stringente Datenreinheit. Ein weiterer Effekt der Prozessbetrachtung ist die genaue Festlegung, »was wie und wo passiert«.

Die Kompetenz im Kerngeschäft ist für Unternehmen wichtiger denn je; der Kunde will professionell beraten und bedient werden. Das hilft nicht nur dem Unternehmen, sondern schafft auch die so wichtige Bindung des Kunden zum Unternehmen.

Auch die Kompetenz, Mengengeschäft zu verarbeiten, bedeutet in kostenbewussten Unternehmen nicht mehr nur »die unausweichliche Handarbeit«, die keiner will, sondern ist, auch aufgrund der niedrigeren Tarifgruppen, ein Wirtschaftsfaktor. Hier wird die Grundlage für Schnelligkeit im Unternehmen gelegt. Die Verbindung von Kernkompetenzen »Masse und Klasse« macht schlagfertig und erhöht die Schlagzahl. Und wenn dabei eine saubere Datenhaltung herauskommt, umso besser.

Wie Banken Datenmengen beherrschen

Banken benötigen für ihre Geschäfte eine Fülle von Daten, die sehr schnell vorliegen, richtig aggregiert und bewertet werden müssen. Löschungen von Altdaten und redundante Datenbestände führen dabei zu deutlichen Qualitätsverlusten. Wie kann die IT möglichst alle Daten aktuell und strukturiert bereitstellen?

In diesem Beitrag erfahren Sie:
- welche Datenarten mit welcher Herkunft in Banken vorliegen,
- wie sich IT-Systeme und klassisches Bankgeschäft parallel weiterentwickelt haben,
- wie serviceorientierte Spartensysteme helfen, Datenhaltung und Datenintegrität zu optimieren.

OLIVER STRUCK

Arten und Herkunft von Daten in deutschen Banken

Banken bieten ihre Produkte heute auf vielfältigen Vertriebswegen an: im klassischen Schaltergeschäft, im B2C-Geschäft im Internet, aber auch im Händlergeschäft ohne direkten Kontakt zwischen Kunde und Finanzinstitut. Als weitere Herausforderung kommt hinzu, dass gerade das Kreditgeschäft über Händler ein sehr schnelllebiges Geschäft ist, da der Händler sofort eine Kreditentscheidung am Point of Sale (POS) oder im Internetshop benötigt, um »sein« Geschäft unter Dach und Fach zu bringen. Dies erfordert EDV-Systeme, die 24 Stunden an sieben Tagen in der Woche verfügbar sind und eine vollautomatische, das heißt maschinelle Kreditentscheidung ermöglichen.

Dabei darf eine Bank keinesfalls die qualitativen Aspekte wie z. B. die Rentabilität ihres Kreditportfolios aus den Augen verlieren: Hierbei spielt die Abschreibungs- oder Ausfallquote von Krediten die entscheidende Rolle. Im optimalen (theoretischen) Fall nimmt die Bank daher nur ein zu 100 % sicheres Geschäft an, was natürlich an den Anforderungen der Realität scheitert, da eine »vorsichtige« Bank am Ende gar kein Geschäft machen würde. Es kommt für die Kreditinstitute somit darauf an, eine möglichst perfekte Risikoabschätzung zu treffen, für die unterschiedlichste Daten einbezogen werden müssen. Diese Daten müssen sehr schnell vorliegen, richtig aggregiert und dann mittels einer Entscheidungsmatrix (Scorekarte) bewertet werden.

Im Gegensatz zu IT-Systemen in anderen Branchen, die Bewegungsdaten typischerweise nur temporär oder transaktionsbezogen speichern, werden in Banken sämtliche Stamm-, Bestands- und auch Bewegungsdaten im Onlinezugriff benötigt, da z. B. historische Zahlungsdaten, bestehende Anlagen oder Versicherungen wichtige Informationen für eine Kreditentscheidung liefern können. Die in vielen Systemen üblichen regelmäßigen Löschungen von Altdaten führen daher in Banken zu deutlichen Qualitätsverlusten, auch im aktuellen Geschäft. Die besondere Anforderung an die Bank-IT besteht somit darin, über möglichst alle Daten aktuell und strukturiert zu verfügen, ungeachtet der Datenherkunft und -art.

Datenarten und -herkunft in einer Bank

Grundsätzlich lassen sich auch in IT-Systemen für Banken die Daten in Stamm-, Bestands- und Bewegungsdaten unterscheiden (siehe Tabelle 1).

Tabelle 1: Datenarten in einer Bank			
	Stammdaten	**Bestandsdaten**	**Bewegungsdaten**
Änderungs-geschwindigkeit	zeichnen sich durch eine hohe Statik aus (zeitlich invariant) und haben meistens keinen Zeitbezug	zeichnen sich durch eine hohe Dynamik aus (zeitlich variant)	zeichnen sich durch eine hohe Dynamik aus (zeitlich variant) und haben meistens einen Zeitbezug (Gültigkeitsdatum)
Verwendung in Anwendungen und Unternehmensbereichen	werden in mehreren Anwendungen und Unternehmensbereichen verwendet	werden in ausgewählten Anwendungen und Unternehmensbereichen verwendet	werden nur in einzelnen, speziellen Anwendungen und Unternehmensbereichen verwendet
Speicherdauer	werden überwiegend langfristig gehalten	werden überwiegend langfristig gehalten	werden überwiegend nur zeitlich begrenzt benötigt und daher kurz oder mittelfristig gehalten

Eine weitere grundsätzliche Unterscheidungsmöglichkeit für Daten ist die Datenherkunft (siehe Tabelle 2).

Diese Unterscheidungskriterien haben natürlich auch Einfluss auf die Architektur der IT-Systeme und ermöglichen deren Optimierung hinsichtlich der Verfügbarkeit einzelner Daten, aber auch hinsichtlich der Möglichkeiten, verschiedene Daten zu aggregieren, zu verwenden und zu verknüpfen.

Tabelle 2: Datenherkunft in einer Bank

Datenherkunft	Datenqualität	Aufwand
vom Kunden erhaltene Daten	Kundendaten beziehen sich überwiegend auf konkrete Geschäftsvorfälle und sind in den allermeisten Fällen gut nachprüfbar z. B. durch Kontoauszüge, Ausweispapiere oder Gehaltsbescheinigungen.	Der Ermittlungsaufwand ist grundsätzlich hoch. Selbst bei der heute verbreiteten Selbsterfassung durch den Kunden im Internet müssen alle Daten manuell kontrolliert werden. Vom Kunden erhaltene Daten veralten typischerweise schnell und erfordern daher einen hohen Pflegeaufwand.
Daten von professionellen Dienstleistern wie der SCHUFA oder der Creditreform zu einzelnen Kunden	bieten im besten Fall Hinweise auf Kontoverbindungen und Kredite des Kunden, reichen alleine aber nicht aus, um qualifizierte Kreditentscheidungen treffen zu können	Der Ermittlungsaufwand ist sehr gering, da die Datengewinnung automatisch erfolgt; regelmäßige Aktualisierungen verursachen keinen zusätzlichen Aufwand.
Erfahrungs- oder Vergleichsdaten von Drittanbietern über Kundengruppen, also demoskopische oder demografische Daten	statistisch einwandfrei, in der konkreten Anwendung aber mit Risiken verbunden, da die Gefahr von Einzelfehlern und damit die »Diskriminierungsgefahr« groß ist	Der Ermittlungsaufwand ist sehr gering, da die Datengewinnung automatisch erfolgt; regelmäßige Aktualisierungen verursachen keinen zusätzlichen Aufwand.
Erfahrungs- oder Vergleichsdaten aus dem eigenen Bestand	aufgrund typischerweise fehlender Aktualisierung der Kundendaten keine ausreichend gesicherte Datenqualität	Wenn die Daten gut strukturiert vorliegen, sehr einfache und kostengünstige Möglichkeit der Verwendung. Hoher Bezug zum eigenen Geschäft.

Banken im Spannungsfeld von Konsolidierungsdruck und Diversifizierungszwang

Geschäftspolitisch gesehen sind die (aufsichtsrechtlichen) Anforderungen an (deutsche) Banken ständig gestiegen und werden vermutlich auch künftig weiter zunehmen. Dies führt per se zu einer fortwährenden Erhöhung der Komplexitäten, denen das Bankgeschäft unterworfen ist. Gleichzeitig fördern die EU-weite Harmonisierung und die Öffnung der Finanzmärkte den Wettbewerbsdruck und führen in letzter Konsequenz zu einer Erosion der Margen. Zusätzlich kämpft die Finanzbranche aktuell mit einer großen Vertrauenskrise, aus der zumindest kurzfristig zusätzlicher öffentlicher Druck resultiert und die teure Gegenmaßnahmen erforderlich macht.

Mittel- und langfristiger Erfolg ist demzufolge für deutsche Banken nur möglich, wenn gleichzeitig mehrere strategische Anforderungen erfüllt werden (siehe Abb. 1):
⇨ Beherrschung der Risiko- und Kostenstrukturen,
⇨ Transparenz der Prozesse und Entscheidungen inklusive der Controllingprozesse,
⇨ Erfüllung der (aufsichts-)rechtlichen Meldevorschriften,
⇨ Rückgewinnung des Vertrauens durch erfolgreiches Kundenmanagement.

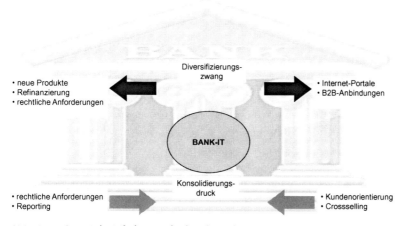

Abb. 1:   *Strategische Anforderungen für deutsche Banken*

Diese Anforderungen bedingen gleichzeitig einen Zwang zur Diversifizierung und zur Konsolidierung. Beide Ziele sind heute nur noch durch den unterstützenden Einsatz von IT-Systemen erreichbar: Bei der Kundenberatung werden immer mehr Daten unterschiedlichster Herkunft und Qualität miteinander in Verbindung gebracht, um die passenden Produkte zu identifizieren und die Kunden an die Bank zu binden bzw. sie für die Bank zu gewinnen. In der Folge werden immer mehr Daten in einem immer höheren Detaillierungsgrad für das interne und externe Reporting benötigt. Die bestehenden – und über Jahrzehnte gewachsenen – IT-Lösungen sind dabei oft mehr hinderlich als hilfreich. Woran liegt das? Warum stehen gerade die Banken heute vor so großen Herausforderungen?

Zunächst einmal ist – wie oben gezeigt – die Anzahl und Art der vorliegenden Daten in einer Bank enorm hoch und werden weiter stark ansteigen. Das betrifft nicht nur die Menge der Daten selbst, sondern insbesondere auch das notwendige Speichervolumen, da neben den Geschäftsdaten zunehmend Bild- und Sprachaufnahmen gespeichert und in täglichen Geschäftsprozessen benötigt werden.

Die Entwicklung des klassischen Bankgeschäftes und der begleitenden IT-Systeme

Die große Eigenständigkeit der Finanzinstitute und die Einordnung der IT als geschäftskritische Komponente haben dazu geführt, dass sich bis heute nur wenige Standardverfahren und -prozesse am Finanzmarkt durchgesetzt haben. Jede Großbank hat daher eine eigene aufwendige und komplexe IT-Landschaft entwickelt und betreibt diese in den allermeisten Fällen auch heute noch selbst. Im Vergleich zu anderen Branchen besteht ein großer Nachholbedarf zur Standardisierung von Prozessen, Verfahren und damit auch Softwareprodukten.

Parallel zur Weiterentwicklung der IT-Systeme hat sich auch das klassische Bankgeschäft (mit Privat- und Geschäftskunden) grundlegend verändert. Höhere Rechenleistungen und die zunehmende Vernetzung von IT-Anwendungen haben komplexere Produkte und Verfahren ermöglicht; die komplexen Produkte und Verfahren ihrerseits bedingen höhere Anforderungen an Controlling, Risikosteuerung und Meldevorschriften. Der Gedanke von Allfinanzunternehmen, die in der Lage sind, dem Kunden sämtliche Finanzprodukte – vom Abrufkredit bis zur Zahnversicherung – aus einer Hand anzubieten, hat für eine Vervielfachung der Einzeldaten pro Geschäft und Kunde gesorgt.

Befanden sich die »typischen« Informationen der 1970er und 1980er Jahre in Kontoblättern, Kontoauszügen, Aktenordnern und Tresoren, sind im Jahr 2011 alle wesentlichen Informationen digital gespeichert und liegen bankweit – und damit weltweit – jedem Mitarbeiter und auch Partnerunternehmen sowie den Kunden stets aktuell vor. Die Entwicklung bis zu diesem Status quo lässt sich chronologisch in vier Phasen unterteilen.

Phase 1: Manuelle Ablage (bis Ende der 1960er)

Die Suche nach Informationen war umständlich, lokal an einen Standort gebunden und für den Kundenberater oft ungemütlich in kalten Archivkellern. Von Vorteil war, dass jeder genau wusste, wo welche Informationen zu finden waren. Die Aufbewahrungsfristen wurden zentral überwacht und die unnötigen Akten nach Ablauf der Frist zentral

Abb. 2: *Manuelle Ablage*

vernichtet. Erste Optimierungsansätze zur Datenarchivierung führten
in den 1970er Jahren zur Mikroverfilmung von Unterlagen, so dass
Recherchen ab diesem Zeitpunkt *fortschrittlich* auf einem Lesegerät für
Microfiche durchgeführt werden konnten. Des Weiteren war es von
da an möglich, die Informationen einfach zu vervielfältigen und auch
dezentral zur Verfügung zu stellen.

Phase 2: Buchungssysteme (1970er)

Die ersten EDV-Systeme wurden ausschließlich für die Buchführung
entwickelt. Kunden- und Kontodaten beschränkten sich auf das notwendige Minimum; die juristischen Daten (Belege) blieben weiterhin
sicher in Aktenschränken und Archiven aufbewahrt. IT-Systeme waren
monolithisch gebaut, enthielten also alle notwendigen Funktionen
von der Steuerung der Hardwarekomponten, der Speicher- und Pro-
zessverwaltung bis zur Kommunikation zwischen den Prozessen in
einem Kernel. Ausfälle einzelner Funktionen führten im schlimmsten

Abb. 3: *Zentrale EDV (Main-frame)*

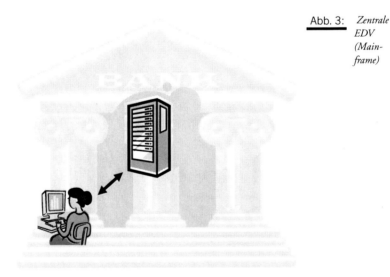

Fall zum sofortigen Absturz der gesamten Funktionalität, so dass die
Systeme relativ unsicher waren und keinesfalls geeignet schienen, um
rechtliche Vorgaben wie z. B. Nachweispflichten zu erfüllen.

Phase 3: Spartensysteme (1980 bis 1990er)

Die Leistungsfähigkeit der Hard- und Software stieg rasant, bei gleichzeitig fallenden Kosten für die Hardwareausstattung. Neue Program-
miersprachen erlaubten komplexere mathematische Verfahren; die
Voraussetzungen für Programme zur Errechnung von Bankprodukten
waren gegeben. Entsprechend schnell entwickelten sich auch die Angebote der Banken: Kaum ein Monat verging ohne eine neue zündende
Idee der Marketing- und Vertriebsstrategen.

Mathematisch unterschiedliche Methoden für die zugrunde liegenden klassischen Bankprodukte (z. B. Sparkonto, Fest- und Termingeld,
Ratenkredit, Annuitätendarlehen oder Girokonto) erzwangen die Implementierung in speziellen Spartensystemen, die für die unterschiedlichen Anforderungen optimiert wurden. Die spezialisierten Spartensysteme liefen auf der bestehenden Mainframe-Hardware unabhängig
nebeneinander und erforderten jeweils eigene Kunden- und Konto-

Abb. 4:   *Unabhängige Spartensysteme*

daten. Zusätzlich zu den Kunden- und Kontodaten wurden nunmehr auch Umsatzdaten abgespeichert, wodurch sich das Datenvolumen potenzierte.

Phase 4: Integration (seit 2000)

Die fehlende Kundensicht der Spartensysteme erwies sich als Hemmschuh der Marketing- und Vertriebsabteilungen. Gleichzeitig wurden übergreifende Risiken nicht oder zu spät erkannt.

Durch Fusionen und Übernahmen entstanden die ersten Allfinanzkonzerne, deren Kunden eine individuelle und vor allem produktübergreifende Beratung erwarteten. Zusätzlicher Druck entstand durch neue aufsichtsrechtliche Regelungen, deren Erfüllung ebenfalls eine konsolidierte Kundensicht erforderte. Anstelle von – auf Dauer kostengünstigeren – Neuentwicklungen mit modernen Softwaretechnologien wurden zumeist aufgabenbezogene Data-Warehouse-Projekte gestartet. Letztlich wurden hier die bereits vorhandenen Daten dupliziert, aufgabenbezogen aggregiert und mit zusätzlichen Schlüsselungen versehen, so dass sie für den jeweiligen Prozess optimal konsolidiert und ausgewertet werden konnten. Daraus resultierten zwangsläufig Datenredundanzen, mehr oder weniger komplexe Prozesse für Datenaustausche und -abgleiche sowie eine nochmalige Explosion des zu verwaltenden Datenvolumens.

Sowohl die ursprünglichen Leistungsbeschränkungen der IT-Systeme als auch die zunehmende Spezialisierung der Spartensysteme führten zu einer Verteilung und leider auch Duplizierung der Daten. Heute müssen nahezu alle Daten überall in der Bank sowie bei Kunden und Partnern online zur Verfügung stehen. Diese Daten werden heute zumeist in den jeweiligen Expertensystemen redundant gespeichert. Komplexe Projekte zur Sicherstellung der Datenintegrität und zur Festlegung der führenden Systeme bzw. zur Datenverteilung (z. B. bei Änderungen der Kundendaten) sind die Folge und an der Tagesordnung. Pflege und Anpassung der Systeme an rechtliche und betriebswirtschaftliche Anforderungen sind nicht nur teuer, sondern auch mit (erheblichen) Risiken behaftet. Die schematische, stark vereinfachte Darstellung in Abbildung 5 verdeutlicht das Problem der integrierten, vernetzten Spartensysteme: Mit jedem zusätzlichen IT-System potenziert sich die Komplexität bei der Datenpflege und beim Abgleich der Daten.

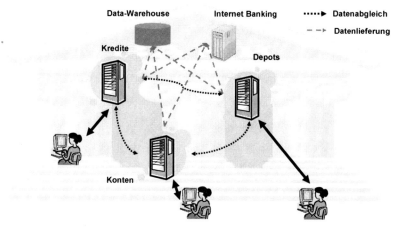

Abb. 5:   *Phase 4 – Integrierte Spartensysteme*

Durch Übernahmen und Fusionen wächst die Anzahl der Systeme, die aggregiert werden müssen, weiter. Fehlende Standardisierung bei den Produkten, Verfahren und Prozessen machen die Integration der IT-Systeme zweier fusionierender Banken extrem komplex bzw. nahezu unmöglich.

Lösungsansätze

Hard- und Softwaresysteme haben sich in den letzten Jahren ständig weiterentwickelt. Neben erheblichen Geschwindigkeitssteigerungen der Systeme an sich wurden wesentliche Verbesserungen bei der Kommunikation unterschiedlicher IT-Systeme miteinander vorgenommen.

Damit sind die notwendigen technischen Voraussetzungen gegeben, gemeinsam vorhandene Daten-Pools zu verwenden und zu pflegen.

In den letzten Jahren sind dabei sogenannte *serviceorientierte Architekturen (SOA)* in den Vordergrund der Lösungsansätze gerückt. Die Grundidee dieser Architekturen werden daher im Folgenden kurz erläutert.

Hinter dem Begriff SOA verbirgt sich im eigentlichen Sinne keine Technologie, sondern eine Idee oder Design-Philosophie, die die Begrenzungen gewachsener Softwareentwicklungen aufheben soll und so auch den angesammelten Datenmüll beseitigen hilft. Wie oben dargestellt, mangelt es den bestehenden IT-Systemen nicht an Funktionalität, sondern – im weitesten Sinne – herrscht Inkompatibilität zueinander und beim Zugriff auf die vorhanden Daten: Wenn z. B. die Buchhaltung und die Kundenbetreuung mit unterschiedlichen Systemen arbeiten, können sie nur mit erheblichem Aufwand auf den gleichen Datenbestand zugreifen.

SOA zielt darauf ab, diese Inkompatibilitäten zu beseitigen, indem sie die IT-Infrastruktur flexibel an den Geschäftsprozessen ausrichtet – auf möglichst vielen Anwendungsebenen.

Dazu müssen als erstes die in der IT abgebildeten Prozesse standardisiert werden, um sie im nächsten Schritt einzeln oder gebündelt als eigenständige Services zu definieren. Dabei bietet die Unterteilung in die Ebenen Backend, Middleware und Frontend einen Ansatz, in welche Schichten die Einzelprozesse sinnvoll gebündelt werden können.

Der Zugriff auf die Services kann von überall her und mit jedem geeigneten System erfolgen. Alle definierten Geschäftsprozesse stehen auf einem oder mehreren Backend-Systemen als Services bereit. Auf dieser Ebene (*Backend*) finden sich alle grundlegenden Funktionen, auf deren Logik häufig zugegriffen wird, etwa die Zugriffssteuerung, Konten- und Kundenverwaltung und auch die Finanzmathematik. Die notwendigen Daten finden sich ebenfalls auf dieser Ebene und zwar ausschließlich dort.

Eine Schicht höher, in der *Middleware*, werden die einzelnen Services gebündelt, miteinander kombiniert und integriert. Im *Frontend* schließlich werden dem Anwender die gewünschten Dienste in einem leicht zu bedienenden Interface zur Verfügung gestellt.

Einzelne – auch komplexe – Geschäftsvorfälle, die unterschiedliche Daten benötigen, werden im Zusammenspiel der benötigten Services erledigt. So bekommt beispielsweise der Kreditantragsprozess »KA« vom Auskunfteiservice »AS« Informationen über den Antragsteller über eine externe Schnittstelle, vom internen Service Haushaltsrechnung »HH« die Einnahmen und Ausgaben des Kunden und vom Konditionsberechnungsservice »KB« die konkreten Konditionen, die zur Risikoklasse des Kunden gehören (risikoadjustiertes Pricing). Nach der Bestätigung durch den Kunden übergibt der Kontoanlageprozess »KA« die Daten an das Kontosystem, in welchem das entsprechende Kreditkonto angelegt wird. Der nachgelagerte Überwachungsservice »ÜS« prüft die Daten im Hintergrund auf Vollständigkeit und Plausibilität, während der Druckprozess »DP« die Vertragsunterlagen für den Kunden bereitstellt und an die Druckstraße übergibt. Alle Services können (theoretisch) auf unterschiedlicher Hardware und Betriebssystemen laufen, solange sie die entsprechenden Kommunikationsschnittstellen unterstützen.

Bei konsequenter Umsetzung der SOA-Idee stehen alle Services wechselseitig zur Verfügung – soweit es einen Sinn ergibt. Dadurch werden Redundanzen minimiert, die Datenintegrität maximiert und eine überragende Systemtransparenz geschaffen. An obigem Beispiel sind sieben Services beschrieben, in der Praxis können es aber auch weniger oder deutlich mehr sein, je nachdem, wie »feinkörnig« solch eine Struktur angelegt wird.

Auf dem Weg zur serviceorientierten Architektur ist eine umfassende Bestandsaufnahme und die Analyse, welche Geschäftsprozesse für eine Umstellung überhaupt geeignet sind, die wichtigste Voraussetzung für den Erfolg eines SOA-Projekts. In der Praxis sind zuletzt viele SOA-Projekte gescheitert, da die Verwaltung der ausufernden Services zu hochkomplexen und damit auch anfälligen Gebilden geführt hat (siehe Abb. 6).

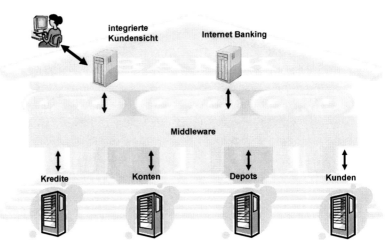

Abb. 6:   *Lösungsansatz serviceorientierte Spartensysteme*

Um Services in einer komplexen Umgebung wie der Bank-IT, die auch in den nächsten Jahren mit exponentiellen Wachstumsraten der Datenmenge zu kämpfen haben wird, sinnvoll zu strukturieren, sind übergeordnete und konsequente Trennungen in logische bzw. funktional sinnvolle Bereiche notwendig. Die Bereiche sind so zu wählen, dass sie einerseits groß genug sind, um die Vorteile einer SOA-Architektur zu nutzen, andererseits müssen sie überschaubar genug bleiben, um eine Service-Inflation und die damit verbundene potenziell unbeherrschbare Komplexität zu vermeiden. Um am Ende eine funktionierende IT-Landschaft zu erhalten, werden die einzelnen serviceorientierten Spartensysteme durch ein stringentes übergeordnetes Ordnungssystem integriert, in welchem verbindliche Regeln für alle angeschlossenen Systeme und die Kommunikation untereinander festgelegt werden.

Innerhalb der spezialisierten Teil- bzw. Spartensysteme, die einen bestimmten fachlichen Produktbereich wie z. B. das Ratenkreditgeschäft oder das Einlagengeschäft abdecken, herrscht weitgehende Freiheit hinsichtlich der verwendeten Technologie, also der Hardwareplattform, der eingesetzten Datenbank und auch der Programmiersprache. Auf Besonderheiten (beispielsweise hohe Anforderungen an die Rechengeschwindigkeit bei einem Zahlungsverkehrssystem mit vielen Millionen Transaktionen pro Stunde oder an den verfügbaren Speicherplatz bei einem optischen Archiv) kann somit innerhalb des (Sparten-)Systems optimal durch den Einsatz geeigneter Hardware oder der Entwicklungsumgebung reagiert werden. Von spezialisierten Fachleuten entwickelte Spartensysteme können diese Anforderungen schnell und flexibel lösen und müssen dann von den internen Projektteams der Bank nur noch an die funktionalen Bedürfnisse der jeweiligen Fachabteilung angepasst und in das Gesamtsystem eingefügt werden.

Voraussetzung für die Möglichkeit, serviceorientierte Spartensysteme in die IT-Landschaft zu integrieren, sind verbindliche technische und organisatorische Regeln, die streng überwacht und eingehalten werden müssen.

Zunächst einmal muss eine einheitliche serviceorientierte Systemlandschaft (SOA) auf technischer Ebene definiert und umgesetzt werden. Diesen allgemeinen technischen Definitionen müssen sich alle Spartensysteme unterwerfen. Parallel dazu sind auf der organisatorischen, fachlichen Ebene bankweite Schnittstellen zwischen den Spartensystemen zu identifizieren und zu definieren. Zusammengenommen folgt daraus die übergeordnete Orchestrierung und Modellierung des Gesamtsystems. Bereits auf dieser übergeordneten Ebene wird also definiert, *welcher* Geschäftsprozess *wann welche Daten* von einem anderen Geschäftsprozess erhält.

Im zweiten Schritt werden die notwendigen Schnittstellen für den Austausch von spartenspezifischen Daten und Geschäftsprozessen definiert und entwickelt. Damit ist allgemein festgelegt, *wie* die Daten ausgetauscht und *wo* sie gespeichert werden.

Während der Implementierung oder Integration eines Spartensystems in die IT-Landschaft sind diese Vereinbarungen zwingend einzuhalten und angebotene Schnittstellen anderer Systeme zu verwenden; die Verwendung von eigenen, im Spartensystem redundant vorgehaltenen Daten, muss in jedem Fall unterbleiben.

Ein großer praktischer Vorteil dieses kombinierten Ansatzes besteht darin, dass die heute noch vielfach bestehenden Spartensysteme nach und nach erneuert bzw. ersetzt werden können. Wichtig ist, dass im Vorfeld dieses Erneuerungsprozesses die Daten und Prozesse, die spartenübergreifend benötigt werden (etwa die Kundenstammdaten, Anlage und Änderung von Kundenstammdaten), aus den Spartensystemen herausgelöst und in eine eigene Sparte (»allgemeine Services«) überführt werden. Im bestehenden IT-System vorhandene redundante Datenpools müssen identifiziert und ebenfalls in eigene Spartensysteme ausgelagert werden.

Jede Einzelsparte stellt ausgewählte Zugriffe auf Daten der Sparte (z. B. Kreditsalden) und spartenspezifische Geschäftsfunktionen (z. B. Änderung eines Kreditkontos) als Service für andere Spartensysteme über eine einheitliche Middleware zur Verfügung. Im Gegenzug erhält jede Einzelsparte den definierten Zugriff auf für sie relevante Daten und Geschäftsfunktionen anderer Sparten über die »allgemeinen Services« (z. B. Zugriff auf die Kundenstammdaten für das Spartensystem »Ratenkredite«). Die spartenübergreifenden Anwendungen führen die Daten eines Kunden, die von den Spartensystemen über die definierten Schnittstellen bereitgestellt werden, zusammen, ohne hierfür die Einzeldaten selbst vorzuhalten.

Serviceorientierte Spartensysteme bieten die Möglichkeit, bestehende redundante Datenhaltungen nach und nach aufzulösen und die Integrität der Daten in der Gesamtheit sicherzustellen. Bestehende, funktional arbeitende Spartensysteme können – sofern sie die allgemeinen Anforderungen erfüllen – angepasst werden.

Schlussfolgerung

Die Menge an geschäftsrelevanten und auch irrelevanten Daten wird in deutschen Banken ständig weiter steigen. Da sich die Unterscheidung von relevanten und irrelevanten Daten häufig nicht eindeutig treffen lässt, müssen auch erhebliche Mengen eigentlich verzichtbarer Daten gespeichert werden und bei Bedarf abrufbar sein.

Aufgrund des stark zunehmenden Datenvolumens pro Information nimmt der notwendige Speicherbedarf deutlich schneller zu als die Anzahl der gespeicherten Daten. Um diese Daten- und Informationsmengen bewältigen zu können, ohne gleichzeitig an exorbitanten Kosten bzw. operationellen Risiken zu ersticken, sind einige systematische Änderungen notwendig.

Die größte Herausforderung liegt in der Pflicht, alle relevanten Daten zu einem Geschäftsvorfall schneller zu finden und richtig zu interpretieren. Gerade die Interpretation der Ergebnisse unterliegt strengen rechtlichen Auflagen, die am besten von spezialisierten Spartensystemen erfüllt werden.

Das Banksystem der Zukunft besteht daher aus selbstständigen Spartensystemen, die als Nebenbücher ein zentrales Rechnungswesen mit Buchungsdaten versorgen und untereinander Daten über bankweit definierte Schnittstellen austauschen. Sämtliche Daten sollten eindeutig – also nicht redundant – in den Banksystemen gespeichert werden und durch gemeinsame Zuordnungskriterien wie Konto-, Kunden- oder Geschäftsnummern identifiziert und zusammengefügt werden können.

Die Vermeidung von Datenmüll durch moderne IT-Architekturen und Systemlandschaften ist für den Geschäftserfolg einer Bank zukünftig mindestens ebenso essenziell wie attraktive Produkte oder eine fundierte Beratung.

Zusammenfassung

Die Effizienz der Bank-IT hängt aufgrund des stark steigenden Volumens an EDV-technisch gespeicherten Informationen immer mehr von der Datenqualität und somit auch der Vermeidung von Datenredundanzen ab. Als zusätzliche Herausforderung werden Daten teilweise gleichzeitig an unterschiedlichen Stellen benötigt und müssen für verschiedene Zwecke aufbereitet und weiterverarbeitet werden. Dies ist nur mit einer einheitlichen, stringenten und in sich stimmigen IT-Strategie sowie flexiblen und damit zukunftsfähigen IT-Systemarchitekturen darstellbar. Dabei ist in den letzten Jahren vor allem die Integration serviceorientierter Spartensysteme in die IT-Landschaft von deutschen Banken in den Fokus gerückt, um einen effizienten Datenzugriff und -austausch zu ermöglichen.

Der Beitrag untersucht die unterschiedlichen Aspekte von Datenentstehung, Datenspeicherung bis hin zu State-of-the-Art-Lösungen zur Erfüllung der vielfältigen und teils in Konkurrenz zueinander stehenden Herausforderungen.

Einführung des Datenmüll-Management-Prozesses

Bis heute gibt es noch keinen ganzheitlichen Unternehmensprozess, mit dem Datenmüll reduziert werden kann. Ein Projektmodell zur Einführung eines Datenmüllmanagementprozesses soll diese Lücke schließen. Die Zentrale Botschaft: Datenmüll muss ausgehend von den Geschäftsprozessen bekämpft werden.

In diesem Beitrag erfahren Sie:
- Wie die Einführung des Datenmüllmanagementprozesses gelingt,
- Ziele und Kennzahlen des Prozesses,
- eine Checkliste zur Datenmüllermittlung,
- Verbesserungsmaßnahmen zur Vermeidung und Reduzierung des Datenmülls.

MARTIN G. BERNHARD

Einführung

In dem folgenden Beitrag wird ein Projektmodell vorgestellt, mit dem der anfallende Datenmüll kurz- bis mittelfristig identifiziert und reduziert werden kann. Nach Wissen des Verfassers existiert ein derartiges Modell in der Literatur noch nicht. Das Projektmodell zur Einführung eines Datenmüllmanagementprozesses beginnt bei der Identifikation und Analyse des Datenmülls, geht über die Erarbeitung konkreter Verbesserungsmaßnahmen zur vorbeugenden Identifikation und Reduzierung des Datenmülls weiter und mündet in die Planung und Priorisierung der Verbesserungsprojekte.

Zielsetzung des Datenmüllmanagementprozesses generell ist es,
⇨ Transparenz über die Datenmüllvolumina einer Organisation zu erzeugen,

⇨ Kosteneinsparungen durch Reduzierung des Datenmülls zu erzielen

⇨ sowie eine sichere und nachhaltige Datenmüllentsorgung zu gewährleisten.

Durch Anwendung des Projektmodells werden die Grundlagen geschaffen, mit denen sich ein Datenmüllmanagementprozess im Unternehmen etablieren lässt. Dieses Projektmodell lässt sich in der Praxis als Leitfaden nutzen.

Das Projektmodell im Überblick

Das Projektmodell zur Einführung des Datenmüllmanagementprozesses besteht aus fünf Projektphasen, welche nachfolgend anhand der Aktivitäten, der einzusetzenden Methoden und Tools sowie deren Ergebnisse / Deliverables dargestellt werden.
Abbildung 1 stellt die fünf Projektphasen und deren Hauptaktivitäten dar.

Projekt-initialisierung	Training & Analyse der Ist-Datenmüll-management-prozesse	Zieldefinition & Kennzahlen für die Datenmüll-management-prozesse	Entwicklung der Datenmüll-management-prozesse	Vorbereitung des Implemen-tierungs-prozesses
1	**2**	**3**	**4**	**5**
Kick-off - Projektscope - Projektauftrag - Projektplanung - Projektorgani-sation	Trainings für die Teams Identifikation der Datenmüll-bereiche u. -treiber Aufnahme und Analyse der Ist-Prozesse	Ziele und Kennzahlen für die zukünftigen Datenmüll-Management-Prozesse	Entwicklung der Datenmüll-Management-Prozesse und Verbesserungs-maßnahmen	Abstimmung der zu implementieren-den Maßnahmen in der Organisation - Setzung erster Prioritäten - Projektbeschreibungen - Abstimmungen in der Organisation - KVP beschreiben - Umsetzungscontrolling - Gesamtplanung

Abb. 1:   *Die fünf Projektphasen und deren Hauptaktivitäten [7]*

Zu den einzelnen Projektphasen werden im Folgenden zur Verdeutlichung Beispiele und Templates dargestellt.

Phase 1: Projektinitialisierung

Bevor mit der Projektarbeit begonnen werden kann, muss eine gründliche Vorbereitung und Abstimmung des Datenmüllmanagementprojektes erfolgen.

Zunächst stellt sich die Frage, warum ein Projekt zur Einführung eines Datenmüllmanagementprozesses aufgesetzt wird. Der Prozess wird sinnvoll, wenn bestimmte Faktoren vorliegen:

⇨ Starkes Wachstum des Datenbestandes mit hohen Investitionen in Datenspeicher- und Datensicherungssysteme in den zurückliegenden Jahren mit der Vermutung, dass zu viel Geld für die Speicherung und Sicherung von Datenmüll ausgegeben wird.

⇨ Die Mitarbeiter verlieren zu viel Zeit mit dem Lesen und Löschen von E-Mails. Unter den eingehenden E-Mails befinden sich zahlreiche wertlose, weil irrelevante E-Mails für den jeweiligen Mitarbeiter.

⇨ Die von einzelnen Mitarbeitern aufbewahrten E-Mail-Bestände in den jeweiligen E-Mail-Postfächern sind zu hoch.

⇨ Infolge einer Vielzahl von Projekten werden auf zahlreichen Speicherplätzen im Unternehmen Dateien mehrfach und redundant hinterlegt.

⇨ Ein großer Datenbestand sowie Datenmüllbestand entsteht jedes Jahr zusätzlich aus zu großzügig ausgelegten Compliance-Anforderungen.

⇨ Die zu entsorgenden Speichermedien werden nicht fachgerecht entsorgt (mit irreversibler Zerstörung der darauf befindlichen Datenbestände).

⇨ Es besteht der Eindruck,
  – dass sich wichtige Dateien im Unternehmen nicht mehr lokalisieren lassen. Diese sind auf zahlreichen Speichermedien in zahlreichen Versionen (Finalversion und Vorgängerversionen) gespeichert. Das Auffinden der jeweiligen Dateiendversion ist oftmals schwierig.

– dass für verschiedene Anwenderdaten (E-Mails, Projektdaten) mindestens durchschnittlich 60 % Datenmüll auf den Speichermedien der Anwender existieren.

⇨ Es gibt
   – kein Datenmüll-Reporting
   – keine Rolle eines Datenmüllmanagers
   – kein Bewusstsein für Datenmüll im Unternehmen

In der Phase der Projektinitialisierung sind zunächst wichtige inhaltliche und organisatorische Voraussetzungen abzustimmen, dies sind insbesondere

⇨ die Zielsetzung und der Auftrag des Projektes
⇨ die Projektorganisation wie
   – Projektstakeholder,
   – Projektlenkungsausschuss,
   – Projektleitung,
   – Projektteammitglieder und
   – die anzusprechenden Experten und Meinungsbildner des Projektes
⇨ Ggf. die Etablierung eines Projekt-Offices
⇨ Ggf. die Organisation eigens für das Projekt eingerichteter Räume
⇨ Die Beschreibung der Rollen für die gesamte Projektorganisation
⇨ Projektplanung: Aktivitätenplanung, Kapazitäts-/Ressourcenplanung, Zeitplanung inkl. Projektmeilensteine
⇨ Analyseumfang, insbesondere welche Prozesse in Hinblick auf den anfallenden Datenmüll analysiert werden sollen, z. B.
   – die Projektprozesse
   – die Archivierungsprozesse.
⇨ Festlegung, welche IT-Anwendungssysteme in Hinblick auf den anfallenden Datenmüll analysiert werden sollen, z. B. ausgewählte Kommunikationsprozesse und -systeme, wie E-Mail, Voice-Mail
⇨ Detaillierungsumfänge der Prozessanalysen, d. h. wie tief und bis in welche Prozessebene hinein sollen die existierenden Prozesse, in denen Daten anfallen, auf Datenmüllentstehung analysiert werden?

⇨ Festlegung, wie die Datenmüllmanagementprozesse dokumentiert werden sollen: anzuwendende Notationen, d. h. Symbole, mit denen die Datenmüllmanagementprozesse zu beschreiben sind (falls nicht ein Unternehmensmodell diese Notation vorgibt)
⇨ Die Abstimmung der Zuständigkeiten und Ansprechpartner für die Teilprozesse
⇨ Festlegung der zu beschreibenden Rollen, z. B.
  – ein Datenmüllmanager für das gesamte Unternehmen
  – oder/und zusätzlich Datenmüllmanager für einzelne Unternehmensbereiche oder/und IT-Anwendungssysteme
⇨ Festlegung der Tools für
  – Projektmanagement
  – Darstellung der Ist- und Soll-Datenmüllmanagementprozesse
  – Beschreibung der Rollen
  – Beschreibung der Ziele
  – Beschreibung der Kennzahlen

Die Ergebnisse der Projektinitialisierungsphase sind:
⇨ Endgültige Projektorganisation und eine detaillierte Projektplanung
⇨ Das Projektteam steht fest:
  – Lenkungsausschuss, Projektleiter, Projektstakeholder
  – Teammitglieder und Experten
  – Rollenbeschreibungen mit Verantwortlichkeiten
⇨ Projekt-Awareness wurde erzeugt
⇨ Zugeordnete, in der Organisation abgestimmte Ressourcen
⇨ Ein konkreter Projektumfang, d. h. die zu analysierenden Prozesse und IT-Anwendungssysteme, ist festgelegt
⇨ Formaler Projektstart
⇨ Ggf. der Betrieb des Projekt-Offices und Buchung separat bereitgestellter Projekträume

Abbildung 2 stellt zusammenfassend die Projektphase Projektinitialisierung dar.

1	2	3	4	5
Projekt-initialisierung	Training & Analyse der Ist-Datenmüll-managementprozesse	Zieldefinition & Kennzahlen für die Datenmüll-managementprozesse	Entwicklung der Datenmüll-managementprozesse	Vorbereitung des Implementierungs-prozesses

1 Endgültige Festlegung der Projektbeschreibung und der Projektorganisation
• Ziele, Auftrag, Projektumfang
• Projektorganisation
• Rollen und Projektplanung

2 Auswahl und Rollenfestlegung der Projektpartner

3 Formelles Management Committment und formalen Projekt Kick-Off durchführen

4 Festlegung der Methoden und Tools

5 Awareness Bildung und Kommunikation
• Erstellung einer detaillierten Projektplanung
• Information und Instruktion an die Organisation

Methoden und Tools
• Projektmanagement

Ergebnisse
• Projektziele, Projektauftrag, Projektorganisation und Projektplanung
• Endgültiges Projektteam
• Projekt-Awareness und Kommunikation
• Zugeordnete, in der Organisation abgestimmte, Ressourcen
• Konkreter Projektumfang, d. h. die zu analysierenden Prozesse und IT-Anwendungssysteme
• Formaler Projektstart
• Ggf. der Betrieb des Projekt Offices und separat bereitgestellte Projekträume

Abb. 2: *Phase 1 – Projektinitialisierung [7]*

Ein wichtiger Aspekt dieser Phase ist es außerdem, dass die Vorgehensweise den Mitarbeitern und falls notwendig gegenüber ausgewählten Organisationseinheiten sowie ggf. dem Betriebsrat erläutert wird. Nur so ist das erforderliche Maß an Akzeptanz zu erreichen.

Phase 2: Training und Analyse der Ist-Datenmüll-managementprozesse

Zunächst sind Trainings zur methodischen Einführung des Projektmodells für das Management (z. B. den Lenkungsausschuss), das Projektteam sowie für die verschiedenen Beteiligten innerhalb der Organisation durchzuführen. Diese Trainings sind an dieser Stelle von besonderer Bedeutung. In vielen Projekten zum Thema »Prozessmanagement« hat sich gezeigt, dass es hilfreich ist, bereits frühzeitig (also nach der Projektinitialisierung) Trainings für unterschiedliche Managementebenen zu den Zielen und detaillierten Vorgehensweisen im Projekt durchzuführen, um die Erwartungshaltung und das Knowhow der Beteiligten zu steuern und letztendlich ein Committment für den gesamten Projektprozess zu erhalten.

Die Welt in Zahlen

Zahl der Briefe und E-Mails:
⇨ Zahl der Briefe, die Albert Einstein im Laufe seines Lebens geschrieben hat: rund *14 500* (brand eins 06/2009)
⇨ Zahl der geschäftlichen E-Mails, die jeder vernetzte Arbeitsplatz weltweit im Durchschnitt pro Tag erhält: 126 (brand eins 06/2009)
⇨ Geschätzte Zahl weltweiter Spam-Mails pro Tag in Milliarden: 100 (brand eins 06/2008)
⇨ Anteil der Spam-E-Mails (also Werbung und Ähnliches) am weltweiten Postverkehr im Internet in Prozent: 70 (brand eins 09/2009)
⇨ Arbeitstage, die ein Angestellter pro Jahr durchschnittlich für das Aussortieren von Spam verliert: 2 (brand eins 09/2009)

Soziale Netzwerke und Spionage:
⇨ Anteil der Deutschen, die von ihrem Büro aus in virtuellen sozialen Netzen unterwegs sind, in Prozent: 72 (brand eins 01/2009)
⇨ Geschätzter Schaden, der deutschen Unternehmen jährlich durch Industriespionage entsteht, in Euro: *2,8 Milliarden* (brand eins 01/2009)

Zielsetzung dieser Projektphase ist es, eine Analyse für die in der Phase 1 definierten Geschäftsprozesse und IT-Anwendungssysteme vorzunehmen und die dort anfallenden Datenvolumina zu identifizieren.

1 Trainings für das Projekt-Team und Kurztraining für den Lenkungsausschuss
   • Prozessmanagement
   • Datenmüll-Management
   • Methoden
   • Interview-Techniken

2 Einführung von Projektstandards

3 Identifikation der Datenmüllbereiche
Analyse der relevanten Datenmüllprozesse und IT-Systeme
- Identifizierte Datenmüllbereiche u. Mengen
- Ziele, Aufgaben, Aktivitäten
- Rollen & Verantwortlichkeiten
- vorhandene Datenmüllkennzahlen, Templates
- Erste Verbesserungsideen

Methoden und Tools
• Prozessmanagement
• Projektmanagement
• Prozessdokumentations-Tool

Ergebnisse
• Vorbereitetes Projektteam
• Datenmüllbereiche und Treiber
• Abschätzung des jährlichen Datenmülls insgesamt und grobe Abschätzung der dadurch verursachten Kosten und Risiken
• Schwachstellen-Analysis in den Ist-Prozessen
• Vorhandene Datenmüllerzeugungsprozesse (Ziele, Aufgaben, ..., erste Verbesserungsideen)
• Dokumentation im Tool

Abb. 3:   *Phase 2 – Training und Analyse der Ist-Datenmüllmanagementprozesse [7]*

Abbildung 3 stellt die Aktivitäten, Methoden und Ergebnisse innerhalb der Phase »Training und Analyse der Ist-Datenmüllmanagementprozesse« dar.
Von besonderer Bedeutung ist die Ist-Analyse des entstehenden Datenmülls in den Teilprozessen und durch die IT-Anwendungssysteme.

Dies setzt jedoch voraus, dass zunächst praxisnahe Definitionen
darüber, was »Datenmüll« für die unterschiedlichen Prozesse und
IT-Anwendungssysteme genau bedeutet, erarbeitet werden müssen.
Damit kann anschließend konkret in den einzelnen Teilprozessen und
IT-Anwendungssystemen der Datenmüll identifiziert werden.

Es müssen dazu folgende 15 Informationen für Teilprozesse und deren
Ereignisse / Aktivitäten und die IT-Anwendungssystem aufgenommen
werden:
1. Position (d. h. Position in der Analyseliste)
2. Prozess-Owner
3. Ansprechpartner in der Organisation
4. Datum (tt.mm.jjjj)
5. Prozess oder Sub-Prozess oder IT-Anwendungssystem
6. Ereignis oder Aufgabe
7. Anfallende Datenbestände (Datenobjekte)
8. Prozess- oder anwendungsspezifische Definition für den
    Datenmüll
9. Anfallender Datenmüll (welche Datenobjekte), d. h. Aufzählung
    der einzelnen Datenmüllobjekte
10. Umfang des Datenmülls innerhalb eines Jahres (oder innerhalb
    einer Zeiteinheit) für das gesamte Unternehmen
11. Wer (organisatorische Einheit) konkret erstellt den Datenmüll?
12. Erste Ideen zur Datenmüllreduzierung
13. Priorität für die Problemlösung (hoch, mittel oder niedrig)
14. Potenzial, wenn der Datenmüll reduziert wird (hoch, mittel,
    niedrig)
15. Handelt es sich ggf. um eine Verbesserungsmaßnahme, mit der
    »Quick Wins« erzielt werden können?

Die Abbildungen 4 und 5 erklären diese 15 Informationen anhand zweier Beispiele.
Die Beispiele werden nachfolgend erläutert:

»Fall 1«
Reduzierung des Datenmülls bei der Durchführung von Projekten durch Vernichtung von unnötigen Powerpoint-Präsentationen bei der Erstellung einer Meilensteinpräsentation zum Status und Inhalt eines Projektes.

Folgende Annahmen dazu gelten:
⇨ Es werden Powerpoint-Präsentationen für durchschnittlich 12 Projektmeilensteine im Rahmen eines Projektes erstellt.
⇨ Durchschnittlich fallen ca. 5 Powerpoint-Vorversionen zu einer einzelnen Meilensteinpräsentation an. D. h. inklusive der finalen Meilensteinpräsentation fallen durchschnittlich 6 Powerpoint-Präsentationen für jeden Projektmeilenstein an. Diese 5 Powerpoint-Vorversionen umfassen jeweils 5 MByte, d. h. insgesamt 25 MByte.
⇨ Diese 6 Powerpoint-Präsentationen werden per Mail an durchschnittlich 15 Projektpartner versendet.
⇨ Somit erhalten die 15 Projektpartner pro Meilenstein jeweils 25 MByte an Daten, d. h. 375 MByte Datenmüll werden versendet.
⇨ Für durchschnittlich 12 Projektmeilensteine entfallen 375 MByte x 12 = 4,5 Terrabyte an Datenmüll.
⇨ Über alle 15 laufenden Projekte im Unternehmen und deren Meilensteine sowie den per Mail versendeten Präsentationen an die Projektpartner entfallen 67,5 Terrabyte an Daten allein für die Powerpoint-Vorversionen von Meilensteinpräsentationen.
⇨ Die Speicherung und Sicherung eines GByte Daten kostet durchschnittlich 3 Euro p. a.

Position	Prozess Owner	Ansprechpartner in der Organisation	Datum (tt.mm.jjjj)	Prozess oder Sub-Prozess oder IT-Anwendungssystem	Ereignis oder Aufgabe	Anfallende Datenbestände (Datenobjekte)	Prozess- oder Anwendungsspezifische Definition für den Datenmüll	Anfallender Datenmüll (welche Datenobjekte), d.h. Aufzählung der einzelnen Datenmüll-Objekte
47	Hr. Mustermann	Hr. Meier	12.07.2009	Projektdurchführungsprozess	Meilenstein-Präsentationen	Powerpoint-Präsentationen für durchschnittlich 12 Projektmeilensteine	Sämtliche Vorversionen in Powerpoint zu einer Meilenstein-Präsentation	Durchschnittlich fallen ca. 5 Powerpoint-Vorversionen zu einer Meilenstein-Präsentation an. Diese werden an durchschnittlich 15 Projektpartner per Mail versendet.
135	Hr. Meierhof	Hr. Schulz-Höpner	19.09.2009	E-Mail-System	Tägliches Lesen von E-Mails	67500 SPAM-Mails	Sämtliche SPAM-Mails und Mails, die nicht aus dem Unternehmen oder von Geschäftspartnern gesendet wurden	SPAM-Mails: Bei 700 Mitarbeitern, durchschnittlich 200 Arbeitstagen und 10 SPAM-Mails pro Arbeitstag => es fallen 1,4 Mio SPAM-Mails pro Jahr insgesamt für das Unternehmen an. Jeder Lesevorgang allein der Überschrift und das Löschen dauert durchschnittlich 20 Sekunden. Eine Arbeitsstunde kostet durchschnittlich 90,- Euro. Es können Kosten für insgesamt 700.000,- Euro für andere Aufgaben genutzt oder eingespart werden.

Abb. 4: *Template zur Ist-Aufnahme des Datenmülls (Teil 1) [7]*

Position	Prozess- oder anwendungsspezifische Definition für den Datenmüll	Umfang des Datenmülls innerhalb eines Jahres (oder innerhalb einer Zeiteinheit) für das gesamt Unternehmen	Wer (organisatorische Einheit) konkret erstellt den Datenmüll?	Erste Ideen zur Datenmüllreduzierung	Priorität für die Problemlösung (hoch, mittel, niedrig)	Potenzial, wenn der Datenmüll reduziert wird (hoch, mittel, niedrig)	Handelt es sich um eine ggf. Verbesserungsmaßnahme, womit "Quick Wins" erzielt werden können?
47	Sämtliche Vorversionen in Powerpoint zu einer Meilenstein-Präsentation	67,5 Terrabyte	Projektoffice	1) Sämtliche Projekt-Meilensteinpräsentationen werden nur noch in einem gemeinsamen Datenbereich hinterlegt 2) Die Vorversionen werden am Projektende durch einen Reviewer oder Wissensmanager gelöscht	hoch	mittel (1 Gbyte p.a. 3 Euro* 67500 Gbyte = 202.500,- Euro p.a.)	ja
135	Sämtliche SPAM-Mails und Mails, die nicht aus dem Unternehmen oder von Geschäftspartnern gesendet wurden	1,4 Mio. SPAM-Mails werden an allen Arbeitsplätzen im Unternehmen empfangen	Unternehmensinterne Mails und Mails von Geschäftspartnern (Basis: Geschäftspartnerdatei) werden besonders gekennzeichnet. Alle anderen E-Mails werden sofort an zentrale SPAM-Ordner weiter geleitet.	hoch	hoch	nein

Abb. 5:   *Template zur Ist-Aufnahme des Datenmülls (Teil 2) [7]*

119

Ergebnis bzw. monetäre Einsparmaßnahmen in Euro p. a. bei 15
Projekten:

⇨ Somit ergeben sich einsparbare Kosten im Jahr von
  - 3 Euro p.a. x 67,5 Terrabyte = 202.500,- Euro p. a. (!)

»Fall 2«
Reduzierung des Datenmülls durch Verringerung der Spam-Mails
und Mails, die nicht aus dem Unternehmen oder von Geschäftspartnern gesendet wurden, für jeden Mitarbeiter im Unternehmen.

Folgende Annahmen dazu gelten:
⇨ Es gehen an durchschnittlich 200 Arbeitstagen 10 Spam-Mails pro
   Mitarbeiter und Arbeitstag ein.
⇨ Somit fallen bei 700 Mitarbeitern 1,4 Mio Spam-Mails pro Jahr
   insgesamt für das Unternehmen an.
⇨ Jeder Lesevorgang – allein der Überschrift – und das Löschen
   dauern durchschnittlich 20 Sekunden für eine E-Mail.
⇨ Eine Arbeitsstunde eines Mitarbeiters kostet durchschnittlich
   90,– Euro.

Abb. 6: *Beispiel-rechnung*

• Mitarbeiter:	700
• Arbeitstage	200
• Spam-Mails pro Tag	10
• Mitarbeiterstunde	90,- €
• Kosten pro Mail*)	90,- €
	180

*) 20 Sekunden Zeit pro Mail pro Mitarbeter gehen verloren.

700 x 200 x 10 x 90 x 1/180 = **700.000,- €**

Ergebnis bzw. monetäre Einsparmaßnahmen in Euro p. a.:
⇨ Es können Kosten für insgesamt 700.000,- Euro für andere Aufgaben genutzt werden

120

Aus juristischer Sicht handelt es sich bei den 700.000,– Euro um »soda«-Kosten, die nicht eingespart werden können. Die Mitarbeiter, welche von den Spam-Mails betroffen sind, sind »sowieso da«. Aber deren personelle Ressourcen, die durch Spam beeinträchtigt werden, könnten anders genutzt werden.

Fazit

Allein durch diese beiden Maßnahmen können für ein mittelständisches Unternehmen mit 700 Mitarbeitern, welche 15 Projekte pro Jahr abwickeln, rund 900.000,– Euro eingespart bzw. anders verwendet werden.

Des weiteren sind in der Organisation vorhandene Rollen und Kennzahlen zu erheben.

Die Abbildung 7 zeigt ein Template zur Aufnahme der Kennzahlen speziell zum Thema Datenmüll, welches gegebenenfalls um generelle Kennzahlen zum Datenmanagement erweitert werden kann.

Hauptinhalt	Frage oder Themenbereich	Wer gibt die Antwort bzw. füllt das Antwortfeld aus?	Antwort	Bemerkungen	Quelle
Allg. Interview-Infos	Name des Gesprächspartners / Interview-Partners	Auszufüllen durch den Projektmitarbeiter der das Interview durchführt			
Allg. Interview-Infos	Prozess oder Teilprozess oder IT-Anwendungssystem	Auszufüllen durch den Projektmitarbeiter der das Interview durchführt			
Allg. Interview-Infos	Nummer des Interviews	Auszufüllen durch den Projektmitarbeiter der das Interview durchführt			
Allg. Interview-Infos	Datum des Interviews	Auszufüllen durch den Projektmitarbeiter der das Interview durchführt			
Allg. Interview-Infos	Erforderliche Interview-Zeit (festzustellen nach dem Interview)	Auszufüllen durch den Projektmitarbeiter der das Interview durchführt			
Ziel und Kennzahlen-Beschreibung	Kennzahl (d.h. wie wird die Kennzahl im Sprachgebrauch genannt)	zu liefern durch den Gesprächspartner / Interview-Partner			
Ziel und Kennzahlen-Beschreibung	Zu welchem Prozess, Teilprozess oder IT-Anwendungssystem gehört die Kennzahl	zu liefern durch den Gesprächspartner / Interview-Partner			
Ziel und Kennzahlen-Beschreibung	Definition der Kennzahl	zu liefern durch den Gesprächspartner / Interview-Partner			
Ziel und Kennzahlen-Beschreibung	Zielwerte und zulässige Zielwertkorridore der Kennzahl	zu liefern durch den Gesprächspartner / Interview-Partner			
Erwartungen	Was erwarten Sie vom Projekt?	zu liefern durch den Gesprächspartner / Interview-Partner			
Erwartungen	Vielen Dank für das Interview. Erklärung der nächsten Schritte	zu liefern durch den Gesprächspartner / Interview-Partner			

Abb. 7: *Template zur Ist-Aufnahme von Kennzahlen speziell zum Thema Datenmüll (ggf. auch zum Thema Datenmanagement)* [7]

Phase 3: Zieldefinition und Kennzahlen für die Datenmüllmanagementprozesse

Innerhalb der Phase 3 geht es um die Ziele und Kennzahlen für den Datenmüllmanagementprozess. Ausgehend von den Visionen und Strategien im Unternehmens- und IT-Bereich sind die Ziele und Kennzahlen in Interviews und Workshops für die Datenmüllmanagementprozesse zu erarbeiten. Die zunächst in der Phase 1 erarbeiteten Ziele und Kennzahlen sind als Vorgaben für die Ausgestaltung der zukünftigen Datenmüllmanagementprozesse innerhalb der Phase 3 zu detaillieren.

Die folgende Abbildung 8 stellt Zieldefinitionen und Kennzahlen für den Datenmüllmanagementprozess dar.

Abb. 8: *Phase 3 - Zieldefinition und Kennzahlen für die Datenmüllmanagementprozesse [7]*

Ohne einzelne Visionen und Strategien zu konkretisieren, zeigen nachfolgende Beispiele mögliche Ziele für den zukünftigen Datenmüllmanagementprozess:

Zielsetzung Transparenz

⇨ Es soll Transparenz erzeugt werden über die unterschiedlichen Prozesse, Teilprozesse und Daten, in denen signifikante Mengen von Datenmüll bereits vorhanden sind und auch zukünftig kontinuierlich anfallen.

⇨ Es soll Transparenz erzielt werden speziell über das Spam-Mail bzw. Datenmüllvolumen:
  - pro Mitarbeiter und
  - des Unternehmens insgesamt.

⇨ Das Datenmüllvolumen resultierend aus der Einführung neuer Technologien soll erhoben werden.

⇨ Das aus laufenden Verbesserungsmaßnahmen resultierenden eingesparte Datenmüllvolumen soll erfasst werden.

⇨ Das Unternehmensdatenmanagement und dessen Datenobjekte soll um weitere Attribute erweitert werden, wie z. B.:
  - Compliance-Anforderung Nr. »wxyz«
  - Verfallsdatum einzelner Datenobjekte
  - Entsorgungsart des Datenobjektes
  - Abhängigkeit des Datenobjektes zu anderen Datenobjekten, welche Datenmüll darstellen.

Zielsetzung Kostenermittlung und Kostentransparenz

⇨ Die Kosten für die Bearbeitung der Spam-Mails und auch »unproduktiver E-Mails« (z. B. »cc-Mails« bzw. »zur Kenntnis Mails« aus dem eigenen Unternehmen) pro Mitarbeiter und im Unternehmen insgesamt sollen ermittelt werden.

⇨ Die Kosten für die Aufrechterhaltung eines Datenmüllmanagementprozesses sollen dargestellt werden.

⇨ Die Kosten für die jährlich durchzuführenden neuen Maßnahmen zur Reduzierung des Datenmülls sollen dargelegt werden.

⇨ Das jährliche Datenmüllvolumen insgesamt im Verhältnis zum Gesamtdatenvolumen soll erhoben werden.

⇨ Das jährliche Datenmüllvolumen insgesamt und näherungsweise die Kosten für die Speicherung (inklusive Sicherung) des Datenmüllvolumens soll ermittelt werden.

⇨ Das potenzielle Datenmüll-Einsparvolumen im laufenden Geschäftsjahr und zumindest für das folgende Geschäftsjahr soll dargestellt werden.

Zielsetzung Kontrollierte Datenmüllentsorgung

⇨ Es werden Maßnahmen zur sicheren und nachhaltigen Datenmüllentsorgung erarbeitet.

⇨ Es wird sichergestellt (auch zur Erfüllung möglicher Compliance-Anforderungen), dass der neu entstehende Datenmüll möglichst automatisiert in den Unternehmensprozessen identifiziert sowie sicher und nachhaltig entsorgt wird.

Phase 4: Entwicklung der zukünftigen Datenmüllmanagementprozesse

Innerhalb der Phase 4 fallen folgende Aktivitäten an:

Der zukünftige Datenmüllmanagementprozess wird erarbeitet. Das bedeutet, das Ziel des Datenmüllprozesses wird zunächst definiert. Es werden daraufhin Prozessschritte abgeleitet, mit denen das zukünftige Datenaufkommen und der Datenmüll identifiziert und beseitigt werden. Dabei werden Datenmüll-Sub-Prozesse definiert.

Die zukünftigen Datenmüllmanagement-Sub-Prozesse werden entwickelt. Ihr Gegenstand sind:

⇨ Identifizierte Datenmüllbereiche
⇨ Datenmüllziele und -kennzahlen (aus der Projektphase 3),
⇨ Aktivitäten
⇨ Rollen und Verantwortlichkeiten
⇨ Templates und Glossar
⇨ Verbesserungsmaßnahmen
⇨ Dokumentation der Datenmüllprozesse und Teilprozesse im eingesetzten Software-Tool

Erste IT-Anforderungen werden dokumentiert, ein erster IT-Anforderungskatalog wird erarbeitet.

Ergebnisse dieser Projektphase sind zum Einen die Beschreibung des zukünftigen Datenmüllmanagementprozesses und der Subprozesse mit u. a.

⇨ Identifizierten Datenmüllbereiche
⇨ Datenmüllzielen und -kennzahlen (aus der Projektphase 3)
⇨ Aktivitäten
⇨ Rollen und Verantwortlichkeiten
⇨ Templates und Glossar
⇨ Verbesserungsmaßnahmen
⇨ Dokumentation der Datenmüllprozesse und Teilprozess im eingesetzten Software-Tool

und zum Anderen die Erarbeitung eines ersten IT-Anforderungskatalogs.

Ein Beispiel für eine Rollenbeschreibung eines Datenmüll-Managers könnte wie folgt aussehen:

Die Rolle des Datenmüll-Managers:
⇨ Er implementiert den Datenmüllmanagementprozess und sorgt für dessen dauerhaften Bestand.
⇨ Die Rolle muss auf einer angemessenen Entscheidungsebene angesiedelt sein, um mit Kunden verhandeln zu können (bzw. hinreichenden und regelmäßigen Zugang zu relevanten Kundeninformationen zu haben) und auf die Einhaltung der Datenmüllziele und -kennzahlen hinzuwirken.

Die Verantwortlichkeiten des Datenmüllmanagers
⇨ Er erstellt eine konsolidierte Datenmüllfraktionsliste. Sie enthält einen Überblick darüber, in welchen Teilprozessen jeweils Datenmüll anfällt.

126

⇨ Er entwickelt und pflegt die Datenmüllanforderungen, d. h. Anforderungen der Kunden.

⇨ Er bricht die Kundenanforderungen in die einzelnen Datenmüll-Teilprozesse herunter.

⇨ Er überprüft die unterstützenden Funktionen.

⇨ Er überwacht die Dienstleistungsqualität.

⇨ Er stellt ein Reporting über die Datenmüllmanagement-Kennzahlen bereit.

⇨ Er sorgt für das interne Marketing: Er sensibilisiert Mitarbeiter für das Thema und macht Datenmüllziele und -kennzahlen (extern, intern, Zulieferer) bekannt.

⇨ Er organisiert einen regelmäßigen Datenmüllmanagement-Monitoring-Prozess.

⇨ Er veranlasst Aktionen, um den Datenmüll kontinuierlich zu reduzieren und zukünftigen Datenmüll weitestgehend aus den Prozessen heraus zu vermeiden sowie Datenmüll entsprechend den Compliance-Anforderungen zu entsorgen.

⇨ Er überprüft jährlich (oder häufiger) den gesamten Datenmüllmanagementprozess und kontrolliert die Veränderungen.

⇨ Er übernimmt die Rolle eines koordinierenden Sammelpunktes für alle vorübergehenden Veränderungen bei den erforderlichen Datenmüllprozessen und -kennzahlen.

Die Schlüsselqualifikationen *des Datenmüll-Managers sind:*

⇨ Sicheres und freundliches Auftreten

⇨ Sprachgewandtheit

⇨ Teamgeist

⇨ Hohe Belastbarkeit und Einsatzbereitschaft

⇨ Kunden- und lösungsorientiertes Denken

⇨ Serviceorientierter Denkansatz und Handlungsbereitschaft

⇨ Weitreichende Erfahrung in Mitarbeiterführung und Projektmanagement

⇨ Tiefer, spezifischer technischer Background

⇨ Sehr gutes Verständnis für die Geschäfts- und IT-unterstützenden Prozesse und Services

⇨ Bereitschaft zur Aus- und Weiterbildung

In diesem Zusammenhang stellt sich die Frage, in welche Organisationseinheit ein Datenmüll-Manager organisatorisch integriert werden könnte. Die folgenden grundsätzlichen Möglichkeiten (und Hauptargumente) stehen zur Auswahl:

Option 1: Integration des Datenmüll-Managers im Bereich »Einkauf/Beschaffung«, da von diesem Bereich aus in zahlreichen Unternehmen die Entsorgung physikalischen Mülls organisiert wird.

Option 2: Integration des Datenmüll-Managers im Bereich der »IT-Organisation«, da in zahlreichen Unternehmen innerhalb der IT-Organisation bereits das Datenmanagement integriert ist und zu diesem Thema eine inhaltliche Abhängigkeit besteht.

Option 3: Integration des Datenmüll-Managers im Bereich »Qualitätsmanagement«, da es sich beim Datenmüllmanagement auch um ein Qualitätsthema handelt.

Option 4: Integration des Datenmüll-Managers im Bereich »Compliance Management«, da hier häufig aus neuen Gesetzesanforderungen neu vorzuhaltende Prozesse, Daten und Aufbewahrungsfristen für das Unternehmen definiert werden. Hier kann auf Basis der jeweiligen Gesetzesanforderungen festgelegt werden, welche Daten oder Datenattribute ab einem bestimmten Zeitpunkt Datenmüll darstellen könnten.

Option 5: Integration des Datenmüll-Managers innerhalb der Rolle des »Datenschutzbeauftragten«. Bei dieser Rolle liegt der Datenschutz im Fokus, welcher z.B. bei der Entsorgung von Daten aus dem Unternehmen eine zentrale Rolle auch für den Datenmüll spielt.

Option 6: Integration des Datenmüll-Managers innerhalb des Bereiches oder einer Stabstelle »Organisationsentwicklung«, da es sich beim Datenmüllmanager um eine neue übergeordnete Querschnittsrolle handelt die, auf die einzelnen Geschäftsprozesse aufsetzt. Eine

128

derartige Abteilung ist häufig übergeordnet und mit entsprechenden Machtbefugnissen ausgestattet.

Option 7: Integration des Datenmüll-Managers als extern einge-kaufte Rolle durch Heranziehung z. B. einer Unternehmensberatung, die auf das Thema Datenmüllmanagement spezialisiert ist. Diese Option 7 könnte bei kleinen oder mittelständischen Unternehmen denkbar sein, welche die operative Ausführung dieser Rolle zu kon-kreten Zeitpunkten, z. B. einmal jährlich, extern beauftragt. Die Be-auftragung des externen Dienstleisters erfolgt dann jeweils durch die interne Organisationseinheit, der das Thema Datenmüllmanagement organisatorisch zugeordnet ist.

Diese Varianten verdeutlichen, dass die Integration des Daten-müll-Managers an unterschiedlichen Stellen im Unternehmen organi-satorisch zugeordnet sein kann. Eine weitere Eingrenzung möchte der Verfasser hier aufgrund der unterschiedlichen Hauptargumente noch nicht vornehmen.

Abbildung 9 stellt die Entwicklung der zukünftigen Datenmüll-managementprozesse dar.

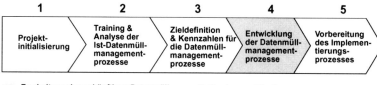

1	2	3	4	5
Projekt-initialisierung	Training & Analyse der Ist-Datenmüll-management-prozesse	Zieldefinition & Kennzahlen für die Datenmüll-management-prozesse	Entwicklung der Datenmüll-management-prozesse	Vorbereitung des Implemen-tierungs-prozesses

1   **Erarbeitung des zukünftigen Datenmüll-Management-Prozesses**
- Ziel-Datenmüllprozess im Überblick und deren
- Datenmüllsubprozesse

2   **Entwicklung der zukünftigen Datenmüll-Management-Subprozesse**
- Identifizierte Datenmüll-Bereiche
- Datenmüll-Ziele und -Kennzahlen (aus der Projektphase 3),
- Aktivitäten, Rollen und Verantwortlichkeiten
- Templates und Glossar
- Verbesserungsmaßnahmen
- Dokumentation im eingesetzten Software-Tool

3   **Erste IT-Anforderungen**
- Erster IT-Anforderungskatalog

Methoden und Tools
- Prozess Management
- Projekt Management
- IT-Anforderungsbeschreibung

Ergebnisse
- Beschreibung des zukünftigen Datenmüllmanage-mentprozesses und der Subprozesse (Ziele, Aufgaben, ..., Verbesserungsmaßnahmen und Projekte)
- Prozessdokumentation im SW-Tool
- Erster IT-Anforderungskatalog

Abb. 9:   *Phase 4 – Entwicklung der zukünftigen Datenmüllmanagementprozesse [7]*

Phase 5: Vorbereitung des Implementierungsprozesses

Die Vorbereitung des Implementierungsprozesses bündelt die Ergebnisse der vorherigen Phasen und bildet den Übergang zur nachfolgenden Implementierungsphase.

Die in den vorherigen Phasen identifizierten Einzelprojekte sind zu einer *Gesamtprojektplanung* hinsichtlich Zeitplanung und Ressourcenbelastung darzustellen. Voraussetzung für eine derartige Gesamtplanung ist eine sinnvolle zeitliche Strukturierung der Einzelprojekte. Die Einzelprojekte können wie folgt beschrieben werden:

Festlegung der Prioritäten für die Implementierung
⇨ Strategische und wirtschaftliche Kriterien, Kosten
⇨ Handlungsbedarf
⇨ Für große Projekte: eine Projekt-Scorecard

Bei der »Verhandlung« der Implementierungsphase sind mit ausgewählten Organisationsleitern und Meinungsbildern im Vorfeld die Verbesserungsmaßnahmen vorzustellen und abzustimmen. Des weiteren müssen ggf. Zusagen für eine Unterstützung bei der Umsetzung erworben werden. Ziel ist es, ein Management-Committment zu erhalten.

Darüber hinaus ist es nun an der Zeit, Controlling-Verfahren festzulegen, um Umsetzungs-Monitoring gezielt zu betreiben.

Die Definition von Verbesserungsmaßnahmen umfasst folgende Faktoren:
⇨ Zielsetzung
⇨ Aktivitäten
⇨ Organisatorische Konsequenzen und/oder Voraussetzungen
⇨ Rollenverteilung und Projektverantwortung
⇨ Ressourcenprofile und Zeitrahmen für die Durchführung
⇨ Abhängigkeiten zu anderen Verbesserungsmaßnahmen
⇨ Umsetzungszeiten und Meilensteinplan
⇨ Risiken
⇨ Kosten für die Implementierung und den Betrieb.

Aus den einzelnen Maßnahmen ist ein Umsetzungsplan zu erstellen.
⇨ Für die hoch priorisierten Maßnahmen: Initiierung der Implementierung (inkl. neuer Projekt-Team-Mitglieder)
⇨ Erstellung eines detaillierten IT-Anforderungskataloges

Die Ergebnisse dieser Phase sind:
⇨ Prioritäten für die Implementierung
⇨ Verhandelte Verbesserungsmaßnahmen mit Committment innerhalb des Unternehmens
⇨ Instruierte Schlüsselpersonen für die Implementierung
⇨ Controlling-Verfahren
⇨ IT-Anforderungskatalog
⇨ Implementierungsplan

1	2	3	4	5
Projekt-initialisierung	Training & Analyse der Ist-Datenmüll-management-prozesse	Zieldefinition & Kennzahlen für die Datenmüll-management-prozesse	Entwicklung der Datenmüll-management-prozesse	Vorbereitung des Implemen-tierungs-prozesses

1 Festlegung der Prioritäten für die Implementierung
- Strategische und wirtschaftliche Kriterien, Kosten
- Handlungsbedarf
- Für große Projekte: eine Projekt-Scorecard

2 „Verhandlung" der Implementierungsphase
- Mit Funktionsleitern, Experten und Meinungsbildnern
- Erreichung von Management Committment

3 Festlegung der Controlling-Verfahren

4 Entwicklung eines Implementierungsplans
- Detaillierte Beschreibung der Verbesserungsmaßn.
- Zeitplan für die Implementierung
- Cost Benefit Analyse für jede Verbesserungsmaßnahme, etc.

5 Initiierung der Implementierung (inkl. neuer Projekt-Team-Mitglieder für die Implementierung)

6 Erstellung eines IT-Anforderungskataloges

Methoden und Tools
- Projekt Management
- Balanced Scorecard

Ergebnisse
- Prioritäten für die Implementierung
- Verhandelte Verbesserungsmaßnahmen mit Committment innerhalb des Unternehmens
- Instruierte Schlüsselpersonen für die Implementierung
- Controlling Verfahren
- IT-Anforderungskatalog
- Implementierungsplan

Abb. 10:   *Phase 5 – Vorbereitung des Implementierungsprozesses [7]*

Praktische Maßnahmen

An dieser Stelle sollen mögliche Maßnahmen aufgelistet werden, welche das Ergebnis eines ersten Projektes zum Thema Einführung eines Datenmüllmanagementprozesses sein könnten. Es handelt sich um insgesamt sieben Hauptfelder, die sicherlich für zahlreiche Unternehmen interessant sein dürften:

Abb. 11: *Maßnahmen für die Praxis*

I) Unternehmerische Einbettung

⇨ Rolle des Datenmüll-Managers einführen

⇨ Etablierung des Datenmüllmanagementprozesses

⇨ Einführung eines Datenmüll-Reporting

⇨ Schaffung von Problembewusstsein für das Thema Datenmüll im Unternehmen

⇨ Stets den SW-Markt überwachen und nach neuen SW-Produkten Ausschau halten, die helfen, Datenmüll zu identifizieren

⇨ Regelmäßige Überprüfung des Datenmüllmanagementprozesses als kontinuierlicher Verbesserungsprozess

II) Einführen einer Philosophie zur Reduzierung und Vermeidung von Datenmüll, z. B. mit folgenden Leitsätzen:

⇨ Einführung der Regel, dass Daten nur noch an einer Stelle gespeichert werden dürfen.

⇨ Einführung der Regel, dass Daten und E-Mails unter Beachtung von Compliance-Anforderungen mit Verfallsdatum versehen werden.

⇨ Einführung der Regel, dass Datenmüll soweit möglich in den einzelnen Geschäftsprozessen (und deren anfallende Daten) identifiziert werden müssen.

⇨ Beachtung der Regel, dass die Entsorgung von Datenspeichern völlig ohne Daten (auf den Datenspeichern) erfolgen muss.

III) Datenmanagement

⇨ Datenobjekte (ggf. deren Attribute) müssen generell ein Verfallsdatum enthalten. Dabei sind für die einzelnen Datenobjekte die Compliance-Anforderungen zu berücksichtigen.

⇨ Einführung einer neuen Datenspeicherungs-Philosophie im Unternehmen: Daten dürfen nur noch an einer Stelle gespeichert werden. D. h. für jedes Projekt bilden z. B. Collaboration-Tools die alleinigen Datenablagestellen für das Projekt (zumindest nach Beendigung des Projektes).

⇨ Einführung von unternehmensweit einheitlichen Standard-Ablagesystemen/-Verzeichnissen, soweit möglich.

⇨ Jeder grundsätzliche Dateityp (z. B. Videodateien, Audiodateien, etc.) ist durch eine zentrale Stelle zu genehmigen.

IV) E-Mail-Management

⇨ Es ist ein Geschäftspartnerstamm für zulässige E-Mails von externen Geschäftspartnern anzulegen und permanent zu pflegen. Es werden dann nur noch interne E-Mails und E-Mails von ausgewählten Geschäftspartnern für die Kommunikation mit den eigenen Mitarbeitern zugelassen.

⇨ E-Mail-Richtlinien einführen, d. h. E-Mails durch z. B. Subjects klassifizieren, um Geschäftsvorfälle, welche durch E-Mails unterstützt werden, in den E-Mails zu kennzeichnen.

⇨ Empfangene E-Mails werden mit einem Verfallsdatum und einem Geschäftsvorfall beim Empfang versehen. Dabei sind die zu den Geschäftsvorfällen gehörenden Compliance-Anforderungen zu berücksichtigen.

⇨ Die E-Mail-Aufbewahrungszeiten sind unter Berücksichtigung von Compliance-Anforderungen allgemein zu reduzieren. E-Mails stellen kein »individuelles Eigentum« mehr dar.

⇨ Für die E-Mail-Postfächer einzelner IT-Anwender müssen Service-Level-Agreements für die E-Mail-Postfachgröße vereinbart werden.

V) Compliance-Management

⇨ Compliancemanagement und Datenmüllmanagement müssen eng miteinander arbeiten. Ziel: Vermeidung von Datenmüll bei der Auslegung von Compliance-Anforderungen.

⇨ Identifikation des späteren Datenmülls (nach dem Verfallsdatum) bereits in der Entstehung neuer Compliance-Anforderungen.

VI) Neue Aktivitäten bei der Durchführung von Projekten

Der Datenmüll ist spätestens im Anschluss an einen abgeschlossenen Projektmeilenstein bei der Durchführung von Projekten zu reduzieren, d. h.:

⇨ Identifikation der finalen Dokumente,

⇨ Identifikation der Entwurfsdokumente,

⇨ Festlegung, welche Dokumente als Datenmüll herangezogen werden können und

⇨ Festlegung, wie sämtliche (an allen Stellen im Unternehmen) dieser Mülldateien »entsorgt« werden können.

VII) Entsorgung von Datenmüll

⇨ Konzeption und Umsetzung eines Aufbewahrungs- und Entsorgungsprozesses für alte nicht mehr genutzte Datenspeicher.

Und wer entsorgt den Datenmüll?

Abschließend stellt sich die Frage, welche Branchen und Unternehmen mit der neuen Dienstleistung Datenmüllmanagement ein Geschäftsfeld entwickeln könnten.

Für die klassischen Anbieter der Informationstechnik (IT-Dienstleister, Speicher- oder Hardwarehersteller) existieren Markteintrittsbarrieren, da sie nicht über die notwendige Entsorgungsmentalität verfügen. Hinzu kommt, dass auf Kundenseite immer die Sorge vorherrscht, von solchen Dienstleistern im Nachgang weitere unnötige IT-Dienstleistungen verkauft zu bekommen.

Doch welche Unternehmen, die nicht primär ein Verkaufsinteresse haben, kommen dann in Frage?

Die IT-Abteilungen von Entsorgungsunternehmen sind für den Aufbau dieses Geschäftsfeldes besser geeignet. Hier müssen die IT-Dienstleistungen rund um das Thema Datenmüllentsorgung definiert werden und zudem auch in den Führungsetagen eines Entsorgungsunternehmens die Einsicht und das Committment erzeugt werden, dass mit einer solchen IT-Leistung Geschäft generiert werden kann. Letztendlich werden durch Entsorgungsunternehmen auch Akten (abstrakt betrachtet als physikalische »Müllfraktion« von Daten) entsorgt und vernichtet. Zudem dürften auch IT-Einheiten von Sicherheitsfirmen und Unternehmensberatungen für den Aufbau dieses Geschäftsfeldes Datenmüllmanagement geeignet sein [6].

Darüber hinaus lassen sich verschiedene Nutzenpotenziale durch Verfahren zur Datenmüllentsorgung erkennen, z. B.:

⇨ Die Freilegung stiller Reserven bei den vorhandenen Speichersystemen (zur erneuten Speichernutzung)

⇨ eine effizientere Nutzung existierender IT-Infrastrukturen

⇨ Beschleunigung (oder Wiederherstellung) der Datensicherungsprozesse

⇨ Komplexitätsreduzierung und bessere Beherrschbarkeit der Systeme

⇨ Mittel- bis langfristig: Datenmüll als »Rohstoff«, d. h. Übermittlung (z.B. Verkauf) der brauchbaren Datenbestände an andere Communities

Literatur

[1]   *brand eins 06/2008*

[2]   *brand eins 01/2009*

[3]   *brand eins 06/2009*

[4]   *brand eins 09/2009*

[5]   WOLFGANG L. BRUNNER/ JÜRGEN WEBER/ MARTIN G. BERNHARD: *Waffen gegen E-Müll – Neue Ansätze zur Bewältigung von Datenwachstum und -müll. In: geldinstitute, Juni 2008, S. 68 bis 71*

[6]   HÖSEL, G., BILITEWSKI, B., SCHENKEL, W., SCHNURER, H. (HRSG.) BERNHARD, M, HIRSCH-BERGER, D: *Datenmüll – die neue Fraktion – Keine andere Fraktion wächst so schnell – April 2003 – Müll-Handbuch – Kennzahl 0171, Seiten 1 – 11*

[7]   ECG MANAGEMENT CONSULTING GMBH

Zusammenfassung

Ein ganzheitlicher Unternehmensprozess, welcher das Datenwachstum eindämmt und der Datenmüll kurz- bis mittelfristig reduziert, fehlt zur Zeit noch. Das hier beschriebene Modell besteht aus folgenden Komponenten:

⇨ Datenmüllmanagementprozess mit seinen Haupt- und Teilprozessen

⇨ Ziele und Kennzahlen für die Datenmüllmanagementprozesse

⇨ Vorschlag für die Etablierung der Rolle eines Datenmüllmanagers

⇨ Leitfaden zur Identifikation des Datenmülls

⇨ Maßnahmenkatalog mit konkreten Vorschlägen zur Eindämmung sowie kurz- bis mittelfristigen Reduzierung des Datenmülls

Dieses Projektmodell kann für die Einführung eines Datenmüllmanagementprozesses in einem Referenzunternehmen angewendet werden.

In fast allen Unternehmen fehlen konkrete Mengengerüste über Datenmüll- und Einsparpotenziale durch Eindämmung des Datenmülls, die durch einen im Unternehmen gelebten Datenmüllmanagementprozess erarbeitet werden könnten [5]. Da das Datenaufkommen täglich wächst, ist – schon unter Kosten- und Komplexitätsgesichtspunkten – möglichst rasch zu klären, wie dieser Entwicklung begegnet werden kann.

Das Daten-Management: Wie sich Datenmüll vermeiden lässt

Aufbewahrungspflicht von Geschäftsunterlagen

Das Löschen von Daten ist ein Kinderspiel - jedoch nicht immer zulässig. Gesetze und Verordnungen wie die Abgabenordnung (AO), das Handelsgesetzbuch (HGB) und die International Financial Reporting Standards (IFRS) regeln, welche Dokumente wie lange vorgehalten werden müssen.

In diesem Beitrag erfahren Sie:
- Welche Aufbewahrungspflichten existieren,
- wer und was aufbewahrungspflichtig ist,
- welche Anforderungen und Fristen bestehen,
- wer die Kosten der Aufbewahrung trägt.

JOACHIM SCHREY

Einführung

Grundlage jedes Konzepts für den Umgang mit der Daten- und Dokumentenflut in einem Unternehmen sind in erster Linie die gesetzlichen Aufbewahrungspflichten für bestimmte Geschäftsunterlagen. Diese Aufbewahrungspflichten sind sowohl im Handelsgesetzbuch für alle Kaufleute als auch in der Abgabenordnung für alle Buchführungspflichtigen geregelt. Daneben können sich Aufbewahrungspflichten für bestimmte Branchen oder für bestimmte Tätigkeiten aus spezialgesetzlichen Normen ergeben. Schließlich lassen sich zwar keine ausdrücklichen Aufbewahrungspflichten, wohl aber Aufbewahrungsobliegenheiten vorwiegend aus Haftungsnormen insbesondere dann ableiten, wenn – wie beispielsweise im Bereich der Produkthaftung – eine verschuldensunabhängige Gefährdungshaftung des Unternehmers gesetzlich statuiert wird und der Unternehmer nur in bestimmten von ihm darzulegenden und zu beweisenden Fällen sich von dieser Haftung wieder entlasten kann.

Während die Aufbewahrungspflichten im Handelsgesetzbuch und in der Abgabenordnung für alle Kaufleute bzw. Buchführungspflichtigen gelten und daher einer allgemeinen Darstellung in einem Handbuch wie diesem zugänglich sind, können sich spezialgesetzliche Dokumentations- und Aufbewahrungspflichten ebenso wie als Reflex aus spezialgesetzlichen Haftungsnormen folgende Aufbewahrungsobliegenheiten aus einer Vielzahl unterschiedlicher Normen ergeben und daher hier jeweils nur beispielhaft erläutert werden. Bei der Ausarbeitung eines Konzepts, welche Daten und Unterlagen wie und wie lange in welcher Form aufbewahrt und gegebenenfalls kurzfristig wieder zugänglich gemacht werden müssen, sind dementsprechend sowohl die allgemein gültigen Aufbewahrungspflichten nach Handelsgesetzbuch und Abgabenordnung als auch eventuell einschlägige spezialgesetzliche Dokumentations- und Aufbewahrungspflichten als auch schließlich Aufbewahrungsobliegenheiten aus für das betreffende Unternehmen relevanten Rechtsordnungen zu berücksichtigen.

Die Vorschriften über die Aufbewahrung von Dokumenten sind grundsätzlich – auch wenn Begriffe verwendet werden, die sprachlich mit verkörperten Dokumenten in Zusammenhang gebracht werden – unabhängig von dem Medium verbindlich, in dem diese Dokumente geführt werden. Ganz offensichtlich ergibt sich dies für Geschäftsbriefe aus der Regelung in § 37a HGB zu den Pflichtangaben auf Geschäftsbriefen der Kaufleute, wo durch eine 2006 in das Gesetz eingefügte Ergänzung klargestellt wird, dass Geschäftsbriefe »gleich welcher Form« gemeint sind, sodass auch Postkarten, Telebriefe, Telefaxe, Telegramme, BTX-Mitteilungen, E-Mails, Fernschreiben und Informationen auf Internet- oder Extranet-Seiten von der Regelung umfasst sind. Auf dieses weite Begriffsverständnis wird auch für die Aufbewahrungspflichten Bezug genommen. Gerade für E-Mails bedeutet dies aber, dass sie entweder bei Eingang bzw. Versendung durch den Empfänger/Absender oder im Nachhinein in Hinblick auf ihre Archivierungspflicht und Archivierungsdauer profiliert werden müssten. Dieses Verfahren ist nicht nur aufwändig, sondern wirft auch datenschutzrechtliche und betriebsverfassungsrechtliche Fragen auf, deren Darstellung im Einzelnen den Rahmen dieses Beitrags sprengen würde. Dies gilt auch für die zur Vermeidung eines solchen Profilierungsaufwandes vereinzelt gewählten Lösungen, jegliche eingehende und abgesandte E-Mail zentral zu speichern und für die gesetzliche Maximalfrist zu archivieren.

Allgemeine Aufbewahrungspflichten nach HGB, Abgabenordnung und IFRS – Einführung

Detaillierte Regelungen zu Aufbewahrungspflichten und Aufbewahrungsfristen für Geschäftsunterlagen finden sich sowohl in § 257 Handelsgesetzbuch (*HGB*) als auch in § 147 der Abgabenordnung (*AO*). Über weite Strecken sind beide Vorschriften sogar wortgleich, so dass man sich die Frage stellen kann, warum der Gesetzgeber Aufbewahrungspflichten für Geschäftsunterlagen gleich an zwei unterschiedlichen Stellen und noch dazu nahezu wortgleich aufgestellt hat. Die Vorschriften in § 257 HGB gelten ausschließlich für Kaufleute, gemäß § 1 HGB also nur für diejenigen, die ein Handelsgewerbe betreiben. Handelsgewerbe im Sinne des Handelsgesetzbuches ist jeder Gewerbebetrieb, es sei denn, dass das Unternehmen nach Art oder Umfang einen in kaufmännischer Weise eingerichteten Geschäftsbetrieb nicht erfordert (§ 1 Abs. 2 HGB). Neben dem so definierten Ist- oder Musskaufmann kann ein Kleingewerbetreibender ebenso wie ein Land- oder Forstwirt gemäß §§ 2 bzw. 3 HGB seine Firma im Handelsregister eintragen lassen und dadurch zum Kaufmann werden (»*Kannkaufmann*«); die Eintragung ist hier also im Gegensatz zum Ist- oder Musskaufmann konstitutiv. Nach § 5 HGB wird jeglicher Gewerbetreibender mit seiner Eintragung im Handelsregister zum Kaufmann, selbst wenn er Kleingewerbetreibender wäre. Schließlich unterfallen den Kaufmannsvorschriften jegliche Handelsgesellschaften, also die offenen Handelsgesellschaften (*OHG*), die Kommanditgesellschaften (*KG*), die Europäischen Wirtschaftlichen Interessensvereinigungen (*EWIV*), die Gesellschaft mit beschränkter

Haftung (*GmbH*), die Aktiengesellschaft (*AG*), die Kommanditgesellschaft auf Aktien (*KGaA*) sowie die Europäische Aktiengesellschaft (*SE*). Die Handelsgesellschaften werden durch die gesetzlich zwingend erforderliche Eintragung im Handelsregister zum sogenannten Formkaufmann, gleich ob sie ein Gewerbe betreiben oder nicht. Freie Berufe, Wissenschaft und Kunst betreiben nach ihrem historisch gewachsenen Berufsbild und der Verkehrsanschauung kein Gewerbe und unterfallen daher nicht den Vorschriften des Handelsgesetzbuchs für Kaufleute, also auch nicht den handelsrechtlichen Aufbewahrungspflichten nach § 257 HGB. Hier zeigt sich die besondere Bedeutung der Aufbewahrungspflichten nach der Abgabenordnung in § 147 AO. Diese Aufbewahrungspflichten gelten nämlich für alle Buchführungspflichtigen im Sinne von § 140 AO. Buchführungs- oder aufzeichnungspflichtig sind aber neben den Kaufleuten in jedem Fall auch die Freiberufler sowie die selbständigen Wissenschaftler oder Künstler. Da die Vorschriften in § 147 AO und § 257 HGB im Wesentlichen wortlautidentisch sind, haben die Freiberufler sowie die freischaffenden Wissenschaftler und Künstler also identische Aufbewahrungspflichten zu erfüllen wie alle dem Kaufmannsbegriff unterfallenden Unternehmen und Unternehmer.

Die Regelwerke der internationalen Rechnungslegung (beispielsweise die IFRS) enthalten keine vergleichbaren Aufbewahrungsvorschriften; Unternehmen, die in Deutschland steuerpflichtig sind, müssen allein schon aufgrund ihrer nach § 140 AO bestehenden Buchführungs- und Aufzeichnungspflicht die Unterlagen im Sinne von § 147 Abs. 1 AO aufbewahren, gleich ob sie ihre Rechnungslegung nach internationalen Regelwerken oder nach dem Deutschen Handelsgesetzbuch organisiert haben.

Aufbewahrungspflichtige

Während die handelsrechtliche Aufbewahrungspflicht nach § 257 HGB jedem Kaufmann auferlegt ist, gleich ob er Ist- oder Musskaufmann, Kannkaufmann, Formkaufmann oder Kaufmann kraft Eintragung ist, sind die steuerrechtlichen Aufbewahrungspflichten nach

§ 147 AO Teil der allgemeinen Buchführungs- und Aufzeichnungs-
pflichten. Dementsprechend muss jeder, der nach den Vorschriften in
den §§ 140 ff. AO zur Führung von Büchern und Aufzeichnungen
verpflichtet ist, diese Bücher und Aufzeichnungen und alle sonstigen
in § 147 Abs. 1 AO als aufbewahrungspflichtig definierten Unterlagen gemäß den Anforderungen in § 147 AO aufbewahren.

Die handelsrechtliche wie auch die steuerrechtliche Aufbewahrungspflicht trifft bei Einzelunternehmen den jeweiligen Inhaber, bei
der Offenen Handelsgesellschaft sogar jeden einzelnen der Teilhaber.
Da bei der Kommanditgesellschaft die Kommanditisten grundsätzlich
von der Geschäftsführungsbefugnis ausgeschlossen sind, ist bei der
Kommanditgesellschaft nur der persönlich haftende Gesellschafter
(Komplementär) als allein geschäftsführungs- und vertretungsbe-
rechtigter Gesellschafter auch verpflichtet, die Aufzeichnungs- und
Aufbewahrungspflichten der Gesellschaft persönlich zu erfüllen. Sind
einzelne Kommanditisten gesellschaftsvertraglich zur Geschäftsführung berufen, wird damit automatisch auch die Aufzeichnungs- und
Aufbewahrungspflicht auf diese Personen erstreckt. Beinahe selbstverständlich ist dann, dass bei einer stillen Gesellschaft natürlich
nicht der stille Gesellschafter, sondern nur der jeweilige Inhaber des
Handelsgeschäfts die Aufzeichnungs- und Aufbewahrungspflichten zu
erfüllen hat.

Bei einer Veräußerung oder Aufgabe des Geschäfts endet die Aufbewahrungspflicht nicht; sie geht auch nicht auf einen eventuellen
Erwerber des Geschäfts über, auch wenn dieser seinerseits ab dem
Erwerbszeitpunkt verpflichtet ist, alle seitdem anfallenden Geschäftsvorfälle aufzuzeichnen und die entsprechenden Unterlagen hierzu
aufzubewahren. Selbst wenn der Erwerber eines Geschäftes die aufbewahrungspflichtigen Unterlagen, die bis zum Erwerbszeitpunkt ange-
fallen sind, übernimmt und die unter seiner Herrschaft anfallenden
Geschäftsvorfälle nahtlos weiter aufzeichnet und die dabei anfallenden
Unterlagen aufbewahrt, bleibt der Veräußerer für die während seiner
Inhaberschaft angefallenen Unterlagen aufbewahrungspflichtig; er
kann diese Pflicht nicht durch privatrechtlichen Vertrag auf den Er-

werber des Geschäfts so übertragen, dass er selbst von ihr befreit wäre, da es sich um eine höchstpersönliche öffentlich-rechtliche Pflicht handelt. Wohl kann er die Erfüllung dieser Aufbewahrungspflicht an den Erwerber des betreffenden Geschäfts delegieren, was aber an seiner höchstpersönlichen Verantwortung für die Erfüllung der Aufbewahrungspflicht und für die Vorlage aufbewahrungspflichtiger Unterlagen gemäß HGB sowie gemäß AO gegenüber den Finanzbehörden nichts ändert. Bei der Veräußerung eines Erwerbsgeschäfts also muss vertraglich dafür Sorge getragen werden, dass der Veräußerer des Geschäfts auch nach dem Veräußerungszeitpunkt noch die ihm höchstpersönlich mit Bezug auf alle bis zum Veräußerungszeitpunkt angefallenen Unterlagen treffenden Aufbewahrungs- und Vorlagepflichten gesetzmäßig erfüllen kann.

Aufbewahrungspflichtige Unterlagen im Sinne von § 147 Abs. 1 Nr. 1 AO/§ 257 Abs. 1 Nr. 1 HGB

Die Aufzählung der aufbewahrungspflichtigen Unterlagen in § 257 Abs. 1 Nr. 1 bis 4 HGB ist zu ganz wesentlichen Teilen identisch mit der Aufzählung der steuerrechtlich aufbewahrungspflichtigen Unterlagen in § 147 Abs. 1 Nr. 1 bis 5 AO. Lediglich die in § 147 Abs. 1 Nr. 4 a und Nr. 5 AO genannten Unterlagen sind nach handelsrechtlichen Vorschriften nicht aufzubewahren; insofern statuieren die Vorschriften in der Abgabenordnung eine eigenständige Aufbewahrungspflicht über die handelsrechtlichen Vorschriften hinaus. Umgekehrt sind einzelne handelsrechtlich aufzubewahrende Unterlagen für die Besteuerung irrelevant (z.B. Konzernabschlüsse) und daher nur von Kaufleuten, aber nicht von den übrigen steuerrechtlich Aufzeichnungspflichtigen aufzubewahren.

Handelsbücher und Aufzeichnungen

Da die Aufbewahrungspflicht nach § 147 AO an die Aufzeichnungs- und Buchungsführungspflicht gemäß § 140 AO anknüpft, sind die in

beiden Vorschriften verwendeten Begriffe, wie hier der der Handelsbücher und Aufzeichnungen identisch zu verstehen. Da die Aufbewahrungspflichten nach § 147 AO dazu dienen, dass sich ein Dritter
einen Überblick über die Geschäftsvorfälle und über die Vermögenslage des Unternehmens verschaffen kann und so die steuerliche Außenprüfung durch die zuständigen Finanzbehörden erst ermöglichen,
müssen nur diejenigen Handelsbücher gemäß § 147 Abs. 1 Nr. 1 AO
aufbewahrt werden, die auch für steuerliche Zwecke geführt werden
müssen. Freiwillige Aufzeichnungen, wie beispielsweise Auftrags-,
Abrechnungs-, Bestell- und Kontrollbücher, die nur der laufenden internen Betriebsüberwachung, nicht aber dazu dienen, einem Dritten
einen Überblick über die Geschäftsvorfälle und die Vermögenslage
des Unternehmens zu verschaffen, müssen weder geführt noch aufbewahrt werden.

Inventare
Eine Definition des in § 257 Abs. 1 Nr. 1 HGB/§ 147 Abs. 1 Nr. 1
AO verwendeten Begriffs der Inventare findet sich in § 240 Abs. 1
HGB. Danach hat jeder Kaufmann zu Beginn seines Handelsgewerbes seine Grundstücke, seine Forderungen und Schulden, den Betrag
seines baren Geldes sowie seine sonstigen Vermögensgegenstände
genau zu verzeichnen und dabei den Wert der einzelnen Vermögensgegenstände und Schulden anzugeben. Darüber hinaus hat er für den
Schluss eines jeden Geschäftsjahres ein solches Inventar aufzustellen
(§ 240 Abs. 2 Satz 1 HGB). Solche Aufzeichnungen über körperliche
Bestandsaufnahmen und deren Aufbewahrung dienen der Beweissi-
cherung, der Einschätzung der Vermögenslage des Unternehmens und
deren späterer Kontrolle. Wie die jeweilige Inventur durchgeführt
wird, ob durch körperliche Zählung oder mit Hilfe technischer Geräte und Verfahren, bestimmt sich nach den Verhältnissen des einzelnen Betriebs; von den eingesetzten Verfahren hängt der Umfang der
Aufbewahrungspflicht ab. Wenn beispielsweise zahlreiche Mitarbeiter
bei der Inventur mitwirken und deren Zählergebnisse verdichtet oder
durch Stichproben überprüft werden, so gelten die hierbei anfallenden

Aufzeichnungen ebenfalls als Inventar im Sinne von § 147 Abs. 1 Nr. 1 AO/§ 257 Abs. 1 Nr. 1 HGB. Die einzelnen bei der Inventur anfallenden Aufnahmezettel (»*Uraufzeichnungen*«) gelten als sonstige Unterlagen im Sinne von § 147 Abs. 1 Nr. 5 AO und sind als solche aufzubewahren, auch wenn dem keine handelsrechtliche Aufbewahrungspflicht in § 257 Abs. 1 HGB gegenübersteht. Die Subsumption der bei einer Inventur anfallenden Unterlagen unter verschiedene Kategorien der aufzubewahrenden Unterlagen hat Auswirkungen sowohl auf die Art und Weise der Aufbewahrung als auch die Dauer der hierauf jeweils anzuwendenden Aufbewahrungsfrist.

Eröffnungsbilanzen

Die Eröffnungsbilanz ist vom Kaufmann gemäß § 242 Abs. 1 Satz 1 HGB zu Beginn seines Handelsgewerbes aufzustellen und hat das Verhältnis seines Vermögens und seiner Schulden darzustellen. Auf die Eröffnungsbilanz sind die für den Jahresabschluss geltenden Vorschriften entsprechend anzuwenden, soweit sie sich auf die Bilanz beziehen (§ 242 Abs. 1 Satz 2 HGB). Zu den insoweit aufzubewahrenden Bilanzen zählen auch die anlässlich eines Gesellschafterein- oder -austritts aufzustellenden Zwischenbilanzen oder Zwischenbilanzen, die anlässlich der Umstellung des Wirtschaftsjahres der Gesellschaft aufgestellt werden.

Jahresabschlüsse

Bei Einzelkaufleuten und Personengesellschaften besteht der Jahresabschluss gemäß § 242 Abs. 3 HGB aus der Bilanz sowie der Gewinn- und Verlustrechnung. Bei Kapitalgesellschaften und Genossenschaften kommt zu Bilanz sowie Gewinn- und Verlustrechnung noch der gemäß § 264 Abs. 1 Satz 1 HGB zu fertigende Anhang zum Jahresabschluss hinzu, in dem die Bilanz sowie die Gewinn- und Verlustrechnung erläutert wird. Dieser Anhang besteht aus den in § 284 Abs. 2 sowie in §§ 285, 287 und 288 HGB geforderten Pflicht- und Wahlpflichtangaben. Darüber hinaus dürfen Kapitalgesellschaften im Anhang noch freiwillige weitere Angaben machen, soweit diese nicht irreführend sind, zum Beispiel Kapitalflussrechnungen oder Finanzpläne. Natürlich dürfen solche Anhänge auch von Einzelkaufleuten und Personengesellschaften gefertigt werden, sie sind aber nicht Teil ihres Jahresabschlusses und daher bei diesen Personen auch nicht Gegenstand der Aufbewahrungspflicht.

Die Aufbewahrungspflicht erfasst bei Einzelkaufleuten den von diesen aufgestellten Jahresabschluss, bei Gesellschaften ist erst der jeweils von den Gesellschafterversammlungen festgestellte Jahresabschluss aufzubewahren. Unternehmen, deren Jahresabschluss einer Prüfungspflicht unterliegt, müssen auch den Bestätigungsvermerk beziehungsweise dessen Versagung (§ 321 HGB) aufbewahren.

Kapitalgesellschaften und Genossenschaften müssen neben dem Anhang dem Jahresabschluss auch noch einen Lagebericht hinzufügen, in dem der Geschäftsverlauf und die Lage der Kapitalgesellschaft so darzustellen ist, dass ein den tatsächlichen Verhältnissen entsprechendes Bild vermittelt wird (§ 289 Abs. 1 HGB). Die Lageberichte sind zwar kein Teil des Jahresabschlusses (§ 242 Abs. 3 HGB); da sie jedoch die wirtschaftliche Lage des Unternehmens darzustellen in der Lage sind, sind sie ebenfalls von den Aufbewahrungspflichten in §§ 257 Abs. 1 Nr. 1 HGB, 147 Abs. 1 Nr. 1 AO umfasst.

Konzernabschlüsse/Konzernlageberichte

Da Konzernabschlüsse und Konzernlageberichte für die steuerliche Außenprüfung der Finanzbehörden nicht relevant sind, bleiben sie von der steuerrechtlichen Aufbewahrungspflicht gemäß § 147 Abs. 1 Nr. 1 AO unberührt, sie sind aber Gegenstand der handelsrechtlichen Aufbewahrungspflicht nach § 257 Abs. 1 Nr. 1 HGB.

Arbeitsanweisungen/Organisationsunterlagen

Ebenfalls sowohl von der handelsrechtlichen Aufbewahrungspflicht nach § 257 Abs. 1 Nr. 1 HGB als auch von der steuerrechtlichen Aufbewahrungspflicht nach § 147 Abs. 1 Nr. 1 AO erfasst sind Arbeitsanweisungen und Organisationsunterlagen. In beiden Regelungswerken sind damit alle zum Verständnis der geführten Handelsbücher,

Inventare, Bilanzen, Jahresabschlüsse etc. erforderliche Unterlagen gemeint. Zwar sind schon die aufzubewahrenden Unterlagen selbst gemäß § 239 Abs. 1 Satz 1 HGB in einer lebenden Sprache abzufassen, so dass sie aus sich heraus verständlich sein sollten. Schon wenn aber nur Abkürzungen, Ziffern, Buchstaben oder Symbole verwendet werden, muss deren Bedeutung im Einzelfall eindeutig festliegen. Da aus den abgefassten Unterlagen allein auch nicht immer die Technik des Rechenwerks vollständig erkennbar sein wird, ist dieses im Einzelfall zu erläutern. Beispielsweise bei nicht EDV-gestützten Buchführungen sind Kontenpläne und Abkürzungsverzeichnisse sowie gegebenenfalls Kontenregister zu führen und gemeinsam mit den so erläuterten Unterlagen aufzubewahren. Bei EDV-gestützten Buchführungssystemen erfüllt die Funktion der Arbeitsanweisungen und Organisationsunterlagen die Dokumentation des benutzten Buchführungssystems. Selbst beim Einsatz elektronischer Registrierkassen sind deren Bedienungsanleitungen, eventuell vorhandene Programmieranleitungen, Dokumentationen von vorgenommenen Änderungen sowie Protokolle über die Einrichtung von Verkäufer-, Kellner- und Trainingsspeichern als Arbeitsanweisungen und Organisationsunterlagen im Sinne von § 257 Abs. 1 Nr. 1 HGB/§ 147 Abs. 1 Nr. 1 AO aufzubewahren.

Hat der Aufzeichnungs- und Aufbewahrungspflichtige die EDV-gestützte Buchführung auf einen Dienstleister verlagert, so ändert dies nichts an seiner grundsätzlichen Pflicht, auch die Dokumentationsunterlagen des beauftragten Dienstleisters verfügbar zu halten. Zwar müssen diese Unterlagen nicht ständig beim Buchführungspflichtigen vorhanden sein, was allein schon deshalb auf erhebliche praktische Probleme stieße, weil diese Systeme und ebenso deren Dokumentationen ständigen Anpassungen und Ergänzungen durch den Systembetreiber unterliegen. Für die Gestaltung des Vertrages zwischen dem Buchführungspflichten und dem Buchführungs-Dienstleister bedeutet dies aber, dass der Buchführungspflichtige berechtigt sein muss, kurzfristig, höchstens innerhalb von 24 Stunden, die Dokumentation des vom Dienstleister genutzten EDV-gestützten Buchführungssystems abzurufen und in seinen Räumen beispielsweise dem Außenprüfer des zuständigen Finanzamts vorzulegen. Dies erfordert auf Seiten des Buchführungs-Dienstleisters eine permanente Aktualisierung der Dokumentation und deren technische Vorhaltung so, dass eine Übermittlung der gesamten Dokumentation oder einzelner Teile hieraus an den Auftraggeber jederzeit möglich ist. Auch der Auftraggeber muss über entsprechende Einrichtungen und Prozesse verfügen, um ihm vom Dienstleister bereit gestellte Dokumentationen in Empfang zu nehmen und gegebenenfalls gegenüber dem Außenprüfer darstellen zu können. Auch hier gilt also das Prinzip, dass die bloße Delegation den Buchführungspflichtigen nicht von seiner höchstpersönlichen Pflicht zur Führung und Aufbewahrung dieser Unterlagen entbindet. Dementsprechend liegt es im Risiko des Buchführungspflichtigen, wenn der von ihm beauftragte Dienstleister entgegen einer von ihm vertraglich übernommenen Verpflichtung nicht in der Lage sein sollte, die von ihm zu führende Dokumentation herauszugeben. Für den Buchführungspflichtigen bedeutet die Nichterfüllung der Verpflichtung zur Herausgabe der Dokumentation, dass seine Buchführung als nicht ordnungsmäßig angesehen würde, was steuerrechtlich zu Zwangsmaßnahmen, der Schätzung der Besteuerungsgrundlagen bis hin zu der Möglichkeit der straf- und bußgeldrechtlichen Ahndung führen kann.

Ein Ausdruck der gesamten EDV-gestützt geführten Bücher reicht nach § 147 Abs. 2 Satz 1 Nr. 2 AO nicht aus, da EDV-gestützt geführte Buchführungsdaten nach dieser Vorschrift unverzüglich lesbar gemacht und maschinell ausgewertet werden können müssen. Also kann ein Ausdruck sämtlicher EDV-gestützt erzeugter Buchführungsunterlagen auch nicht die notwendige Dokumentation des genutzten Buchführungssystems ersetzen. Dies gilt erst recht dann, wenn in dem genutzten EDV-gestützten Buchführungssystem vorgesehen ist, dass einzelne Entscheidungen oder Bewertungen selbständig vorgenommen, Buchungen also beispielsweise automatisch erzeugt werden.

Die Dokumentation eines EDV-gestützten Buchführungssystems muss Aufbau und Ablauf des Buchführungssystems schlüssig so dokumentieren, dass sowohl eine Einzelfallprüfung als auch eine

Systemprüfung möglich ist. Wie schon der Begriff der Dokumentation selbst sowohl für IT-Systeme generell als auch für EDV-gestützte Buchführungssysteme im Besonderen nicht präzise – gesetzlich oder beispielweise in Normen – definiert ist, so muss auch der erforderliche Umfang der zu führenden und aufzubewahrenden Dokumentation von EDV-gestützten Buchführungssystemen jeweils im Einzelfall bestimmt werden. Die Grundsätze ordnungsgemäßer DV-gestützter Buchführungssysteme (GoBS) [1] geben hier nur einen Rahmen vor. Teil einer Dokumentation ist die Verfahrensdokumentation, anhand derer die Verarbeitungsverfahren nachvollziehbar sein und der Nachweis geführt werden muss, dass das tatsächliche Verfahren auch entsprechend der in der Systemdokumentation beschriebenen Verarbeitungsverfahren durchgeführt wird. Dabei muss die Verfahrensdokumentation mindestens folgende Punkte umfassen:

⇨ Aufgabenstellung des (Teil-) Programms,
⇨ Verarbeitungsregeln einschließlich Kontroll- und Abstimmverfahren,
⇨ Datenein- und ausgaben,
⇨ Fehlerbehandlung sowie Dokumentation aufgetretener Fehler und deren Behandlung,
⇨ Art und Verfahren der Datensicherung,
⇨ Sicherung und Nachweis der ordnungsgemäßen Programmanwendung,
⇨ Auflistung der verfügbaren Programme,
⇨ Art und Inhalt des vor Beginn der Nutzung des Buchführungssystems und nach jeder nachträglich eingepflegten Änderung durchlaufenen Freigabeverfahrens.

Darüber hinaus sind für die Nachvollziehbarkeit des Verarbeitungsverfahrens noch nützlich:

⇨ Organisationspläne,
⇨ Datenflusspläne,
⇨ Informationen über den Satzaufbau der Stamm- und Bestandsdateien,
⇨ Schlüsselverzeichnisse,
⇨ Programmbeschreibungen,

152

⇨ Ablaufpläne,

⇨ Beschreibungen über programmierte Kontrollen, und

⇨ Dokumentation vorgenommenere Änderungen von Kontenplänen und Programmen.

Als Teil der aufbewahrungspflichtigen Arbeitsanweisungen und Organisationsunterlagen sind schließlich auch die Codierungslisten aufzubewahren, also das eingegebene Programm in Programmiersprache und dessen automatisch erzeugte Übersetzung in Maschinensprache. Nur so lässt sich nämlich der bereits oben erläuterte notwendige Nachweis der Übereinstimmung zwischen den dokumentierten und den tatsächlich genutzten Verarbeitungsverfahren erbringen.

Abgesandte und empfangene Handels- und Geschäftsbriefe, § 257 Abs. 1 Nr. 2 und Nr. 3 HGB, § 147 Abs. 1 Nr. 2 und Nr. 3 AO

Der Umstand, dass in § 257 Abs. 1 Nr. 2 und Nr. 3 HGB lediglich die Handelsbriefe genannt sind und die Vorschriften in § 147 Abs. 1 Nr. 2 und Nr. 3 AO zusätzlich auch Geschäftsbriefe aufführen, liegt daran, dass die Aufbewahrungspflicht nach § 257 Abs. 1 Nr. 2 und 3 HGB die Korrespondenz des Kaufmanns betrifft, während mit dem in § 147 Abs. 1 Nr. 2 und 3 AO zusätzlich genannten Begriff des Geschäftsbriefs die Korrespondenz der übrigen Buchführungs- und Aufzeichnungspflichtigen, also beispielsweise der Freiberufler oder der freischaffenden Wissenschaftler und Künstler gemeint sind.

Der Begriff des Handelsbriefs ist in § 257 Abs. 2 HGB als Schriftstück, das ein Handelsgeschäft betrifft, definiert. Entsprechend bezogen auf nichtgewerbliche Rechtsgeschäfte ist auch der Begriff des Geschäftsbriefs in § 147 Abs. 1 Nr. 2 und 3 AO zu verstehen. Da mit dieser Definition auch noch nicht viel gewonnen ist, kann nur die in der Kommentarliteratur entwickelte detailliertere Definition weiterhelfen, wonach nämlich Schriftstücke ein Handelsgeschäft dann betreffen, wenn sie seine Vorbereitung, Durchführung oder Rückgängigmachung zum Gegenstand haben. Damit ist offensichtlich, dass insbesondere Aufträge, Auftragsbestätigungen, Lieferscheine, Frachtbriefe, Rechnungen, Reklamationen samt Stellungnahmen hierzu, Gutschriften, Zahlungsbelege, Überweisungsträger, Kontoauszüge und -abschlüsse, Barquittungen sowie die dem gesamten Geschäft zugrunde liegenden Verträge zu den Handels- und Geschäftsbriefen im Sinne der genannten Vorschriften zählen.

Diese Handels- und Geschäftsbriefe sind ungeachtet der Form ihrer Erstellung und/oder Versendung aufzubewahren. Handels- oder Geschäftsbriefe sind daher nicht nur Briefe im herkömmlichen Sinne, sondern auch alle durch Telekommunikationsmittel erstellte und/oder versandte Nachrichten und Informationen. Damit müssen Konzepte zur Aufbewahrung und Archivierung von Daten und Unterlagen auch Fernschreiben, Telefax-Schreiben, Telegramme und vor allem E-Mails und sonstige durch Datenfernübertragungsmedien, wie beispielsweise EDI, übertragene Nachrichten berücksichtigen. Da umgekehrt nicht gleich jede E-Mail ein Handels- und Geschäftsbrief im Sinne der handels- und steuerrechtlichen Vorschriften ist, ergibt sich das Problem, dass bei der Archivierung von E-Mails eigentlich nach dem Inhalt der jeweiligen E-Mail differenziert werden müsste, was erforderte, dass entweder der Gebrauch des E-Mail-Systems nur auf bestimmte Dokumentenarten beschränkt wird (was nicht praktikabel ist) oder anhand des Inhalts der E-Mail zwischen aufbewahrungspflichtigen und nicht aufbewahrungspflichtigen E-Mails differenziert und festgelegt wird, ob und wenn ja, für welchen Zeitraum diese archiviert werden müssen (»Profilierung«). Die damit notwendige Kenntnisnahme des Inhalts jeder einzelnen E-Mail führt insbesondere dann, wenn den Mitarbeitern des betreffenden Unternehmens die private Nutzung des E-Mail-Systems gestattet ist, zu datenschutz- und betriebsverfassungsrechtlichen Problemen. Dies gilt aber auch dann, wenn zur Vermeidung der Einzelprofilierung von E-Mails von vornherein alle eingehenden und abgesandten E-Mails zentral archiviert werden.

Innerbetriebliche E-Mail-Korrespondenz ebenso wie jegliche anderen internen Mitteilungen sind keine Handels- oder Geschäftsbriefe.

Soweit sie für die Besteuerung von Bedeutung sein können, können sie allenfalls als sonstige Unterlagen im Sinne von § 147 Abs. 1 Nr. 5 AO aufbewahrungspflichtig sein.

Handels- oder Geschäftsbriefe – gleich ob vom Buchungspflichtigen abgesandt oder von ihm empfangen – können auch Buchungsbelege im Sinne von § 147 Abs. 1 Nr. 4 AO beziehungsweise § 257 Abs. 1 Nr. 4 HGB sein. Da für Buchungsbelege andere Aufbewahrungsfristen gelten als für empfangene oder abgesandte Handels- oder Geschäftsbriefe, ist ein klares Abgrenzungskriterium zu finden, unter welchen Umständen abgesandte oder empfangene Handels- oder Geschäftsbriefe Buchungsbelege im Sinne von § 147 Abs. 1 Nr. 4 AO/§ 257 Abs. 1 Nr. 4 HGB sind. Nach herrschender Auffassung ist dies dann der Fall, wenn Handels- oder Geschäftsbriefe mit einem Kontierungsvermerk versehen und entsprechend verbucht wurden. In diesem Augenblick erhalten sie die Funktion des Buchungsbelegs und unterfallen damit nicht mehr der Aufbewahrungspflicht nach § 257 Abs. 1 Nr. 2 oder Nr. 3 HGB/§ 147 Abs. 1 Nr. 2 oder Nr. 3 AO, sondern ausschließlich der Aufbewahrungspflicht als Buchungsbeleg nach § 257 Abs. 1 Nr. 4 HGB/§ 147 Abs. 1 Nr. 4 AO mit der Konsequenz der längeren Aufbewahrungsfrist von 10 Jahren. Das selbe Dokument muss aber nur einmal, also nicht sowohl als Handels- oder Geschäftsbrief als auch als Buchungsbeleg aufbewahrt werden. Sobald ein Handels- oder Geschäftsbrief zum Buchungsbeleg geworden ist, entfällt seine Aufbewahrungspflicht als Handels- oder Geschäftsbrief.

Buchungsbelege, § 247 Abs. 1 Nr. 4 HGB, § 147 Abs. 1 Nr. 4 AO

Da zu jeder Eintragung im Handels- oder Geschäftsbuch ein Beleg vorhanden sein muss (»Keine Buchung ohne Beleg«), bilden Buchungsbelege die Grundlage der einzelnen Eintragungen in die Bücher und Aufzeichnungen und müssen die Eintragungen entsprechend dokumentieren. Buchungsbelege sind also insbesondere Rechnungen, Bescheide über Steuern, Gebühren oder Abgaben, Lieferscheine, Kommissionslisten, Konnossemente, Lohn- und Gehaltslisten, Lohnabrechnungen, Werksabrechnungen, Vertragsurkunden dann, wenn sich aus ihnen unmittelbar der Grund für eine vorgenommene Zahlung oder einen sonstigen buchungspflichtigen Vorgang ergibt, Zahlungsanweisungen, Quittungen, Kontoauszüge, Saldenlisten oder Saldenbestätigungen, Wechsel und Schecks sowie die dazugehörenden Unterlagen, Belastungsanzeigen und Gutschriften sowie Reisekostenabrechnungen. Gerade im Bereich der Reisekostenabrechnungen kommen häufig Eigenbelege des Reisenden zum Einsatz; auch diese sind Buchungsbelege im Sinne von § 147 Abs. 1 Nr. 4 AO/§ 257 Abs. 1 Nr. 4 HGB.

Speziell für Rechnungen, die der Unternehmer selbst oder in seinem Namen ein Dritter für Rechnung des Unternehmers ausgestellt hat oder die ein Leistungsempfänger oder wiederum in dessen Namen ein Dritter ausgestellt hat, ergibt sich eine Aufbewahrungspflicht zusätzlich aus § 14b Umsatzsteuergesetz (UStG); diese Vorschrift wurde mit dem Jahressteuergesetz 2009 mit Wirkung ab dem 25.12.2008 im Umsatzsteuergesetz in Hinblick auf die Möglichkeit einer elektronischen Archivierung von Rechnungen außerhalb der EU geändert.

Unterlagen bei Zollanmeldung mittels Datenverarbeitung, § 147 Nr. 4 a AO

Mit dem automatisierten Tarif- und lokalen Zollabwicklungssystem ATLAS, das für die Kommunikation zwischen Zollpflichtigen und Zollbehörde eingesetzt wird, kann die Zollbehörde auf die körperliche Vorlage von Unterlagen, die bei einer Zollanmeldung mit vorzulegen sind (zum Beispiel Rechnungen, Zollwertanmeldungen, Präferenznachweise, Ursprungszeugnisse, Echtheitsbescheinigungen, Beförderungspapiere, Liste der Packstücke, Einfuhrgenehmigungen etc.) verzichten. Dennoch sind diese Unterlagen gemäß § 147 Abs. 1 Nr. 4 a AO im Original zur Verfügung der Zollbehörde zu halten, um nachträgliche Prüfungen und als Ergebnis hieraus auch Nacherhebungen von Zöllen zu ermöglichen. Dies gilt selbst dann, wenn die Zollbehörde diese Unterlagen nach erfolgter Vorlage und zum Teil sogar nach erfolgter Prüfung zurückgegeben hat.

Sonstige Unterlagen, § 147 Abs. 1 Nr. 5 AO

Lediglich von der steuerrechtlichen Aufbewahrungspflicht nach § 147 Abs. 1 Nr. 5 AO erfasst sind sonstige Unterlagen, soweit sie für die Besteuerung von Bedeutung sind. Aufgrund dieser Einschränkung der Bedeutung für die Besteuerung sind von dem Begriff der sonstigen Unterlagen im Sinne von § 147 Abs. 1 Nr. 5 AO nicht jegliche freiwillige Aufzeichnungen des Steuerpflichtigen erfasst. Andererseits ist aber das Kriterium der steuerlichen Bedeutung so weit gefasst, dass das Risiko einer uferlosen und damit unverhältnismäßigen Aufbewahrungspflicht besteht. Die Aufbewahrungspflicht nach § 147 Abs. 1 Nr. 5 AO soll aber gerade kein Auffangtatbestand sein (was in der Literatur allerdings umstritten ist), sondern umfasst nur solche Unterlagen, die Aussagen oder Teilaussagen über steuerlich relevante Vorgänge des Steuerpflichtigen (und nicht von Dritten) enthalten. Solche Vorgänge können allerdings nur Tatsachen sein, so dass steuerrechtliche Bewertungen, Prüfungsergebnisse etc. und insbesondere sachverhaltswürdigende Beratergutachten nicht von der Aufbewahrungspflicht nach § 147 Abs. 1 Nr. 5 AO erfasst sind, weil sie keine steuerlich relevanten Tatsachen dokumentieren. Beispiele für sonstige Unterlagen im Sinne von § 147 Abs. 1 Nr. 5 AO sind Auftrags- oder Bestellschreiben, Ein- oder Ausfuhrpapiere, Preisverzeichnisse, Speise- und Getränkekarten, Mahnschreiben, Grundbuch- und Handelsregisterauszüge, betriebliche Depotauszüge, Kosten- und Leistungsrechnungen, soweit sie nicht bereits Buchungsbelege sind, Dokumentationen über Konzernverrechnungspreise etc. Prominenteste Beispiele für sonstige Unterlagen im Sinne von § 147 Abs. 1 Nr. 5 AO sind Registrierkassenstreifen, Kassenzettel und Bons, es sei denn, der Zweck für die Aufbewahrung dieser Unterlagen ist bereits anderweitig gesichert, was beispielsweise bei elektronischen Registrierkassen der Fall sein kann. Zu den aufbewahrungspflichtigen Unterlagen gemäß § 147 Abs. 1 Nr. 5 AO zählen auch Urbelege für die Lohn- und Gehaltsabrechnung, also zum Beispiel Stundenzettel, Akkordzettel oder Schichtzettel oder sonstige Belege, die über geleistete Arbeitszeiten Auskunft geben.

In Zweifelsfällen gibt es für den Praktiker in der Literatur allgemein anerkannte Nachschlagewerke zur Bestimmung der Aufbewahrungspflichten und -fristen [2].

Anforderungen an die Aufbewahrung

Allgemeine Anforderungen

Gemäß § 257 Abs. 1 Satz 1 HGB sowie § 147 Abs. 1 Satz 1 AO sind die genannten Unterlagen »geordnet« aufzubewahren. Dies entspricht schon der Grundanforderung für die handelsrechtliche Buchführung in § 238 Abs. 1 Satz 2 HGB, wonach die Buchführung so beschaffen sein muss, dass sie einem verständigen Dritten innerhalb angemessener Zeit einen Überblick über die Geschäftsvorfälle und über die Lage des Unternehmens vermitteln kann. Gerade das Erfordernis der »angemessenen Zeit« bedingt, dass das Ordnungsschema so ausgestaltet sein muss, dass ein verständiger Dritter sich sowohl den geforderten Überblick verschaffen, als auch ohne weiteres einen Buchungsvorgang bis zum einzelnen dazugehörigen Beleg zurückverfolgen kann. Das Gesetz schreibt dabei kein bestimmtes Ordnungssystem vor. Wie das Material insgesamt geordnet wird, beispielsweise nur nach Zeitfolge, oder darüber hinaus auch noch nach Sachgruppen, Konten oder Kontenklassen etc., bleibt dem Aufbewahrungspflichtigen in dem bereits durch den Zweck der Aufbewahrungspflichten gezogenen Rahmen überlassen.

Aufbewahrung auf Bild- und Datenträger, § 257 Abs. 3 HGB, § 147 Abs. 2 AO

Die genannten Unterlagen müssen nicht alle zwingend als papiergebundene Unterlagen aufbewahrt werden. Vielmehr können mit Ausnahme der Eröffnungsbilanzen, Jahresabschlüsse und der Konzernabschlüsse (diese Ausnahmen werden in § 257 Abs. 3 HGB genannt) sowie der für die Zollanmeldung wesentlichen Unterlagen (Unterlagen gemäß § 147 Abs. 1 Nr. 4 a AO; diese zusätzliche Ausnahme wird in § 147 Abs. 2 AO genannt) alle übrigen in § 257 Abs. 1 HGB/§ 147 Abs. 1 AO genannten Unterlagen auch als Wiedergabe auf einem Bildträger oder auf anderen Datenträgern aufbewahrt werden, wenn dies den Grundsätzen ordnungsmäßiger Buchführung entspricht und die in den Nr. 1 und 2 beider Vorschriften jeweils genannten Voraussetzungen erfüllt werden. Jahresabschlüsse, Eröffnungsbilanzen, Konzernabschlüsse sowie die Zollunterlagen im Sinne von § 147 Abs. 1 Nr. 4 a AO müssen also im Original aufbewahrt werden; die von Dritten empfangenen Handels- und Geschäftsbriefe sowie die Buchungsbelege müssen in bildlich übereinstimmender Wiedergabe und die übrigen Unterlagen nur in inhaltlicher Wiedergabe aufbewahrt werden.

Als Speichermedien kommen hierfür nach beiden gesetzlichen Vorschriften sowohl Bildträger als auch Datenträger in Betracht. Bildträger im Sinne der Vorschriften sind Fotokopien, Microkopien, Microfilme und elektrooptische Speicherplatten. Als sonstige Datenträger im Sinne beider Vorschriften kommen Magnetbänder oder -platten, Disketten jeglichen Formats, CD-Rom und DVD in Betracht. So lange die in beiden Vorschriften definierten weiteren Anforderungen an die nicht verkörperten Aufbewahrungsformen gewahrt sind, dürften als Datenträger auch sonstige Speichersysteme, wie beispielsweise SAN- oder NAS-Systeme in Betracht kommen.

Bildliche Übereinstimmung mit dem Original

Gemäß § 257 Abs. 3 Nr. 1 HGB sowie § 147 Abs. 2 Nr. 1 AO müssen empfangene Handels- oder Geschäftsbriefe und Buchungsbelege dann in nicht verkörperter Form aufbewahrt werden, wenn sie in bildlicher Übereinstimmung mit dem Original wiedergegeben werden können. Dadurch sollen die besondere Beweisfunktion dieser Unterlagen für die Nachvollziehbarkeit von Geschäftsvorgängen einschließlich der auf den Unterlagen gegebenenfalls angebrachten Sicht-, Kontroll- und anderen Bearbeitungsvermerke des Buchhaltungspflichtigen erhalten bleiben. Zweck ist, im Einzelfall sogar nachweisen zu können, welche Mitarbeiter des Buchhaltungspflichtigen bestimmte Vermerke angebracht und daher bestimmte Bearbeitungsvorgänge ausgeführt haben. Wichtig ist also, dass die Aufbewahrung dieser Unterlagen so organisiert wird, dass die nicht verkörperten Kopien von den Originalen des Aufbewahrungspflichtigen gezogen werden. Es genügt nicht, wenn der ursprüngliche Aussteller dieser Unterlagen, also der Absender von Handels- oder Geschäftsbriefen oder der Aussteller von Buchungsbelegen wie beispielsweise Rechnungen, dem Aufbewahrungspflichtigen eine nicht verkörperte Kopie der von ihm gefertigten Unterlagen als Archivstück zusätzlich zur Verfügung stellt, da damit diese vom Aufbewahrungspflichtigen selbst angebrachten Bearbeitungsvermerke nicht mit archiviert würden.

Die bildliche Übereinstimmung mit dem Original erfordert eine sogar farbliche Übereinstimmung zumindest dann, wenn die Farbe von Sicht-, Kontroll- oder Bearbeitungsvermerken eine bestimmte Bedeutung hat, der Schriftverkehr im Betrieb des Aufbewahrungspflichtigen also beispielsweise so organisiert ist, dass bestimmte Bearbeiter auch nur bestimmte Farben benutzen dürfen. Selbstverständlich muss in diesen Fällen nicht nur die farbliche Übereinstimmung mit dem Original technisch sichergestellt sein; der Aufbewahrungspflichtige muss vielmehr auch über die notwendige technische Infrastruktur verfügen, um eine farbige Wiedergabe in der zur Auswertung notwendigen Bildauflösung zu ermöglichen.

160

Bei den übrigen Unterlagen reicht die Möglichkeit der Wiedergabe der Inhalte dieser Unterlagen aus; auf die Reproduktion des ursprünglichen Layouts einschließlich des Formats kommt es nicht an. Dafür aber muss der Inhalt vollständig und wortlautgetreu wiedergegeben werden können, auch (scheinbar) unwesentliche Teile des Originaltextes dürfen nicht weggelassen werden. Ob dies auch für vorgedruckte Texte, wie beispielsweise die Pflichtangaben auf Handelsbriefen, auf der Rückseite abgedruckte Allgemeine Geschäftsbedingungen, Datenschutzhinweise oder die Inhalte eines Briefkopfes auch gilt, ist umstritten. Vielfach würde die Möglichkeit der lediglich inhaltlichen Wiedergabe vollständig leerlaufen, wenn man gleichzeitig forderte, dass vorgedruckte Inhalte des im Original verwendeten Briefbogens ebenfalls wiedergegeben werden müssten; hier sollte es daher ausreichen, wenn der Aufbewahrungspflichtige zusammen mit der inhaltlichen Wiedergabe der betreffenden Unterlage auch ein Musterexemplar des dabei verwendeten vorab bedruckten Papiers vorlegen kann, so dass aus der Zusammenschau des verwendeten Papiers und der inhaltlichen Wiedergabe der Gesamtinhalt der aufzubewahrenden Unterlage abgeleitet werden kann.

Nach Abspeicherung der Originale auf Bild- oder Datenträgern können die Originale vernichtet werden, es sei denn, spezielle Gesetze verlangten eine Vorlage von Originalunterlagen.

»Originale«, die schon in nicht verkörperter Form beim Aufbewahrungspflichtigen eingegangen sind, beispielsweise ausschließlich per Telefax eingegangene Rechnungen, können auch in dieser nicht verkörperten Form aufbewahrt werden, ohne dass zwischenzeitlich ein verkörpertes Exemplar hergestellt werden müsste. Bei elektronischen Rechnungen im Sinne von § 14 Abs. 6 Satz 2 des Umsatzsteuergesetzes ist erforderlich, dass diese eine elektronische Signatur tragen und dementsprechend auch mit dieser archiviert werden.

Unverzügliche Verfügbarkeit

Nicht verkörpert archivierte Daten müssen gemäß § 257 Abs. 3 Nr. 2 HGB während der Dauer der Aufbewahrungsfrist jederzeit innerhalb angemessener Frist lesbar gemacht werden können. Die Regelung in § 147 Abs. 2 Nr. 2 AO ist hier sogar etwas schärfer, da nicht nur eine »angemessene Frist« gefordert wird, sondern die Möglichkeit, dass die archivierten Daten »unverzüglich« lesbar gemacht werden können. Unverzüglich bedeutet entsprechend der Legaldefinition in § 121 Abs. 1 Satz 1 BGB »ohne schuldhaftes Zögern«, was offensichtlich nicht gleichbedeutend mit »sofort« ist. Die steuerrechtliche Regelung in § 147 Abs. 2 Nr. 2 AO ist in diesem Punkt also etwas schärfer als die handelsrechtliche Regelung, da die »angemessene Frist« im Sinne der handelsrechtlichen Vorschrift durchaus einen längeren Zeitraum umfassen kann, als mit der Unverzüglichkeit im Sinne der steuer-rechtlichen Vorschrift gemeint ist. Da der Aufbewahrungspflichtige seine innerbetriebliche Organisation aber immer auf die strengsten Anforderungen ausrichten muss, ist technisch sowie organisatorisch sicherzustellen, dass aufbewahrungspflichtige Unterlagen unverzüglich lesbar gemacht werden können.

Problematisch wird das Erfordernis der Unverzüglichkeit immer dann, wenn der Aufbewahrungspflichtige während der Dauer der Aufbewahrungsfrist einen Systemwechsel vorgenommen hat und die Lesbarkeit der aufbewahrten Daten nur auf einem nicht mehr im aktiven Betrieb befindlichen IT-System möglich ist. Der Aufbewah-rungspflichtige tut also gut daran, bei einem Systemwechsel sicherzu-stellen, dass auch die im Altsystem erstellten und archivierten Daten im neuen System lesbar gemacht werden können. Eine vergleichbare, inhaltlich aber noch schwerwiegendere Problematik bei einem Sys-temwechsel stellt sich auch noch einmal im Zusammenhang mit dem Kriterium der maschinellen Auswertbarkeit.

Maschinelle Auswertbarkeit, § 257 Abs. 3 Nr. 2 HGB/ § 147 Abs. 2 Nr. 2 AO

Aus dem Erfordernis der maschinellen Auswertbarkeit folgt zum einen, dass originär digital erzeugte oder in die genutzten Systeme eingegangene Daten als solche aufbewahrt werden müssen und nicht ausschließlich als Ausdrucke oder lediglich in bildlicher Wiedergabe aufbewahrt und zur Auswertung vorgehalten werden dürfen. Vielmehr müssen originär digitale Daten auch als solche archiviert werden. Ebenso ist die Archivierung von originär digitalen Daten in wiederum digitalen Datenformaten, die jedoch eine maschinelle Auswertbarkeit nicht gewährleisten (wie z. B. Daten im PDF- oder TIF-Format), unzulässig. Solche rein grafischen Datenformate sind nur soweit zulässig, wie es um die Archivierung von originär in Papierform angefallenen Unterlagen geht; auch wenn dann die maschinelle Auswertbarkeit nur in geringem Maße, beispielsweise aufgrund der Profilierung des einzelnen Bilddokuments gewährleistet ist.

Das Erfordernis der maschinellen Auswertbarkeit ist erst mit Wirkung zum 01.01.2002 in das Gesetz eingefügt worden. Vor dem 01.01.2002 archivierte Daten müssen nach Auffassung des Gesetzgebers nicht nachträglich so bearbeitet werden, dass auch sie maschinell auswertbar sind. Vielmehr ist die maschinelle Auswertbarkeit nur für nach dem 01.01.2002 entstehende und aufzubewahrende Dokumente und Daten sicherzustellen; alles andere wäre eine verfassungsrechtlich unzulässige Rückwirkung des Gesetzes. Die Finanzverwaltung ist allerdings der Auffassung, dass eine nachträgliche Digitalisierung und Sicherstellung der maschinellen Auswertbarkeit von vor dem 01.01.2002 entstandenen und archivierten Daten nur dann verzichtbar ist, wenn dies mit unverhältnismäßigem Aufwand verbunden wäre. Da das Verbot der Rückwirkung von Gesetzen jedoch nicht auf die Verhältnismäßigkeit der Umsetzung eines rückwirkenden Gesetzes abstellt, dürfte diese Argumentation zwar dem Interesse des Außenprüfers entgegen kommen, rechtlich jedoch nicht haltbar sein.

Die Forderung nach maschineller Auswertbarkeit der im Rahmen einer Außenprüfung zur Verfügung zu stellenden Daten bedeutet, dass die Daten durch das Analyseprogramm der Finanzbehörden maschinell auswertbar sein müssen. Die Finanzverwaltung verwendet bundeseinheitlich die Prüfungssoftware »IDEA«, Version 2004. Mit dieser Software kann der steuerlich relevante Datenbestand des Buchhaltungspflichtigen durchsucht und verprobt werden, was umgekehrt bedeutet, dass der Buchhaltungspflichtige bei der Auswahl der von ihm genutzten Buchhaltungssysteme darauf achten sollte, dass die von seinem System erzeugten Daten auch der Analyse durch diese Prüfungssoftware zugänglich sind. Die Kompatibilität mit der Auswertungssoftware der Finanzverwaltung ist zwar keine gesetzlich zwingende Forderung, der Buchhaltungspflichtige tut nur gut daran, auf diese Kompatibilität frühzeitig Wert zu legen, um zusätzlichen Aufwand bei der Vorbereitung einer Außenprüfung zu vermeiden.

Aus Sicht der Finanzverwaltung beinhaltet die Anforderung der maschinellen Auswertbarkeit gemäß § 147 Abs. 2 Nr. 2 AO eine Auswertung im Sinne eines »wahlfreien Zugriffs auf alle gespeicherten Daten einschließlich der Stammdaten und Verknüpfungen mit Sortier- und Filterfunktionen« unter Berücksichtigung der Verhältnismäßigkeit. Diese Anforderung wird je nach dem bei Entstehen der jeweiligen Daten und Dokumente verwendeten IT-System einerseits und dem zum Zeitpunkt der steuerlichen Außenprüfung verwendeten IT-System des Steuerpflichtigen andererseits nicht immer in dieser von der Finanzverwaltung gewünschten Wahlfreiheit erfüllbar sein. Dies gilt erst recht dann, wenn die Daten und Dokumente in ein Archivsystem überführt wurden, das möglicherweise nicht in gleicher Form wie das datenerzeugende System Auswertungs-, Sortier- und Filterfunktionen zur Verfügung stellt. Bei einem Systemwechsel während des Laufs gerade der längeren, 10-jährigen Aufbewahrungsfrist verstieße es einerseits gegen den Verhältnismäßigkeitsgrundsatz, wenn man forderte, dass sämtliche ursprünglich vorhandenen Auswertungs-, Sortier- und Filterfunktionen erhalten bleiben, insbesondere wenn dies mit einem erheblich erhöhten finanziellen Aufwand für den Aufbewahrungspflichtigen verbunden wäre. Andererseits darf der Aufbewahrungspflichtige natürlich auch nicht bewusst Auswertungsmöglichkeiten vereiteln, indem er bei einem Systemwechsel bestimmte Auswertungs-, Sortier- und Filterfunktionen im Rahmen eines Customizing nicht mehr zur Verfügung stellt, obwohl das System in seiner Standardausstattung solche Funktionen sehr wohl ermöglichte. Gerade im Hinblick auf die längere, 10-jährige Aufbewahrungsfrist kann einem Aufbewahrungspflichtigen schließlich nicht zugemutet werden, während der gesamten Laufzeit der Aufbewahrungsfrist ein ursprünglich genutztes, inzwischen aber möglicherweise längst nicht mehr gewartetes IT-System dennoch mit erheblichem individuellen Kostenaufwand aufrecht zu erhalten.

Geordnete Dokumentation

Zur Erfüllung der Anforderung, die betreffenden Unterlagen »geordnet« aufzubewahren, gehört schließlich auch, dass das jeweilige Archivierungssystem genau so wie das datenerzeugende System geordnet dokumentiert ist. Nur so ist es jedem Dritten, insbesondere dem jeweiligen Jahresabschlussprüfer und dem Steuerprüfer möglich, eine Systemprüfung durchzuführen. Eine geordnete Dokumentation beginnt bei einer übersichtlichen und inhaltlich sinnvoll strukturierten Gliederung der Dokumentation und endet bei einem Bedienungshandbuch sowie einem Systemhandbuch je Applikation. Auch innerhalb der einzelnen zur Systemdokumentation gehörenden Dokumente sollte eine einheitliche Gliederung eingehalten werden, um das Verständnis der Dokumentation und ihrer Struktur zu erleichtern.

Aufbewahrungsort

Gemäß § 14b Abs. 2 UStG sind die gemäß § 14b UStG aufzubewahrenden Rechnungen von im Inland (oder in den Freihäfen und in den Gewässern und Watten zwischen der Hoheitsgrenze und der jeweiligen Strandlinie; § 14b Abs. 2 Satz 1 UStG in Verbindung mit § 1 Abs. 3 UStG) ansässigen Unternehmern entweder im Inland oder in den eben genannten dem Inland gemäß § 1 Abs. 3 UStG gleichgestellten Gebieten aufzubewahren. Werden die Rechnungen nur elektronisch so aufbewahrt, dass ein Online-Zugriff einschließlich das Herunterladen und eine weitere Verwendung des heruntergeladenen Dokuments im Inland gewährleistet ist, darf der Unternehmer die Rechnungen auch in einem anderen Mitgliedstaat der Europäischen Union, in einem der dem Inland gemäß § 1 Abs. 3 UStG gleichgestellten Gebiete, im Gebiet von Büsingen (Gemeinde im Landkreis Konstanz, die von Deutschland aus gesehen Zollausschlussgebiet

(Exklave), von der Schweiz aus gesehen Zolleinschlussgebiet (Enklave) ist) oder auf der Insel Helgoland aufbewahren. Der außerhalb des Inlands liegende Aufbewahrungsort ist dem zuständigen Finanzamt mitzuteilen. Der Unternehmer hat im Falle der elektronischen Aufbewahrung im EU-Ausland sicherzustellen, dass die zuständigen Finanzbehörden die Rechnungen unverzüglich für Zwecke der Umsatzsteuerkontrolle online einsehen, herunterladen und weiter verwenden können (§ 14b Abs. 4 UStG). Der im Ausland ansässige, jedoch im Inland umsatzsteuerpflichtige Unternehmer hat einen Aufbewahrungsort für seine Rechnungen in den oben angeführten zulässigen Gebieten zu bestimmen und den Finanzbehörden mitzuteilen (§ 14b Abs. 2 Sätze 4 und 5 UStG).

Eine ähnliche Regelung enthält § 146 Abs. 2 Satz 1 AO; danach müssen die übrigen nach steuerrechtlichen Vorschriften aufzubewahrenden Unterlagen grundsätzlich im Inland aufbewahrt werden. Abweichend hiervon kann die zuständige Finanzbehörde auf schriftlichen Antrag des Steuerpflichtigen bewilligen, dass elektronische Bücher und sonstige erforderliche elektronische Aufzeichnungen in einem Mitgliedstaat der Europäischen Union oder des Europäischen Wirtschaftsraums geführt und aufbewahrt werden (§ 146 Abs. 2a Sätze 1 und 2 AO), wobei Zugriffsvoraussetzungen ähnlich wie oben zu § 14b UStG beschrieben zu gewährleisten und einige formale Voraussetzungen einzuhalten sind (§ 146 Abs. 2a Satz 3 in Verbindung mit § 147 Abs. 6 AO).

Aufbewahrungsfristen

Dauer

Sowohl nach Steuerrecht als auch nach Handelsrecht sind Buchungsbelege im Sinne von § 147 Abs. 1 Nr. 4 AO beziehungsweise § 257 Abs. 1 Nr. 4 HGB, Handelsbücher und Aufzeichnungen, Inventare, Jahresabschlüsse, Lageberichte, Eröffnungsbilanzen und die zu ihrem Verständnis erforderlichen Arbeitsanweisungen und sonstigen Organisationsunterlagen (§ 147 Abs. 1 Nr. 1 AO) sowie handelsrechtlich zusätzlich die Konzernabschlüsse und Konzernlageberichte (§ 257 Abs. 1 Nr. 1 HGB) und schließlich die Zollunterlagen im Sinne von § 147 Abs. 1 Nr. 4 a AO für die Dauer von 10 Jahren aufzubewahren. Dies gilt auch für Rechnungen im Sinne von § 14b Abs. 1 UStG.

Alle übrigen Unterlagen, also insbesondere empfangene und abgesandte Handels- oder Geschäftsbriefe (§ 147 Abs. 1 Nr. 2 und 3 AO/§ 257 Abs. 1 Nr. 2 und 3 HGB) sowie die sonstigen für die Besteuerung bedeutsamen Unterlagen (§ 147 Abs. 1 Nr. 5 AO) sind für die Dauer von sechs Jahren aufzubewahren. Dies sind nur die nach deutschem Recht einzuhaltenden Aufbewahrungsfristen. Ist für Unterlagen, die im Ausland belegene Betriebsstätten betreffen, nach dort geltendem Recht eine längere Aufbewahrungsfrist einzuhalten, gelten in Bezug auf diese Betriebsstätte die längeren Aufbewahrungsfristen.

Beginn

Gemäß § 257 Abs. 5 HGB sowie § 147 Abs. 4 AO beginnt die Aufbewahrungsfrist mit dem Schluss des Kalenderjahres, in dem die letzte Eintragung in das betreffende Handelsbuch gemacht beziehungsweise das Inventar, die Eröffnungsbilanz, der Jahresabschluss oder der Lagebericht aufgestellt, der Handels- oder Geschäftsbrief empfangen oder abgesandt worden oder der Buchungsbeleg entstanden bzw. die betreffende Rechnung (§ 14b Abs. 1 Satz 3 erster Halbsatz UStG) ausgestellt worden ist. Für alle übrigen Unterlagen gilt der Zeitpunkt der Aufzeichnung beziehungsweise sonstigen Entstehung als maßgeblich. Jeweils zum Kalenderjahresschluss enden dementsprechend dann auch Aufbewahrungsfristen und der Aufbewahrungspflichtige könnte im darauffolgenden Kalenderjahr diese Unterlagen vernichten beziehungsweise digitale Kopien löschen.

Ablaufhemmung

Während es für die handelsrechtliche Aufbewahrungspflicht nach
§257 HGB keine Ablaufhemmung gibt, enthält § 147 Abs. 3 Satz 3
AO eine solche Ablaufhemmung. Danach ist der Ablauf der Aufbewahrungsfrist gehemmt, solange die Unterlagen für Steuern von
Bedeutung sind, für welche die Festsetzungsfrist noch nicht abgelaufen ist. Daraus folgte theoretisch, dass für jede einzelne Unterlage
geprüft werden müsste, ob sie für Steuern von Bedeutung ist, deren
Festsetzungsfrist noch nicht abgelaufen ist. Das führte letztlich zu
einem für den Aufbewahrungspflichtigen unermesslich hohen Aufwand, da diese Prüfung pro einzelner Unterlage zum einen nur von
hinreichend fachlich qualifizierten Kräften vorgenommen werden
kann, zum anderen zeitintensiv und letztlich sogar extrem haftungs-
trächtig ist. Um diesem erheblichen Risiko und der nicht minder
hohen Belastung für den Steuerpflichtigen entgegenzuwirken, hat das
Bundesfinanzministerium in einem Erlass [3] bestimmt, dass nach
Ablauf der in § 147 Abs. 3 Nr. 1 AO genannten 6- beziehungsweise
10-jährigen Aufbewahrungsfrist die genannten Unterlagen nur noch
dann aufbewahrt werden müssen, wenn und soweit sie für eine zu
diesem Zeitpunkt bereits begonnene Außenprüfung, für eine vorläu-
fige Steuerfestsetzung nach § 165 AO, für anhängige steuerstraf- oder
bußgeldrechtliche Ermittlungen, für ein schwebendes oder aufgrund
einer Außenprüfung zu erwartendes Rechtsbehelfsverfahren oder zur
Begründung von Anträgen des Steuerpflichtigen von Bedeutung sind.
Diese Festlegung des Bundesfinanzministeriums ist zwar eine über
den Wortlaut des § 147 Abs. 3 Satz 3 AO hinaus gehende Einengung
des Anwendungsbereichs dieser Vorschrift; aus praktischen und Ver-
hältnismäßigkeitserwägungen ist sie jedoch unumgänglich. Die Praxis
kann sich also auf diese vom Bundesfinanzministerium vorgegebene
Auslegung abstützen. Die Regelung des § 147 Abs. 3 AO gilt für die
Aufbewahrungsfristen nach § 14b Abs. 1 UStG entsprechend (§ 14b
Abs. 1 Satz 3 zweiter Halbsatz UStG).

Verletzung der Aufbewahrungspflicht

Verstöße gegen die Aufbewahrungspflichten nach § 257 HGB/§ 147 AO führen zu den allgemeinen Zwangsmaßnahmen bei Verletzung von Buchführungspflichten, nämlich zur Schätzung der vom Steuerpflichtigen zu zahlenden Steuern sowie zu straf- und bußgeldrechtlichen Sanktionen. Im Zivilverfahren kann eine Verletzung der Buchführungspflicht, die zur Konsequenz hat, dass bestimmte aufzubewahrende Unterlagen im Prozess nicht mehr vorgelegt werden können, zu der Beweiswirkung des § 444 ZPO führen. Umgekehrt kann eine zulässige Vernichtung von Unterlagen nach Ablauf der Aufbewahrungsfristen sogar dazu führen, dass sich die Beweislast zugunsten des (dann nicht mehr) Aufbewahrungspflichtigen umkehrt. Wird die Aufbewahrungspflicht gemäß § 14b UStG verletzt, kann das Finanzamt anordnen, dass die Rechnungen künftig im Inland aufbewahrt werden; das Privileg der Aufbewahrungsmöglichkeit im EU-Ausland entfällt dann.

Zugriffsrechte der Finanzverwaltung

In § 147 Abs. 5 und 6 AO sind umfangreiche Zugriffsrechte der Finanzverwaltung statuiert. Zur Interpretation der gesetzlichen Vorschriften zum Datenzugriff und als Richtlinie für die Ausübung des in diesen Vorschriften der Finanzverwaltung eingeräumten Ermessens bei der Entscheidung, in welcher Form auf Daten zugegriffen und diese ausgewertet werden dürfen, hat das Bundesfinanzministerium die »Grundsätze zum Datenzugriff und zur Prüfbarkeit digitaler Unterlagen« (GDPdU) vom 16.07.2001 [4] in Form eines mit den Bundesländern koordinierten BMF-Schreibens erlassen. Sie sind ab dem 01.01.2002 anzuwenden. Zusätzlich wurde ein gewonnene Praxiserfahrungen berücksichtigender und die in den GDPdU aufgestellten Grundsätze auslegender Frage- und Antwortkatalog erarbeitet, den das Bundesfinanzministerium auf seiner Website zum Download zur Verfügung hält (http://bundesfinanzministerium.de). Dieser Frage- und Antwortkatalog soll eine Orientierungshilfe für Unternehmen und Verwaltung sein, der die Finanzbehörden, natürlich nicht die Finanzgerichte, bindet.

Rückstellungen für Kosten der Aufbewahrung

Nach einer Entscheidung des Bundesfinanzhofs vom 19.08.2002 [5] darf für zukünftige Kosten zur Erfüllung der Aufbewahrungspflichten nach § 147 AO und § 257 HGB in der Handels- und Steuerbilanz eine Rückstellung gebildet werden, wobei die Aufbewahrungskosten zu Vollkosten (Einzelkosten plus anteilige Gemeinkosten) zu bewerten sind. Als rückstellungsfähig gelten:

⇨ Anteilige Aufwendungen für die Archivräume (zum Beispiel Gebäudeabschreibungen, Finanzierungskosten, Mietkosten, Instandhaltungskosten, Grundsteuer, Gebäudeversicherung, Heizung, Beleuchtung),

⇨ Abschreibung für Inventar, das zur Aufbewahrung, aber auch zur Wiederlesbarmachung und Auswertung verwendet wird,

⇨ Personalkosten für die Einlagerung sowie anteilige Kosten für Facility Management-Leistungen, sowie schließlich

⇨ Kosten der Datenverarbeitung (zum Beispiel für das fortlaufende Sichern der Daten einschließlich Umkopieren von Speichermedien, das Lesbarmachen und das Auswerten von Datenbeständen).

Da in den Archivräumen Dokumente aus verschiedenen Jahren lagern und damit zum Zeitpunkt der Bildung der Rückstellung nicht jeweils die volle Aufbewahrungsfrist gelten kann, müsse von einer durchschnittlichen Restaufbewahrungsdauer ausgegangen werden, die nach Auffassung des Bundesfinanzhofs mit 4,5 Jahren angesetzt werden könne. Falls der jeweils Aufbewahrungspflichtige in den Archivräumen auch Dokumente lagert, die nicht nach den genannten handels- und steuerrechtlichen Vorschriften aufbewahrungspflichtig sind, ist von den in Ansatz gebrachten Kosten ein entsprechender Abschlag vorzunehmen.

Spezialgesetzliche Aufbewahrungspflichten – Beispiel

Ein Beispiel für spezialgesetzliche Aufbewahrungspflichten, in denen besondere, nicht in § 257 HGB, § 147 AO genannte Unterlagen ebenfalls als aufbewahrungspflichtig genannt werden, bildet § 16 des

170

Wertpapierhandelsgesetzes (*WpHG*). Hiernach haben Wertpapier-
dienstleistungsunternehmen sowie Unternehmen mit Sitz in Inland,
die an einer inländischen Börse zur Teilnahme am Handel zugelassen
sind, vor Durchführung von Aufträgen, die Insiderpapiere im Sinne
von § 12 WpHG zum Gegenstand haben, folgende Angaben festzustellen und aufzulisten: Bei natürlichen Personen den Namen, das
Geburtsdatum und die Anschrift, bei Unternehmen die Firma und
die Anschrift der Auftraggeber und der berechtigten oder verpflichte-
ten Personen oder Unternehmen. Diese Auflistungen sind mindestens
sechs Jahre aufzubewahren. Für diese wertpapierhandelsrechtliche
Aufbewahrungspflicht gelten die Bestimmungen in § 257 Abs. 3 und
5 HGB entsprechend. Weitere Aufbewahrungspflichten befinden
sich beispielsweise in § 16 b WpHG (für Verbindungsdaten) oder
für die nach § 15 b WpHG zu führender Insiderverzeichnisse, in der
gemäß § 15 b Abs. 2 Satz 1 WpHG erlassenen Rechtsverordnung
(Verordnung zur Konkretisierung von Anzeige-, Mitteilungs- und
Veröffentlichungspflichten sowie der Pflicht zur Führung von Insi-
derverzeichnissen nach dem WpHG; Wertpapierhandelsanzeige und
Insiderverzeichnisverordnung (*WpAIV*) vom 13.12.2004), wonach
Insiderverzeichnisse ebenso sechs Jahre nach ihrer Erstellung so aufzubewahren sind, dass jederzeit für einen beliebigen Zeitraum in den
letzten sechs Jahren nachgewiesen werden kann, welche Personen Zugang zu Insiderinformationen hatten. Diese sechsjährige Frist beginnt
für jeden aktualisierten Datensatz neu. Anders als nach den handels-
oder steuerrechtlichen Aufbewahrungspflichten, bei denen der Aufbewahrungspflichtige nach eigenem Ermessen entscheiden kann, ob er
nach Ablauf der Aufbewahrungsfrist die Unterlagen vernichten will,
ist nach § 16 Abs. 2 Satz 3 WpAIV die Löschung der Daten nach
Fristablauf sogar ausdrücklich angeordnet. Auch für die Aufbewahrungspflicht nach § 16 WpAIV wird wiederum auf die Bestimmungen in § 257 Abs. 3 und 5 HGB verwiesen.

Aufbewahrungsobliegenheiten

Bei der Konzipierung von Aufbewahrungsregeln im Unternehmen sind neben den gesetzlichen Aufbewahrungspflichten auch Situationen zu berücksichtigen, in denen ein Unternehmen mit Ansprüchen Dritter konfrontiert wird und dann im Rahmen der ihm gesetzlich zugeordneten Darlegungs- und Beweislast möglichst in der Lage sein sollte, gewisse innerbetriebliche Abläufe darlegen und beweisen zu können, um solche Ansprüche Dritter abzuwehren. Hierbei kann es sich um Ansprüche unterschiedlichster Art handeln, beispielsweise Ansprüche von (ehemaligen) Mitarbeitern nach dem Allgemeinen Gleichstellungs- und Gleichbehandlungsgesetz, wo der Arbeitgeber die Darlegungs- und Beweislast trägt, dass er einen Arbeitnehmer nicht diskriminiert hat.

Ansprüche können aber beispielsweise auch aus Gefährdungshaftungstatbeständen herrühren, bei denen das in Anspruch genommene Unternehmen unabhängig von einem eigenen Verschulden haftet und sich nur unter bestimmten Umständen von einer Haftung entlasten kann. Ein Beispiel hierfür ist die Haftung des Herstellers nach dem Produkthaftungsgesetz: Wird durch den Fehler eines Produkts jemand getötet, sein Körper oder seine Gesundheit verletzt oder eine Sache beschädigt, so ist der Hersteller des Produkts gemäß § 1 Produkthaftungsgesetz (*ProdHaftG*) verpflichtet, dem Geschädigten den daraus entstehenden Schaden zu ersetzen. Gemäß § 12 Abs. 1 ProdHaftG verjährt der Anspruch in drei Jahren von dem Zeitpunkt an, in dem der Ersatzberechtigte von dem Schaden, dem Fehler und von der Person des Ersatzpflichtigen Kenntnis erlangt hat oder hätte erlangen müssen; in jedem Fall aber erlischt der Anspruch nach § 1 ProdHaftG 10 Jahre nach dem Zeitpunkt, zu dem der Hersteller das Produkt, das den Schaden verursacht hat, in den Verkehr gebracht hat (§ 13 Abs. 1 ProdHaftG). Gemäß § 1 Abs. 2 ProdHaftG jedoch ist die Ersatzpflicht des Herstellers ausgeschlossen, wenn

⇨ er das Produkt nicht in den Verkehr gebracht hat,

⇨ nach den Umständen davon auszugehen ist, dass das Produkt den Fehler, der den Schaden verursacht hat, noch nicht hatte, als der Hersteller es in den Verkehr brachte,

172

⇨ er das Produkt weder für den Verkauf oder eine andere Form des Vertriebs mit wirtschaftlichem Zweck hergestellt noch im Rahmen seiner beruflichen Tätigkeit hergestellt oder vertrieben hat,

⇨ der Fehler darauf beruht, dass das Produkt zu dem Zeitpunkt, zu dem der Hersteller es in den Verkehr brachte, dazu zwingenden Rechtsvorschriften entsprochen hat,

⇨ der Fehler nach dem Stand der Wissenschaft und Technik zu dem Zeitpunkt, zu dem der Hersteller das Produkt in den Verkehr brachte, nicht erkannt werden konnte, oder

⇨ für den Hersteller eines Teilprodukts, wenn der Fehler durch die Konstruktion des Endprodukts, in welches das Teilprodukt eingearbeitet wurde, oder durch die Anleitungen des Endprodukteherstellers verursacht worden ist (§ 1 Abs. 2 und 3 ProdHaftG).

Während der 10-jährigen Ausschlussfrist gemäß § 13 Abs. 1 Prod-HaftG sollte ein Produkte herstellendes Unternehmen also Unterlagen aufbewahren, die geeignet sind, es nach den vorstehend genannten Fällen von einer Haftung zu entlasten. Nur so ist es in der Lage, im Falle einer Inanspruchnahme durch einen geschädigten Dritten den Anspruch erfolgreich unter Berufung auf eines der in § 1 Abs. 2 und 3 ProdHaftG vorgezeichneten Argumente abzuwehren. Eine gesetzlich zwingende Verpflichtung zur Aufbewahrung dieser Unterlagen, wozu beispielsweise zum Zeitpunkt des Inverkehrbringens geltende Rechtsnormen, Unterlagen zum Beleg des Standes von Wissenschaft und Technik, Dokumentation von Qualitätssicherungsmaßnahmen oder Spezifikationsvorgaben eines Endprodukteherstellers zählen können, gibt es also nicht. Kann das Unternehmen aber im Falle der Inanspruchnahme durch einen Dritten solche Unterlagen nicht vorlegen, erleidet es einen finanziellen Nachteil, weil es einen der in § 1 Abs. 2 und 3 ProdHaftG angelegten Entlastungsbeweise nicht führen kann und im Zweifel zur Haftung verurteilt wird. Im eigenen Vermögenssicherungsinteresse sollten also auch solche Unterlagen für die Dauer der Ausschlussfrist in § 13 Abs. 1 ProdHaftG aufbewahrt werden.

Literatur

[1]   *Grundsätze ordnungsgemäßer DV-gestützter Buchführungssysteme, BStBl. 1995 I, 738 ff.*

[2]   *Pulte, Steuer- und handelsrechtliche Aufbewahrungspflichten, NWB F 18, 875.*

[3]   *BMF-Schreiben, BStBl. 1977 I, 487.*

[4]   *BMF-Schreiben vom 16.07.2001, BStBl. 2001 I, 415.*

[5]   *BFH, BStBl. 2003, 131.*

Zusammenfassung

Bei Erarbeitung eines Konzeptes für den Umgang mit Daten und Dokumenten im Unternehmen sind zunächst die allgemeinen gesetzlichen Aufbewahrungspflichten aus Handelsgesetzbuch, Abgabenordnung und Umsatzsteuergesetz zu berücksichtigen.

Spezielle Aufbewahrungspflichten für bestimmte Branchen können sich zudem aus spezialgesetzlichen Normen ergeben. Schließlich sind unabdingbarer Bestandteil eines Dokumentenaufbewahrungs- und -Archivierungskonzepts über die gesetzlichen Aufbewahrungspflichten hinausgehende Aufbewahrungsobliegenheiten, wo die Aufbewahrung von Unterlagen dazu dient, das Unternehmen mit Hilfe archivierter Dokumente vor nachteiligen Folgen, insbesondere Haftungsansprüchen, zu bewahren.

Aufbewahrungs- und Archivierungspflichten greifen unabhängig von dem Medium, in dem die aufzubewahrenden Dokumente erstellt wurden oder eingegangen sind. Aufbewahrungspflichten gelten also nicht nur für körperliche Unterlagen, sondern auch für Telefaxe, E-Mails, oder Informationen auf Internet- oder Extranet-Seiten. Ist Mitarbeitern die Nutzung des E-Mail-Dienstes auch zu privaten Zwecken erlaubt, ergeben sich für die Archivierung von E-Mails besondere datenschutz- und betriebsverfassungsrechtliche Herausforderungen. Aufbewahrungs- und Archivierungspflichten sind schließlich bei jedem Systemwechsel zu berücksichten, denn auch in den Vorgängersystemen gespeicherte Daten müssen trotz Systemwechsel aufrufbar und auswertbar bleiben. Verstöße gegen Aufbewahrungspflichten können insbesondere im Wege der Steuerschätzung sanktioniert werden.

Die Speicherung von Daten – was ist erlaubt, was nicht?

Unternehmen sammeln und speichern immer intensiver Daten. Meist unterstützen diese Daten die Geschäftstätigkeit, in manchen Fällen jedoch konterkariert so manche Datensammlung die gesetzlichen Regelungen. Was erlaubt ist und welche Grauzonen existieren, beleuchtet dieser Beitrag.

In diesem Beitrag erfahren Sie:
- warum das Sammeln von Daten immer leichter fällt – obwohl es nicht immer erlaubt ist,
- gesetzliche Regelungen zur Speicherung von Daten,
- das Verhältnis dieser Regelungen zu unternehmensinternen oder kollektivrechtlichen Regelungen.

OLIVER GÖNNER, KAI SCHIEFER

Einleitung

Verschiedenste Regelungen verlangen die Speicherung von Daten. Insbesondere unternehmensinterne Forderungen führen zu einer extremen Flut von Daten, aber auch internationale Gesetze oder Codizes, wie bspw. Aufsichtsregelungen der New Yorker Börse, sind Auslöser einer Datensammelwut auch in deutschen Unternehmen. Die amerikanische Börsenaufsicht und Gesetzgebung haben zwar keine direkte Bindungswirkung innerhalb von Deutschland, strahlen aber über Konzernzugehörigkeiten auch in deutsche Unternehmen aus. Neben diese dann notwendigen organisatorischen Anweisungen der amerikanischen Holdings treten die nationalen gesetzlichen Vorgaben, die Unternehmen zum Beispiel zur Archivierung und damit zur Aufbewahrung von Daten verpflichten.

Alle Regelungen, die zur Datenerfassung und Speicherung verpflichten, ob nun gesetzliche oder organisatorische, konkurrieren mit der grundlegenden Forderung der Datensparsamkeit. Unter Datensparsamkeit ist sowohl die maßvolle Erfassung von Daten als auch die verantwortungsbewusste Vergabe von Benutzerrechten zu verstehen. Nicht jede Information, die in den Einflussbereich eines Unternehmens gelangt, muss auch gleichzeitig gespeichert und damit fixiert werden. Die Forderung nach Datensparsamkeit ist als zentrales Schutzgut im Schutz der personenbezogenen Daten sogar gesetzlich festgeschrieben.

Im Folgenden sollen die Herausforderungen der Unternehmen im verantwortungsvollen Umgang mit Informationen und Daten anhand einzelner Beispiele dargestellt werden.

Gesetzliche Regelungen

Handelsrechtliche Speicherpflichten

Exemplarisch werden die Speicherpflichten aus verschiedenen unternehmensrelevanten Bereichen aufgeführt, ohne zu tief in juristische Einzelfälle abzuschweifen.

Unter Speicherpflichten soll hier die Datenaufbewahrung verstanden werden, die aufgrund gesetzlicher Regelungen erfolgen müssen. Unternehmen haben weitreichende Verpflichtungen zur Aufbewahrung von Dokumenten, die sich im Wesentlichen aus handels- und steuerrechtlichen Anforderungen ergeben.

Handelsgesetzbuch und Abgabenordnung enthalten zentrale Regelungen über die Speicherfristen der Geschäftsunterlagen in deutschen Unternehmen. Kaufleute im Sinne des Handelsrechts sind verpflichtet, Kopien der abgesendeten Handelsbriefe zurückzubehalten und sicher aufzubewahren. Jedes Dokument, das der Vorbereitung, dem Abschluss oder Durchführung und Rückgängigmachung eines Geschäfts dient, ist als Handelsbrief zu verstehen. Das Bundesfinanzministerium hat 1995 zusätzlich zu den allgemeinen Regelungen zur Aufbewahrung von Geschäftsunterlagen in ihrer als Grundsätze ordnungsmäßiger DV-gestützter Buchführungssysteme (GoBS) bezeichneten Meldung festgelegt, dass zu diesen Geschäftsunterlagen nicht nur die Dokumente in Papierform zählen, sondern zusätzlich alle geschäftsrelevanten elektronischen Dokumente sicher archiviert werden müssen.

Die konsequente Weiterentwicklung dieser Forderungen waren die Grundsätze zum Datenzugriff und zur Prüfbarkeit digitaler Unterlagen (GDPdU), die zusätzlich die Prüfbarkeit der elektronischen Dokumente fordert. Erst mit dieser Vorschrift, waren die Anforderungen an die notwendigen revisionssicheren Dokumentationen elektronischer Kommunikation vollständig formuliert worden.

Ergebnis dieser jetzt festgelegten Regelungen der elektronischen Datenverarbeitung von geschäftsrelevanten Unterlagen ist, dass zum Beispiel jede elektronische Kommunikation genauso lange und revisionssicher archiviert werden muss, wie auch klassische Dokumente in Papierform. Dies führt in der elektronischen Datenverarbeitung zu einer explosionsartigen Steigerung des Speicheraufkommens. Zusätzlich zu der reinen Anforderung der Aufbewahrung muss an die Archivierung elektronischer Dokumente weiterhin die Anforderung gestellt werden, dass sie nachweislich unverändert bleiben. Dies bedeutet auch, dass sie in der ursprünglichen, elektronischen Form archiviert werden. Ausdrucke von elektronischen Dokumenten entsprechen nicht den Anforderungen der GDPdU.

In der geschäftlichen Kommunikation zeigt sich am Beispiel der E-Mail-Archivierung ein besonderes Problem technischer Lösungen. Wenn man, wie es zu empfehlen ist, die Speicherung aller eingehenden und ausgehenden Mails technisch lösen möchte, wird man sowohl am Eingangs- als auch am Ausgangsmailserver, jede Mail, die das Unternehmen erhält und jede Mail, die das Unternehmen verlässt, in das Langzeitarchiv schreiben müssen. Diese sogenannte Serverlösung der E-Mail-Speicherung hat den großen Vorteil, dass die Archivierung nicht von der Sorgfalt der Nutzer abhängt. Der mit diesem System verbundene Nachteil ist die Archivierung unnötiger

Daten. Da ein solches System nicht zwischen geschäftsrelevanten und nicht geschäftsrelevanten E-Mails unterscheiden kann, müssen alle das Unternehmen erreichende und verlassende Mails gespeichert werden. Selbst der Einsatz von restriktiven Spamfiltern ist bei einem solchen System nicht geraten, da fälschlicherweise als Spam klassifizierte geschäftsrelevante E-Mails nicht ausgeschlossen werden können. Die einzige Alternative hierzu ist die regelmäßige Kontrolle aller als Spam klassifizierten E-Mails.

So führt die Archivierung der geschäftsrelevanten elektronischen Post regelmäßig auch zur Speicherung von unaufgefordert zugesendeten E-Mails und damit zum Entstehen von in naher Zukunft nur noch schwer zu kontrollierenden Informationsmengen.

Neben der Problematik E-Mail-Archivierung, der sich die Unternehmen zurzeit mit Hochdruck zuwenden, bieten die datenbankgestützten Buchführungssysteme zunehmend keine Löschmöglichkeit mehr. Um die Konsistenz der Datenbanken nicht zu gefährden, werden diejenigen Datensätze, die nicht mehr aufbewahrt werden müssten, zunehmend lediglich als »gelöscht« markiert und werden nicht mehr ausgewertet. Einer wirklichen Löschung, wie sie im Rahmen eines IT-Sicherheitskonzeptes gefordert werden muss, entspricht dies bei Weitem nicht mehr. Gefordert wird die endgültige, unwiederbringliche physikalische Löschung eines Datums. Diese Forderung ist zumindest für Personendaten in der Datenschutzgesetzgebung rechtlich verankert und damit über lediglich Konzeptforderungen hinaus, sogar gesetzliche Pflicht.

Speicherpflichten beim Einsatz von Kommunikationssystemen

Neben den handelsrechtlichen Regelungen spielen auch Telekommunikations- und Telemediengesetz eine Rolle im unternehmerischen Alltag. Unternehmen betätigen sich seit längerem auch als Kommunikationsanbieter, ohne dass dies zum angestrebten Geschäftszweck gehört. Nach Auslegung des TKG ist jeder, der ein Kommunikationssystem außerhalb des reinen Arbeitsverhältnisses anbietet, Telekommunikationsanbieter und unterliegt den Regelungen des Telekommunikationsgesetzes. Somit sind Arbeitgeber, die ihren Mitarbeitern unternehmenseigene Kommunikationsnetze zur privaten Nutzung öffnen, Kommunikationsanbieter im Sine des Telekommunikationsgesetzes. Zu Zeiten vor Flatrate- Abrechnungsmodellen wurden zum Beispiel private Telefonate noch mit der Lohnforderung der Arbeitnehmer verrechnet. Die hierdurch entstehenden Datensammlungen, im Hinblick auf Verbindungsdaten zumindest der privaten Telefonate, unterliegen dem TKG und die Auswertung ist ausschließlich zu Abrechnungszwecken zulässig. Im Zeitalter der Unternehmens-Flatrates sind Abrechnungsmodelle mit Mitarbeitern nicht mehr üblich. Private Telefonate, E-Mails oder Surfverhalten, soweit sie erlaubt sind, werden gewöhnlich nicht mehr gesondert berechnet. Damit ist allerdings auch die Speicherung der Verbindungsdaten nicht mehr notwendig und konsequenter Weise nicht mehr zulässig.

Unternehmensinterne Regelungen zur Datenspeicherung

Kundenmanager (Customer Relationship Management Systeme)

Ein weiterer Aspekt der internen Speicherregelungen sind die Kundenmanager, die sogenannten CRM-Systeme (Customer Relationship Management Systems).

In vielen Unternehmen bildet das CRM-System eine zentrale Arbeitsplattform, in der alle Kontakte elektronisch dokumentiert werden. Zu allererst soll darauf hingewiesen werden, dass eine solche Dokumentation nicht den Anforderungen der GDPdU entspricht. Jedoch kann sie trotzdem unternehmensnotwendig sein.

In solchen CRM-Systemen wird üblicherweise jeder Kontakt dokumentiert, egal wie wichtig die Information an sich ist oder nicht. Unter Kontakt wird in solchen Systemen jeglicher Kommunikationsfall, sei es E-Mail, Telefon, Konferenz oder ein Vertrag, verstanden. Bei einer solchen Datensammlung, die leicht zu nicht mehr zu kontrollierenden Datenmengen führen kann, stellt sich die zentrale Sinnfrage einer solchen Dokumentation. Grundsätzlich sollten Daten, die erfasst werden, auch weiterhin auswertbar sein. Wenn aufgrund der Masse an Daten eine Auswertung ohne ein ausgeklügeltes Data Mining nicht mehr möglich ist, sollte von der Datenspeicherung Abstand genommen werden.

Zudem zeigt die unternehmerische Praxis, dass diese Systeme zur Kundenbetreuung genutzt werden. Häufig gelangen achtlose Äußerungen des Kunden zu privaten Sachverhalten in solche CRM-Systeme. Gerade die Vertriebsabteilungen haben ein gesteigertes Interesse an jeglichen Informationen, die wertbringend genutzt werden können. Hierzu zählen Hobbys und Geburtstage genauso wie Hochzeitstage oder familiäre Informationen aus dem privaten Bereich des Ansprechpartners. Trotz eines rein geschäftlichen Kontaktes werden so zum Ansprechpartner eines Kunden weitreichende private und damit sensible Informationen in den Kundenmanagern genauso vorgehalten, wie subjektive Eindrücke zum Kontakt. So lassen sich in CRM-Systemen Liebesbekundungen genauso finden wie Unmutsäußerungen oder Beleidigungen. Selbstverständlich ist auch für diese Daten das Persönlichkeitsrecht des Ansprechpartners immer zu achten, aber in der Regel weiß der Betroffene zumeist nicht, welche Information über ihn gespeichert wird.

Insgesamt zeigt sich, dass bei stark fallenden Speicherpreisen in Unternehmen die Maxime vertreten wird »Gelöscht ist schnell, wiederhergestellt nicht.« Dies führt dann zu Ansammlungen unnötiger Daten.

Corporate Governance

Im Rahmen einer konzernweiten Vereinheitlichung von Verarbeitungsprozessen bestehen natürlich auch Richtlinien zur Speicherung von Daten. So ist im Zusammenhang der 2002 für die an der New

Yorker Börse dotierten Unternehmen aufgestellten Forderungen des Sarbanes-Oxley-Acts (SOX) auch eine weitreichend Dokumentationspflicht und Speicherpflicht entstanden, die weit über den amerikanischen Markt hinaus ausstrahlt. Auch wenn die SOX-Regelungen auf dem deutschen Markt keine direkte Bindungswirkung entfalten, müssen auch deutsche Tochterunternehmen amerikanischer Konzerne, die an eben der New Yorker Börse gelistet sind, ebenfalls den SOX-Forderungen folgen.

Finanzskandale in den USA haben dazu geführt, dass SOX von Unternehmen effektive interne Kontrollsysteme fordern. Diese sollen sicherstellen, Fehlinformationen über Risikobewertungen zu vermeiden. Geschäftsvorfälle, die für die Finanzberichterstattung wesentlich sind, sind nach den SOX-Anforderungen zu dokumentieren. Hierzu zählen alle internen und externen Kommunikationen und Bewertungen. Da in der Unternehmenskommunikation die E-Mail das zentrale Medium darstellt, sind auch nach den SOX-Anforderungen E-Mails in geeigneter Form zu archivieren.

Interne Kontrollsysteme sind aber nicht beschränkt auf buchhalterische Kontrollen. Vielmehr sollen solche internen Kontrollsysteme auf Gefahren in der Unternehmensentwicklung insbesondere auf Betrugsfälle hinweisen. Da die Geschäftsführung für die Einhaltung aller rechtlichen Vorschriften verantwortlich ist, liegen auch die zu ergreifenden Kontrollen in ihrer Entscheidungsmacht.

Zu den notwendigen Kontrollen können dann auch weitergehende IT-Sicherheitskontrollen zählen. Das Bedrohungsszenario hat sich in der IT-Sicherheit geändert. Klassische Angriffe kamen von Außen und haben das Unternehmen und seine IT bedroht. Heute hat man erkannt, dass der größte Teil der Bedrohungen für die IT aus dem Kreis der Mitarbeiter, also aus dem Kreis, der mit Wissen und Wollen des Unternehmens Daten nutzt, kommt. Unternehmen sind angehalten, technische Kontrollen auch gegenüber ihren Mitarbeitern vorzunehmen. Allerdings fällt es zumeist schwer, hier ein ausgewogenes Maß zu finden.

Videoanlagen

Eine der Kontrollmöglichkeiten ist die Installation der Videoüberwachungsanlagen. Auf die besondere Problematik bei der Einführung
von Videoüberwachungsanlagen im Arbeitsverhältnis soll erst im
zweiten Abschnitt eingegangen werden.

Videoanlagen erfreuen sich einer wachsenden Beliebtheit. Diese
Entwicklung hängt mit Sicherheit auch mit den stark fallenden Preisen für leistungsfähige Systeme zusammen. Videosysteme werden in
verschiedenen Anwendungsbereichen eingesetzt. Zum einen dienen
sie der Gebäudeüberwachung. Große Außengelände und Zaunanla-
gen werden mittels Videoüberwachungstechnik gesichert. Nicht selten
laufen so Bilder von mehr als 10 Kameras in einem Kontrollzentrum
zusammen und werden zusätzlich für einen Zeitraum von über einer
Woche gespeichert. Zunehmend werden die Bilder in digitaler Form
auf elektronischen Speichermedien gespeichert. Die Speicherdauer
wird dann zumeist nur noch begrenzt durch die Kapazität der im
System verbauten Speicherchips. Wie auch in analogen Szenarien mit
Videobändern werden auch digitale Speicherungen regelmäßig über-
spielt, wobei sich der Turnus in beiden Fällen zumeist an der Kapazität der Medien ausrichtet.

Videoüberwachungseinrichtungen dienen aber nicht nur der
Außensicherung von Geländen, sondern werden auch intern zu verschiedensten Zwecken eingesetzt. So werden einige Anlagen zum
Diebstahlsschutz, andere zum Zutrittschutz und wieder andere zur
Produktionsüberwachung eingesetzt. Nach der Anschaffung eines Systems wird zumeist nicht mehr die Frage nach der Erforderlichkeit einer Aufzeichnung gestellt. Lediglich die Anschaffungsinvestition wird
nach dem Erforderlichkeitsgesichtspunkt hinterfragt.

Bei der Installation einer Videoanlage werden zumeist die rechtlichen Anforderungen, insbesondere die Persönlichkeitsrechte von
Mitarbeitern und Besuchern, außer Acht gelassen. Im Hinblick auf
Personen, die mittels solcher Anlagen gefilmt und gespeichert werden
können, sind hier allerdings Datenschutzvorschriften zu beachten.

Insbesondere mit Blick auf die Notwendigkeit müssen hier mehrere Forderungen gestellt werden. Eine Kamera ist nur dann notwendig, wenn es keine anderen Alternativen zur Erreichung des gleichen Zieles gibt. Neben dieser sehr eng auszulegenden Forderung, ist auch die Speicherzeit von Aufnahmen an diesem Maßstab zu messen. Zumindest Aufnahmen, die Personen zeigen, müssen unverzüglich gelöscht werden, wenn der mit der Maßnahme angestrebte Zweck entfällt. Dies ist beispielsweise der Fall, wenn eine Videoanlage zur Diebstahlsicherung oder zur Wahrung des Hausrechts eingesetzt wird. Hier müssen Aufzeichnungen unverzüglich dann gelöscht werden, wenn üblicherweise der Diebstahl hätte erkannt werden können.

Dient die Kamera einer Produktionsüberwachung ist sie so zu platzieren, dass keine Arbeitsplätze betroffen sind, da sonst wieder die Persönlichkeitsrechte der Mitarbeiter betroffen wären. Auch für solche Kameras, die lediglich technische Prozesse beobachten, ist eine kurze Speicherfrist zu fordern.

QM-Dokumente

Zunehmend finden sich in Unternehmen auch sog. Qualitätsmanagement-Systeme. In den darin enthaltenen Dokumenten werden oftmals bestimmte Aufbewahrungsfristen für Unterlagen der Arbeitnehmer aber auch für sonstige Geschäftsunterlagen festgelegt.

Anwendungsbereiche sind bspw. die Archivierung von Geschäftsunterlagen oder auch das Führen von Schulungslisten der Mitarbeiter, aber auch Prüfresultate von Produktionszwischenergebnissen.

In allen Fällen jedoch sind diese Dokumente nur eine Konkretisierung der gesetzlichen Aufbewahrungs- (in den Fällen von Geschäftsunterlagen) oder Nachweisfristen (bspw. für die Schulungen der Mitarbeiter aus dem Bereich Arbeitssicherheit oder für Nachweispflichten im Rahmen der Produkthaftung). Sie legen zwar den Umgang mit den aufzubewahrenden Dokumenten fest, sind inhaltlich jedoch direkt an die gesetzlichen Normen gebunden.

Arbeitsrecht

Neben den allgemeinen gesetzlichen Aufbewahrungsvorschriften, haben sich im Bereich Arbeitnehmerrechte starke Einschränkungen aus den Datenschutzgesetzen ergeben.

§ 32 BDSG – Die Verarbeitung von Arbeitnehmerdaten

Die Zulässigkeit der Verarbeitung von Arbeitnehmerdaten ist seit der Neufassung des Bundesdatenschutzgesetzes (BDSG) im September 2009 zunächst an § 32 BDSG zu messen.

Diese Vorschrift hat einen weiteren Anwendungsbereich als die übrigen Normen des BDSG. § 32 Abs. 2 BDSG unterstellt auch die nicht-automatisierte Verarbeitung von Daten oder die Verarbeitung aus nicht-automatisierten Dateien unter die Rechtmäßigkeitsanforderungen des Abs. 1. Im Ergebnis sind damit jetzt bspw. auch nicht digitale Personalakten direkt dem BDSG unterstellt, aber auch die reine Befragung und Beobachtung durch den Vorgesetzten oder Notizen über das Leistungsverhalten. [1]

Die Verarbeitung der Daten muss sich nach § 32 Abs. 1 BDSG richten. [2] Dafür muss es sich bei den verarbeiteten Daten zunächst um solche eines »Beschäftigten« handeln. [3]

Nach Abs. 1 dürfen Arbeitnehmerdaten nur erhoben, verarbeitet oder genutzt werden, wenn dies für die Entscheidung über die Begründung eines Beschäftigungsverhältnisses oder nach Begründung des Beschäftigungsverhältnisses für dessen Durchführung oder Beendigung erforderlich ist. Dies meint zunächst die Erfüllung der Pflichten des Arbeitgebers aus dem Arbeitsverhältnis, wie bspw. die Personalverwaltung oder die Zahlung der Gehälter. [4] Nach zutreffender Ansicht ist auch die Ausübung der Kontrollrechte des Arbeitgebers bezüglich der Erfüllung des Arbeitsverhältnisses davon umfasst. [5]

Alle Verarbeitungen von Daten müssen jedoch auch erforderlich sein, wie § 32 Abs. 1 BDSG ausdrücklich feststellt. [6] Erforderlichkeit könnte hier so zu verstehen sein, dass ohne die Datenverarbeitung das Beschäftigungsverhältnis nicht durchgeführt werden könnte. Dies scheint als Maßstab zu streng zu sein. Vielmehr gilt, dass die Erhebung, Verarbeitung oder Nutzung für die Erfüllung arbeitsvertraglicher Pflichten oder zur Wahrnehmung von Rechten aus dem Vertragsverhältnis geeignet und erforderlich sein muss. [7] Letztlich ist dann erforderlich, was der Zweckbestimmung des Arbeitsverhältnisses dient. [8]

§ 32 Abs. 1 S. 2 BDSG regelt die Verarbeitung von Arbeitnehmerdaten zur Aufdeckung von Straftaten. Dies ist nur dann zulässig, wenn ein konkreter Verdacht besteht, der auch durch tatsächliche Anhaltspunkte begründet ist. [9] Auch hier ist die Erforderlichkeit zu prüfen sowie eine Interessenabwägung durchzuführen. Die Regelung ist an den Wortlaut des § 100 Abs. 3 S. 1 TKG angelehnt und entspricht inhaltlich den Urteilen des Bundesarbeitsgerichts (BAG [10]) zur verdeckten Überwachung von Arbeitnehmern.

Soweit ein Arbeitgeber präventiv der Begehung von Straftaten vorbeugen möchte (bspw. aus Compliance-Gründen), ist dies ausweislich der Gesetzesbegründung [11] nicht nach den strengen Regelungen der Strafverfolgung aus S. 2, sondern nach den weniger scharfen Regelungen des S. 1 zu beurteilen. Vorbeugende Maßnahmen, so die derzeitige Auslegung, dienen der Durchführung des Arbeitsverhältnisses. Um hier einen Wertungswiderspruch zu vermeiden, ist daher auch bei der Datenverarbeitung zur Straftatenprävention eine Interessenabwägung mit den Vorgaben der Wertungen des S. 2 durchzuführen. [12]

Nicht anwendbar ist die Regelung des § 32 Abs. 1 S. 2 BDSG gemäß ihrem ausdrücklichen Wortlaut dagegen auf die Aufdeckung von reinen Vertragsbrüchen, die keine Straftat darstellen. Hier gilt wiederum die Regelung zur Durchführung des Arbeitsverhältnisses § 32 Abs. 1 S. 1 BDSG. [13]

Arbeitsvertrag

Für die Verarbeitung von Arbeitnehmerdaten im Arbeitsverhältnis ist der Arbeitsvertrag die rechtliche Grundlage. Hier ist jedoch zu berücksichtigen, dass dieser inhaltlich wiederum an § 32 BDSG gebunden ist. Daraus ließe sich nun schließen, dass der Arbeitsvertrag als Vertragstext letztlich keine eigenständige Bedeutung habe. Da der Vertrag jedoch eine Erklärung auch des Arbeitnehmers darstellt, könnte dieser als eine mögliche Einwilligung nach § 4a BDSG angesehen werden, sodass auch weitergehende Verarbeitungen, als § 32 BDSG sie gestattet, zulässig wären.

Arbeitsvertrag als Einwilligung? [14]

Die Einwilligung im Arbeitsverhältnis ist jedoch höchst problematisch. § 4 BDSG fordert für eine wirksame Einwilligung, dass diese freiwillig, das heißt ohne Zwang, erteilt sein muss. [15] Gerade bei Abschluss eines Arbeitsvertrages befindet sich der zukünftige Arbeitnehmer jedoch üblicherweise in einer gewissen Zwangslage, da er häufig auf eine Arbeitsstelle angewiesen ist und daher auch für ihn sehr ungünstige Klauseln annehmen wird. [16] Eine Einwilligung im Arbeitsverhältnis ist daher nur dann wirksam, wenn der Arbeitnehmer seine Einwilligung jederzeit zurücknehmen oder auch von vornherein verweigern kann, ohne dass ihm daraus negative Folgen entstehen. [17] Für den Arbeitsvertrag wird man dies nicht annehmen können, da eine Rücknahme der Erklärung eine Kündigung darstellen würde. Den Arbeitsvertrag selbst als Einwilligung zu sehen ist mithin nicht möglich. Einwilligungen können daher nur zusätzlich zum Arbeitsvertrag erklärt werden. Selbst dann ist jedoch die Frage der Freiwilligkeit problematisch.

Zweckbestimmung des Arbeitsvertrages

Der Arbeitsvertrag hat jedoch nicht nur Bedeutung als eine mögliche Einwilligung des Arbeitnehmers. Er kann auch durch die sog. Zweckbestimmung des Arbeitsvertrages selbst Basis für Datenverarbeitungen sein. Die im Vertrag festgelegten Arbeitsbedingungen können bestimmte Verarbeitungen notwendig machen. So wird bspw. bei Akkordarbeit eine genaue Erfassung der gefertigten Stückzahl notwendig sein, um den Arbeitnehmer zu bezahlen, während dies bei einer Bezahlung auf Stundenbasis nicht notwendig ist. Dabei ist jedoch, wie schon ausgeführt, zu berücksichtigen, dass sich diese Verarbeitungen alle an § 32 BDSG messen lassen müssen. Die Zweckbestimmung des Arbeitsvertrages wird damit zum Maßstab der Erforderlichkeit des § 32 BDSG. Dabei geht es um die vertraglichen Rahmenbedingungen. [18]

Sonderfall: Bewerbungen [19]

Als ein vertragsähnliches Vertrauensverhältnis ist auch das Anbahnungsverhältnis zu einem Arbeitsvertrag zu sehen. Hier ist jedoch zu berücksichtigen, dass seit der Neufassung des BDSG zum 1. September 2009 für die Verarbeitung von Arbeitnehmerdaten § 32 BDSG anzuwenden ist. Wie sich aus § 3 Abs. 11 Nr. 7 BDSG und mittelbar auch aus § 32 Abs. 1 S. 1 BDSG ergibt, sind auch Bewerber als Beschäftigte anzusehen, für die daher der Schutz des § 32 BDSG gilt.

Bewerberdaten sind daher genau wie Arbeitnehmerdaten zu behandeln, sie unterliegen allerdings einer besonderen Zweckbindung, da sie nur für die Entscheidung über die Begründung eines Arbeitsverhältnisses genutzt werden dürfen. Ist die Entscheidung gefallen, sind die Daten zu sperren bzw. zu löschen oder dem Bewerber zurückzusenden. [20]

Eine Weitergabe der Daten an andere konzernangehörige Unternehmen oder eine Nutzung für andere ausgeschriebene Stellen ist, wenn dies nicht ausdrücklich in der Ausschreibung angegeben war oder die Einwilligung des Bewerbers vorliegt, unzulässig. [21]

Interne kollektivrechtliche Regelungen

Neben den gesetzlichen und vertraglichen Regelungen, die Aussagen zur Erhebung, Nutzung und Speicherung von Daten machen können, gibt es einen weiteren Kreis von Normen, die hier »interne kollektivrechtliche Regelungen« genannt werden sollen. Sie sind ausschließlich für die Verarbeitung von Arbeitnehmerdaten bedeutsam. Ihre wichtigsten Vertreter sind der Tarifvertrag und die Betriebsvereinbarung.

Wie oben bereits erläutert, enthält das BDSG in § 1 Abs. 3 eine Subsidiaritätsklausel, die sich in § 4 Abs. 1 BDSG (»oder eine andere Rechtsvorschrift«) in ähnlicher Form erneut findet. Als solche anderen Rechtsvorschriften kommen auch die normativen Teile von Tarifverträgen und Betriebsvereinbarungen in Betracht. [22] Dann erscheint mithin möglich, dass diese wiederum weitergehende Datenverarbeitungsbefugnisse als das BDSG begründen können, da sie als andere Rechtsvorschriften nicht dem BDSG unterworfen wären. [23] In der datenschutzrechtlichen Literatur ist diese Auffassung einheitlich abgelehnt worden. [24]

Vielmehr müssen sich die Parteien beim Abschluss einer Betriebsvereinbarung oder eines Tarifvertrages an die verfassungsrechtlichen Wertungen halten. Da Datenschutz nichts anderes als Schutz des grundgesetzlich garantierten Persönlichkeitsrechts ist, sind dessen Wertungen bei Abschluss einer solchen Regelung zu beachten. Die Zulässigkeit einer den Datenschutz betreffenden Regelung in einem Tarifvertrag oder einer Betriebsvereinbarung muss sich daher – auch unter Berücksichtigung des beiderseitigen Schutzauftrages des Betriebsverfassungsgesetzes nach § 75 Abs. 2 BetrVG – für ihre Zulässigkeit an den Normen des BDSG messen lassen. [25] Ein Unterschreiten des im BDSG enthaltenen Standards ist nicht zulässig.

Tarifverträge

Die normative Wirkung eines auch datenschutzrechtliche Fragen regelnden Tarifvertrages, die diesen als andere Rechtsvorschrift im

Sinne des § 4 Abs. 1 BDSG auftreten lässt, ergibt sich aus dem Tarif-
vertragsgesetz (§ 4 Abs. TVG). Folge ist, dass sich die Zulässigkeit der
Datenverarbeitung zumindest nicht mehr unmittelbar nach BDSG
richtet, sondern vielmehr nach dem Tarifvertrag. [26] Ob ein Tarifvertrag jedoch eine eigene Übermittlungsbefugnis von Mitarbeiterdaten
zum Beispiel an die ausländische Konzernmutter begründen kann, ist
derzeit ungeklärt. [27] Die praktische Bedeutung von Tarifverträgen
als »andere Rechtsvorschrift« ist jedoch gering. [28]

Betriebsvereinbarungen

Die Betriebsvereinbarung dagegen ist von großer praktischer Relevanz. Regelmäßige Anwendungsfälle mit datenschutzrechtlichem
Bezug sind bspw. Betriebsvereinbarungen zur Nutzung der Informa-
tions- und Kommunikationssysteme des Unternehmens, zur Videoüberwachung oder zur Gesprächserfassung von Telefonaten.
Die Betriebsvereinbarung bezieht ihre normative Wirkung aus § 77
Abs. 4 S. 1 BetrVG. Die Regelungen zur Datenverarbeitung in Betriebsvereinbarungen müssen den Grundkonzeptionen des Persönlich-
keitsschutzes folgen. [29]
    Damit eine Betriebsvereinbarung jedoch als andere Rechtsvor-
schrift im Sinne des § 4 Abs. 1 BDSG angesehen werden kann,
muss sie für die Verarbeitung und Nutzung von Arbeitnehmerdaten
konkrete Vorgaben hinsichtlich zu verarbeitender Daten und Zweck
der Verarbeitung mit dazugehörigen Verbots- oder Erlaubnisregeln
aufstellen. Bloß allgemeine Regeln genügen nicht. [30] Die an eine
solche Betriebsvereinbarung inhaltlich im Einzelnen zu stellenden Anforderungen sind je nach Anwendungsszenario sehr unterschiedlich,
sodass insoweit auf die Spezialliteratur verwiesen wird. [31] Pflicht-
inhalte sind jedoch in allen Fällen neben den oben bereits genannten
Angaben beispielsweise zu Zugriffsberechtigungen, Löschungsfristen,
Dokumentationspflichten und Betroffenenrechten.

Bezüglich der Reichweite von Betriebsvereinbarungen ist zu beachten, dass für leitende Angestellte oder für Arbeitnehmer in Nebenbetrieb ohne Betriebsrat die Datenverarbeitung nicht durch eine Bezugnahme auf eine Betriebsvereinbarung des Hauptbetriebes gestattet werden kann. Hier ist vielmehr die Zustimmung des Arbeitnehmers erforderlich. [32]

Aus Platzgründen können hier keine ausführlichen Details zu einzelnen Betriebsvereinbarungen gegeben werden, dennoch wird aber auf einige relevante Punkte hingewiesen:

Nutzung betrieblicher Informations- und Kommunikationssysteme [33]

Eine Betriebsvereinbarung kann bei verbotener privater Nutzung Grundlage der Speicherung von Verkehrsdaten (IP-Adresse, aufgerufene Seite usw.) sein, da in diesen Fällen das TKG auf den Sachverhalt nicht anwendbar ist. [34]

Ist die Privatnutzung während der Arbeitszeit jedoch gestattet, greift § 88 TKG (Fernmeldegeheimnis) ein, mit der Folge, dass die Daten nur zu Abrechnungszwecken genutzt werden dürfen. Kontrollen, welche Zeit der Arbeitnehmer für private Zwecke aufwendet hat, sind dagegen unzulässig [35]. Zulässig bleibt allerdings eine Missbrauchskontrolle nach § 100 TKG, jedoch nur bei Vorliegen eines konkreten Verdachts, das heißt, die rein abstrakte Missbrauchsgefahr genügt nicht. [36] Die dazu genutzten Daten müssen bereits vor einem solchen konkreten Verdachtsfall in zulässiger Weise erhoben worden sein, die präventive Bildung von Datenbeständen zur Kontrolle ist unzulässig. [37]

Videoüberwachung [38]

Die Einführung einer Videoüberwachung ist nach § 87 Abs. 1 Nr. 6 BetrVG mitbestimmungspflichtig. [39] Die Betriebsvereinbarung muss dabei auch hier mit höherrangigem Recht vereinbar sein. [40]

Vorliegend sind das grundlegend das allgemeine Persönlichkeitsrecht und konkret § 6b BDSG für die Überwachung öffentlich zugänglicher Räume sowie § 32 BDSG für die Überwachung von Arbeitnehmern in nicht öffentlich zugänglichen Räumen. Das Bundesarbeitsgericht (BAG) hat in einer Reihe von Urteilen [41] Anforderungen an die Rechtmäßigkeit und die inhaltliche Ausgestaltung der Betriebsvereinbarung gestellt. Im Wesentlichen ist dabei der sog. Grundsatz der Verhältnismäßigkeit zu beachten, diese Abwägung kann nur jeweils für den konkreten Einzelfall vorgenommen werden. [42]

Gesprächsaufzeichnung bei Telefonaten

Gerade im Bereich der Callcenter besteht ein erhebliches Interesse daran, Gespräche der Mitarbeiter mit Kunden aufzuzeichnen, um diese aus Gründen der Qualitätskontrolle oder auch zu Beweiszwecken auszuwerten.

Hierbei ist jedoch zu berücksichtigen, dass eine vollständige Aufzeichnung bzw. das vollständige Mithören eine Einwilligung des Arbeitnehmers [43] voraussetzt. Betreffend den Gesprächspartner kann die Betriebsvereinbarung keine Wirkung entfalten und stellt ihm gegenüber auch keine Rechtsgrundlage für die Datenspeicherung dar; es ist allein Sache des Arbeitgebers, ob diese Datenerhebung nach den allgemeinen datenschutzrechtlichen Regelungen zulässig ist. [44] Eine Betriebsvereinbarung kann als Zulässigkeitsgrundlage für ein solches Mithören der Gespräche fungieren, dies hängt jedoch sehr vom Einzelfall ab. Wichtig ist insbesondere die Überwachung nur zu Ausbildungszwecken und das offene, also nicht-heimliche Mithören bei voller Kenntnis des Arbeitnehmers. [45] Wichtig ist auch die Beschränkung auf Stichproben. [46]

Das heimliche, also unbefugte Mithören dagegen verstößt nicht nur gegen das allgemeine Persönlichkeitsrecht aus Art. 1 in Verbindung mit Art. 2 Abs. 1 GG sondern auch gegen § 201 des Strafgesetzbuchs (StGB). [47]

Literatur

[1]   *Eine wesentliche Änderung in der rechtlichen Bewertung bedeutet dies jedoch nicht, da auch schon nach altem Recht solche Datensammlungen am allgemeinen Persönlichkeitsrecht der Arbeitnehmer messen lassen mussten. Davon geht auch der Gesetzgeber aus, vgl. BT-Drs. 16/13657, S. 37. Zu § 32 Abs. 2 BDSG vgl. auch Wank, in: ErfKomm, BDSG § 32, Rn. 2; Abel, RDV 2009, 147 (152f); Erfurth, NJOZ 2009, 2914 (2925); Hanloser, MMR 2009, 594 (596); Thüsing, NZA 2009, 865 (869f);*

[2]   Zur Anwendbarkeit des § 28 BDSG neben § 32 BDSG bei der Verarbeitung von Arbeitnehmerdaten vgl. WANK, in: *ErfKomm, BDSG § 32, Rn. 3; Erfurth, NJOZ 2009, 2914 (2922ff); Schmidt, RDV 2009, 193 (195); Thüsing, NZA 2009, 865 (869).*

[3]   *Zum Beschäftigtenbegriff vgl. § 3 Abs. 11 BDSG.*

[4]   Vgl. ERFURTH, NJOZ 2009, 2914 (2917); *Schmidt, RDV 2009, 193 (197).*

[5]   So auch: ERFURTH, NJOZ 2009, 2914 (2917); *Schmidt, RDV 2009, 193 (197); Thüsing, NZA 2009, 865 (867f)*

[6]   Vgl. auch WANK, in: *ErfKomm, BDSG § 32, Rn. 5; Erfurth, NJOZ 2009, 2914 (2917), Schmidt, RDV 2009, 193 (198f); die Verhältnismäßigkeitsprüfung ablehnend: Vogel/Glas, BB 2009, 1747 (1751).*

[7]   Vgl. BAG 22. 10. 1986 AP BDSG § 23 Nr. 2; *Wank, in: ErfKomm, BDSG § 32, Rn. 5; Gola/Schomerus, § 28 Rn. 34.*

[8]   So THÜSING, NZA 2009, 865 (868). *Beispiele für (un)zulässige Nutzungen bietet Wank, in: ErfKomm, BDSG § 32, Rn. 21ff.*

[9]   Vgl. WANK, in: *ErfKomm, BDSG § 32, Rn. 29; Erfurth, NJOZ 2009, 2914 (2920); Schmidt, RDV 2009, 193 (195).*

[10]   *BAG, NZA 2003, 1193; NZA 2008, 1187.*

[11]   *BT-Drs. 16/13657, S. 36.*

[12]   So THÜSING, NZA 2009, 865 (868); *eine einfache Verhältnismäßigkeitsprüfung will Abel, RDV 2009, 147 (153) ausreichen lassen, ähnlich auch: Hanloser, MMR 2009, 594 (596); differenzierend: Erfurth, NJOZ 2009, 2914 (2920f), der Präventionsmaßnahmen, die nicht auch zur Aufdeckung von Straftaten beitragen, für unzulässig erklärt; ähnlich Schmidt, RDV 2009, 193 (197), der die verdachtsunabhängige Verarbeitung nach S. 1 zulassen will, die jedoch dann unzulässig wird, sobald sich die Verdachtsmomente nicht erhärten; Barton, RDV 2009, 200 (203) will Präventionsmaßnahmen auch nicht nach S.1 zulassen; Wank, in: ErfKomm, BDSG § 32, Rn. 28 schließlich löst diese Fälle über einen Rückgriff auf § 28 Abs. 1 Nr. 2 BDSG.*

[13]   Vgl. ERFURTH, NJOZ 2009, 2914 (2920f); *Thüsing, NZA 2009, 865 (868); von Steinau-Steinrück, Mosch, NJW-Spezial 2009, 450 (451).*

[14]   Zu den formalen und inhaltlichen Anforderungen an eine Einwilligung vgl. bspw. WANK, in: *ErfKomm, BDSG § 4a, Rn. 3; Gola/Schomerus, § 4a, Rn. 6ff.*

[15]   Vgl. WANK, in: *ErfKomm, BDSG § 4a, Rn. 2; Gola/Wronka, Rn.257.*

[16]   Vgl. GOLA/SCHOMERUS, *§ 4a, Rn. 6 m.w.N; Gola/Wronka, Rn.258f.*

[17]   Vgl. GOLA/WRONKA, Rn.261. *Nicht möglich ist eine Erweiterung des Fragerechts des Arbeitgebers durch Einwilligung des Arbeitnehmers, vgl. Wank, in: ErfKomm, BDSG § 4a, Rn. 1; Gola/Schomerus, § 4a, Rn. 7; Gola/Wronka, Rn.262ff. Zur Verarbeitung von Krankendaten des Arbeitnehmers: Iraschko-Luscher/Kiekenbeck, NZA 2009, 1239ff.*

[18]   Vgl. auch WANK, in: *ErfKomm, BDSG § 32, Rn. 5.*

[19]   Zum Fragerecht des Arbeitgebers im Bewerbungsverfahren vgl. WANK, in: *ErfKomm, BDSG § 32, Rn. 7ff; Gola/Wronka, Rn. 486Ff, umfassend zum Fragerecht: Beck, Fragerecht und Recht zur Lüge, 2004, zum Fragerecht im neuen § 32 BDSG vgl. auch Thüsing, NZA 2009, 865 (867). Zur Verwendung von Bewerberdaten vgl. auch Rolf/Rötting, RDV 2009, 263ff.*

[20]   Bis zu dem Zeitpunkt, ab dem Sicherheit besteht, dass keine Rechtsstreitigkeiten zu erwarten sind, dürfen die Daten gespeichert werden, sind aber zu sperren, vgl. WANK, in: *ErfKomm, BDSG § 32, Rn. 15; für eine frühere Löschung: Gola/Wronka, Rn. 958 unter Verweis auf den 22. TB des BfDI, S. 123. Eine Speicherung generell ablehnend: Schild/Tinnefeld, DuD 2009, 469 (471).*

[21]   Vgl. GOLA/WRONKA, Rn. 956f.

[22]   *Allg. Meinung, vgl. statt aller: BAG, NZA 1986, 643 (646); Gola/Schomerus, § 4 Rn. 7.*

[23]   *So das BAG, NZA 1986, 643 (646f) zur Verarbeitung von Personaldaten per Betriebsvereinbarung. In der Entscheidung BAG, NZA 2008, 1187 rückt das BAG von dieser Auffassung allerdings implizit ab und prüft die Zulässigkeit gemäß den Normen des BDSG, vgl. insoweit BAG EwiR § 75 BetrVG 1/09, 69 (Grimm/Schiefer).*

[24]   Statt aller: WALZ, in: *Simitis, § 4, Rn. 11 m.w.N.*

[25]   Vgl. KLEBE, in: *Däubler/Kittner/Klebe, § 87 Rn. 25, 163; Haußmann/Krets, NZA 2005, 259 (263); Trittin/Fischer, NZA 2009, 343 (345).*

[26]   Vgl. KILIAN, in: *Kilian/Heussen, Computerrechts-Handbuch (26. EL), Kollektivvereinbarungen Rn. 4; Gola/Wronka, Rn. 249.*

[27]   *Offengelassen: BAG, NZA 2003, 275 (279); ablehnend: Walz, in: Simitis, § 4 Rn. 16.*

[28]   WANK, in: *ErfKomm, BDSG § 4 Rn. 2; Gola/Wronka, Rn. 63.*

[29]   REICHOLD, in: *Münchner Handbuch zum Arbeitsrecht, Bd. 1, Rn. 21; Wank, in: ErfKomm, BDSG § 4, Rn. 11.*

[30]   REICHOLD, in: *Münchner Handbuch zum Arbeitsrecht, Bd. 1, Rn. 21; Gola/Wronka, Rn. 249.*

[31]   *Bsp. zur Videoüberwachung: Grimm/Schiefer, RdA 2009, 329ff.*

[32]   Vgl. RIEBLE/SCHUL, *RdA 2006, 339 (343).*

[33]   *Eine Checkliste zur Zulässigkeit einer solche Betriebsvereinbarung findet sich bei Haußmann/ Krets, NZA 2005, 259 (264).*

[34]   Zum zulässigen Prüfumfang vgl. KRATZ/GUBBELS, *NZA 2009, 652 (653f).*

[35]   Vgl. BARTON, *NZA 2006, 460 (461); Elschner, in: Hoeren/Sieber, Hdb. MultimediaR, Kap. 22.1, Rdnr. 100; a.A. Beckschulze/Henkel, DB 2001, 1491 (1494).*

[36]   Vgl. BARTON, *NZA 2006, 460 (461f); Kratz/Gubbels, NZA 2009, 652 (655); ähnlich: Rath/Karner, K&R 2007, 446 (451), die jedoch bei schwerwiegenden Verstößen wie dem Verrat von Betriebsgeheimnissen eine Nutzung der (bei einem externen Anbieter gespeicherten) Verbindungsdaten zur Missbrauchskontrolle zulassen wollen.*

[37]   Vgl. BARTON, *NZA 2006, 460 (462).*

[38]   *Die hier dargestellte Videoüberwachung betrifft nur die Mitarbeiter eines Unternehmens. Sollen auch Kunden überwacht werden, kann diese Überwachung nicht auf die Betriebsvereinbarung gestützt werden.*
Zur Frage von Beweisverwertungsverboten bei der Videoüberwachung vgl. bspw. Schlewing, NZA 2004, 1071 (1072ff) sowie sehr ausführlich: Grimm/Schiefer, RdA 2009, 329 (339ff).

[39]   Vgl. BAG, NZA 2008, 1187 (1189); RÖCKL/FAHL, *NZA 1998, 1035 (1038); Bayreuther, NZA 2005, 1038 (1042); Grimm/Schiefer, RdA 2009, 329 (330).*

[40]   *BAG, NZA 2008, 1187 (1189).*

[41]   *BAG, NZA 2003, 1193; NZA 2004, 1278; NZA 2008, 1187.*

[42]   *Vgl. bspw. BAG, NZA 2008, 1187 (1190). Erforderlich sind bspw. das Vorliegen eines konkreten Verdachts sowie eine enge zeitliche und räumliche Begrenzung. Für Einzelheiten wird auf die einschlägige Fachliteratur verwiesen.*

[43]   GOLA/WRONKA, *Rn. 770ff.*

[44]   *Vgl. BAG, NZA 1986, 643 (648); BAG, NZA 1996, 218 (220), Dann/Gastell, NJW 2008, 2945 (2948). Eine solche Rechtsgrundlage wird es in der Regel nicht geben, sodass das*

Mithören oder Aufzeichnen der Gespräche nur mit vorheriger Einwilligung des Betroffenen zulässig ist, BAG, NZA 1998, 307 (309); vgl. auch Kopke, NZA 1999, 917 (920).

[45]   *BAG, NZA 1996, 218 (220f). In diesem Fall erfolgte das Mithören außerdem nur während der Probezeit und bei wenig sensitiven, rein dienstlichen Gesprächen. Vgl. auch Dann/Gastell, NJW 2008, 2945 (2948), Oberwetter, NZA 2008, 609 (611); Vogt, NJOZ 2009, 4206 (4213f).*

[46]   Vgl. GOLA, *Datenschutzberater 2001, 17ff; Oberwetter, NZA 2008, 609 (611).*

[47]   *Vgl. BVerfG, NJW 1992, 815 (815f); BGH, NJW 2003, 1727 (1728); Gola/Wronka, Rn. 771Ff; Oberwetter, NZA 2008, 609 (611); Vogt, NJOZ 2009, 4206 (4213f).*

Zusammenfassung

Im Ergebnis lässt sich feststellen, dass nicht jede Datensammlung grundsätzlich notwendig ist. In der unternehmerischen Realität haben sich Praktiken eingebürgert, die eine Datensammlung als notwendig erscheinen lassen, dies jedoch in Wirklichkeit nicht ist.

Für den Bereich der gesetzlichen Speicherpflichten stellt sich zwar die Frage, ob wirklich alle Infomationen für den festgelegten Zeitraum auch praktisch notwendig sind, letztendlich ist hier aber schon im Gesetzgebungsverfahren die Angemessenheit der Datenspeicherung geprüft und von der Legislative als gegeben eingeschätzt worden.

Bei organisatorischen Regelungen sieht dieser Punkt anders aus. Hier wird zumeist auf eine notwendige Datenlöschung verzichtet. Jede Information wird als potenziell wertvoll eingestuft. Vor dem Hintergrund immer neuer Auswertungsmethoden und leistungsfähigeren Systemen und Analyseverfahren, kann dieser Denkweise auch keine Absage erteilt werden. Im Rahmen der Verarbeitung von personenbezogenen Daten setzt immerhin die Datenschutzgesetzgebung organisatorischen Regelungen klaren Grenzen, die aber zumeist in der Wirtschaft wenig Beachtung finden. So kann man die These aufstellen, dass es ein datenschutzkonformes CRM-System nicht gibt. An diesem Beispiel zeigt sich deutlich, dass der Zweck von Datenverarbeitungssystemen dem Ziel Datensparsamkeit und einer Datenlöschung entgegenläuft.

Datenschutz durch Klassifizierung und Datenreduktion

Ob in E-Mails, bei der Erfassung von Arbeitsunfällen oder der Bewertung von Lieferanten – an vielen Stellen im Unternehmen entstehen personenbezogene Informationen. Der Beitrag zeigt, wie sich solche sensiblen Daten und ihre zugehörigen Verfahren gemäß datenschutzrechtlicher Anforderungen schützen lassen.

In diesem Beitrag erfahren Sie:
- wie man datenschutzrechtliche Anforderungen bei personenbezogenen Daten umsetzt,
- wie man die Klassifizierung personenbezogener Informationen zur Risikominimierung nutzt,
- wie sich Ansätze zur Datenvermeidung und -sparsamkeit integrieren lassen.

FRANK PIONTEK

Anforderungen aus datenschutzrechtlicher Sicht

Die rasante Entwicklung der Informationsverarbeitung ermöglicht es Unternehmen nicht nur, immer mehr Informationen in immer kürzerer Zeit zu verarbeiten, sondern stellt auch neue Herausforderungen, um die wachsende Flut an Informationen zu bewältigen (vgl. [1]). Zudem sehen sich Unternehmen mit immer weitergehenden regulatorischen Anforderungen durch den Gesetzgeber konfrontiert, z. B. dem gerade novellierten Bundesdatenschutzgesetz (BDSG).

Die Notwendigkeit der Erstellung und Nutzung von Informationen bleibt in vielen Fällen nicht nur auf das Unternehmen und seine Mitarbeiter beschränkt, sondern ergibt sich auch im Hinblick auf den Geschäftszweck des Unternehmens. Neben Lieferanten und Geschäftspartnern können auch Kunden maßgeblich zur Informationsentstehung beitragen, man denke nur im medizinischen Umfeld an die Behandlungsdokumentation, die den Zyklus/Krankheitsverlauf jedes einzelnen Patienten über Jahre bzw. Jahrzehnte hinweg fortschreibt.

Eine Möglichkeit, den Schutzbedarf von Verfahren mit personenbezogenen Informationen vorzuqualifizieren, bietet die Klassifizierung – eine Disziplin des Information Security Managements. Der Grundsatz der Datenvermeidung und Datensparsamkeit kann insbesondere auf automatisierte Neu- und Bestandsverfahren Anwendung finden, für die ein hoher Risikowert ermittelt wurde.

Der Grundgedanke des BDSG ist es, den Einzelnen (Betroffenen) davor zu schützen, durch den Umgang mit seinen personenbezogenen Informationen in seinem Persönlichkeitsrecht beeinträchtigt zu werden. Dies bedeutet, dass es das Recht jedes Einzelnen ist, grundsätzlich selbst über die Preisgabe und Verwendung seiner personenbezogenen Informationen zu entscheiden.

Die Anforderungen (d. h. die Dokumentationspflichten) für privatwirtschaftliche Unternehmen zum Führen eines Verzeichnisses automatisierter Verfahren mit personenbezogenen Informationen leiten sich aus § 4e BDSG ab:

⇨ rechtliche Vorgaben (die Übersicht wird eingefordert),
⇨ Wahrung der Rechte des Betroffenen,
⇨ Evaluierung der Zulässigkeit der Datenerhebung bzw. Verarbeitung,
⇨ Schaffung von Transparenz bezüglich des Flusses personenbezogener Informationen,
⇨ Identifikation möglicher Risiken für betroffene Personengruppen (z. B. Kunden, Patienten, Mitarbeiter) durch die Nutzung personenbezogener Informationen.

Im Hinblick auf den Aufbau eines Verfahrensverzeichnisses bestehen folgende datenschutzrechtliche Dokumentationsanforderungen:

⇨ allgemeine Informationen zur Anwendung und Verantwortlichkeit (Betreiber),
⇨ Zweck und Rechtsgrundlage für die Datenverarbeitung,
⇨ Art der gespeicherten Informationen und betroffener Personenkreis,

⇨ Art des Datentransfers und Empfänger,
⇨ zugriffsberechtigte Personen und Gruppen,
⇨ Löschfristen für personenbezogene Informationen,
⇨ technische und organisatorische Datenschutzmaßnahmen.

Informationsklasse »personenbezogene Informationen« im Datenschutzkontext

Der Schutz von personenbezogenen Informationen hat nicht zuletzt durch die Pressemitteilungen über Datenverluste bei Regierungseinrichtungen [2] und Unternehmen der Privatwirtschaft [3] an Bedeutung gewonnen. Und auch die Verschärfung des BDSG seit dem 01.09.2009 bringt das Thema Datenschutz wieder auf die Agenda der Unternehmen.

Unter personenbezogenen Informationen versteht man (nach § 3 Abs. 1 BDSG):

⇨ Einzelangaben über persönliche Verhältnisse oder
⇨ sachliche Verhältnisse einer
⇨ bestimmten oder bestimmbaren
⇨ natürlichen Person (= Betroffener).

Betroffene im Sinne des BDSG sind z. B. Arbeitnehmer, Kunden, Lieferanten, Bewerber und Interessenten. Einzelangaben bzw. sachliche Verhältnisse können sein: Geburtsdatum, Besitz sowie Schulden. Die zugrundeliegenden Einzelangaben lassen sich als Basis für die Bestimmung der erforderlichen Schutzklasse auf Verfahrensebene unter Ausnutzung der Klassifizierung heranziehen. Darüber hinaus gibt es seitens des Gesetzgebers bereits eine Vorgabe, welche personenbezogenen Informationen einen besonderen Schutzbedarf besitzen; diese sind im § 3 Abs. 9 BDSG näher ausgeführt (z. B. Gesundheitsdaten).

Klassifikation von Informationen

Ziel des Information Security Managements ist es, ausgerichtet an den Geschäftszielen des Unternehmens ein vorgegebenes Sicherheitsniveau zu erreichen und auch aufrechtzuerhalten.

Der Information-Security-Management-Prozess hat hierbei die Aufgabe, die Vertraulichkeit, Integrität und Verfügbarkeit von Informationen sicherzustellen, und setzt bei den Geschäftsanforderungen zur Erfüllung gesetzlicher, behördlicher und vertraglicher Vorgaben auf.

Klassifizierungssysteme können sich hinsichtlich der Anzahl der verwendeten Stufen unterscheiden. Gemein ist allen, dass sie im Verlauf einer Risikoanalyse (im Hinblick auf vordefinierte Kriterien) eine Einschätzung darüber geben, wie wichtig die Informationen und somit auch die informationsverarbeitenden Verfahren für das Unternehmen sind.

Klassifizierungsschema nach ITIL

Es gibt verschiedene IT-Rahmenwerke, die ein Klassifizierungsschema nutzen. Beispielsweise wendet ITIL (IT Infrastructure Library) dies auf die einzelnen Elemente (die so genannten Configuration Items = CIs) der IT-Servicearchitektur an und verbindet die CIs in Abhängigkeit vom ermittelten Schutzbedarf mit zugehörigen IT-Sicherheitsstandards im Configuration Management Prozess.

Es gibt einige gute Gründe für die Klassifizierung von Informationen, die dem Unternehmen einen Mehrwert bieten [4]:

⇨ sie hilft mit, kritische bzw. sensible Informationen im Unternehmen zu identifizieren,

⇨ sie kann dazu beitragen, Aufwendungen für den Schutz von Informationen zu rechtfertigen,

⇨ sie kann zur Steuerung der Zugriffskontrolle genutzt werden,

⇨ erst dadurch ist es möglich, ein ausgewogenes Risikomanagement zur Erzielung des vorgegebenen Sicherheitsniveaus zu betreiben,

⇨ sie kann genutzt werden, um gesetzliche, behördliche und vertragliche Anforderungen besser zu erfüllen.

Für ein Klassifizierungsprojekt sind neben der Definition der zugrundeliegenden Klassen mit ihren Merkmalen und Abgrenzungen noch folgende wichtige Fragen zu klären:

⇨ Welche Informationen sind zu betrachten (Umfang)?
⇨ Welches Ziel wird mit der Klassifizierung verfolgt?
⇨ Wo liegen die Informationen vor und wer ist jeweils der Informationseigentümer?

Man sollte sich darüber im Klaren sein, dass die einmalige Klassifizierung von Informationen zu einem fixen Zeitpunkt nicht immer ausreicht. Vielmehr ist es wichtig, in regelmäßigen Zyklen die Klassifizierung zu überprüfen, da sich der *Wert* der Information bzw. die Anwendbarkeit einer gesetzlichen Vorschrift (Haltbarkeitsdatum) über den Zeitraum verändern kann. Das gilt nicht nur für Dokumente, die erst durch die Hinzunahme weiterer Details in späteren Versionen an Vertraulichkeit gewinnen (z. B. die Konkretisierung eines Forschungsvorhabens für eine neue Behandlungsmethode), sondern auch für personenbezogene Informationen (z. B. bezieht sich der Begriff der *natürlichen* Person nach § 3 Abs. 1 BDSG lediglich auf eine lebende Person zwischen Geburt und Tod).

Ermittlung der betroffenen Verfahren

Zunächst einmal ist festzustellen, dass die Einhaltung von regulatorischen Vorgaben dem Verantwortungsbereich der Geschäftsführung obliegt, sich die Verfahren mit personenbezogenen Informationen und deren Eigentümer jedoch in den Fachfunktionen wiederfinden. Somit ist als Grundvoraussetzung für den Aufbau eines Verfahrensverzeichnisses im Unternehmen zunächst eine entsprechende Datenschutzorganisation zu schaffen, die die Unterstützung durch die Fachbereiche gewährleistet.

Abhängig von der jeweiligen Unternehmensstruktur und Größe gibt es verschiedene Möglichkeiten, mit Unterstützung eines Sponsors aus der Geschäftsführung eine entsprechende Datenschutzstruktur aufzubauen.

Dem vorliegenden Beispiel liegt ein zentraler Ansatz mit *Datenschutzansprechpartner (DSA)* in zentralen Fachfunktionen und an entfernten Unternehmensstandorten zugrunde. Im Rahmen der

Verfahrensaufnahme kommt den DSAs die Aufgabe zu, für ihre Fachbereiche neue bzw. geänderte maschinelle Verfahren mit personenbezogenen Informationen an den zuständigen *Datenschutzbeauftragten (DSB)* zu melden bzw. die Kommunikation in dem Fachbereich zu organisieren. Hierbei ist es wichtig, im Zuge einer Awareness-Kampagne die Fachbereichsleitung für das Thema Datenschutz zu sensibilisieren und geeignete Kandidaten zu identifizieren, die beispielsweise in einer Assistenz- bzw. Controllingfunktion tätig sind und entweder einen guten Überblick über im Einsatz befindliche Verfahren haben oder auf mögliche Verfahren und deren Eigentümer verweisen können.

Der zentrale Ansatz mit DSA bietet gegenüber einem dezentralen Ansatz mit lokalen Datenschutzkoordinatoren, die teilweise Aufgaben des DSB mit übernehmen (z. B. die Verfahrensdokumentation eigenständig in ihrem Fachbereich durchzuführen), eine Reihe von Vorteilen:

⇨ die Rolle des DSA lässt sich in der Regel mit bereits vorhandenen Ressourcen im Fachbereich abbilden,

⇨ es ist nur ein geringer Schulungsaufwand erforderlich,

⇨ es wird ein hoher Grad an Standardisierung bei der Verfahrensaufnahme und Risikobewertung erzielt.

Die einzelnen Schritte zum Aufbau des Verfahrensverzeichnisses lassen sich wie folgt darstellen (siehe auch Abb. 1):

⇨ Neue, modifizierte oder nicht mehr weitergeführte automatisierte Verfahren mit personenbezogenen Informationen werden durch den DSA der Fachabteilung an den DSB gemeldet.

⇨ Prüfung durch den DSB, ob das Verfahren relevant ist.

⇨ Information des DSAs, dass das automatisierte Verfahren keine Datenschutzrelevanz besitzt.

⇨ Ausfüllen des Formulars [5] für neue oder geänderte automatisierte Verfahren durch den DSB im Dialog mit der Fachabteilung (Verfahrenseigentümer) und Aufnahme getroffener Schutzmaßnahmen mit der lokalen IT-Abteilung. Wenn nicht bereits bei der technischen Umsetzung des Verfahrens berücksichtigt, ergeben sich hier weitere Gestaltungsmöglichkeiten unter dem Aspekt der Datenvermeidung und Datensparsamkeit.

⇨ Prüfung der Rechtmäßigkeit der Verarbeitung gegebenenfalls unter Einbezug der Rechtsfunktion und Bewertung der getroffenen Schutzmaßnahmen durch den DSB.

⇨ Prüfung der Datenschutzregelungen in Verträgen bei Auftragsdatenverarbeitung bzw. Datenweitergabe an Dritte gegebenenfalls unter Einbezug der Rechtsfunktion.

⇨ Information der Fachfunktion (DSA) über die Ablehnung der automatisierten Verarbeitung.

⇨ Information der Fachfunktion (DSA) über die Freigabe der automatisierten Verarbeitung.

⇨ Aktualisierung des Verfahrensverzeichnisses und Ablage des Formulars.

Im Anschluss lassen sich gleichartige bzw. repetitive Einzelverfahren, die auf der gleichen Informationsbasis aufsetzen, weiter zusammenfassen (siehe Tabelle 1).

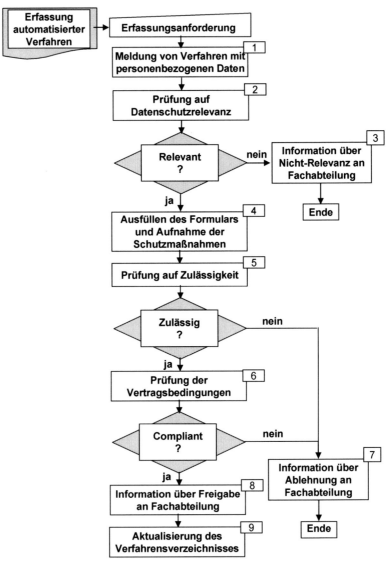

Abb. 1:   *Schritte zum Aufbau des Verfahrensverzeichnisses*

Tabelle 1: Verfahrensregister (Auszug)

Verfahrensgruppe	Verfahrensname	Verfahrenszweck	Software	Betroffene	Daten
Büroorganisa-tions- und Kom-munikationsver-fahren Zweck der Ver-fahren ist die Kommunikation extern und intern sowie die alltägli-che persönliche Arbeitsorganisati-on (Kalender, Pla-nung von Bespre-chungen etc.)	Bürokommuni-kation	Verfahren zur in-ternen Kommuni-kation in Form von Briefen, Erstellung von Präsentati-onen und Tabel-len, Plänen etc., in welchen per-sonenbezogene Daten vorkommen können	MS-Office	Mitarbeiter, Be-werber, Kunden, Lieferanten, An-sprechpartner und sonstige Personen	Alle Datenkatego-rien, die notwen-dig sind, die Zwe-cke zu verfolgen, z. B. Name, Adres-se, Kontaktdaten, Kommunikations-inhalte
	E-Mail-System	Durchführung interner und externer Korres-pondenz, Büro-kommunikation, Terminverwaltung, Aufgaben- und Besprechungs-planung, Unter-stützung bei der Projektarbeit, Kon-taktdaten (Adress-buch)	Lotus Notes	Mitarbeiter, Be-werber, Kunden, Lieferanten, An-sprechpartner und sonstige Personen	Alle Datenkatego-rien, die notwen-dig sind, die Zwe-cke zu verfolgen, z. B. Name, Adres-se, Kontaktdaten, Kommunikations-inhalte

Tabelle 1: Verfahrensregister (Auszug) (Fortsetzung)

Verfahrensgruppe	Verfahrensname	Verfahrenszweck	Software	Betroffene	Daten
Mitarbeiter-management Zweck der Verfahren ist die Überprüfung der Einhaltung von Compliance-Vorgaben	Arbeitsunfall-erfassung	Verfahren zur Erfassung von Arbeitsunfällen, um den gesetzl. Obliegenheiten nachzukommen	MS-Office/Papier	Mitarbeiter, Leiharbeiter	Stammdaten, Dokumentation des Arbeitsunfalls, weitere Informationen
	Auswertung IT-Dienstleistungen	Auswertung der durch den Nutzer anfallenden IT-Kosten in Bezug auf den Dienstleister	MS-Office/Papier	Mitarbeiter	Stammdaten, IT-Dienstleistungen, Kosten
Studien, QM-Verfahren, Compliance- und Forschungsverfahren Zweck dieser Verfahren ist die Durchführung von Studien, Auditierungen, Prüfungen etc. zur Qualitätssicherung, Einhaltung von Compliancevorgaben oder Richtlinien	Klinische Studien	Durchführung von Studien an Patienten zur Grundlagenforschung bzw. Überprüfung der Wirkung von Medikamenten bzw. medizinischen Produkten je nach wissenschaftlicher Fragestellung	MS-Office/Papier/ SAS	Patienten	PID, Basisdaten, medizinische Daten
	Lieferanten-evaluierung	Auswahl von Lieferanten- und externen Dienstleistern sowie teilweise deren Evaluierung	MS-Office	Externe Dienstleister	Stammdaten, Evaluierungs-informationen

Klassifizierung der ermittelten Verfahren

Als ein wesentliches Kriterium für die Beurteilung des Schutzbedarfs von Verfahren mit personenbezogenen Informationen leitet sich das Risiko ab, dass der Betroffene durch die Kompromittierung der Vertraulichkeit, Integrität oder Verfügbarkeit von Informationen sein Recht auf informelle Selbstbestimmung verliert bzw. dieses missbraucht oder eingeschränkt wird. Der Schutzbedarf kann gegebenenfalls durch die Hinzunahme weiterer Kriterien [6] (beispielsweise Verstoß gegen Vorschriften, finanzielle Auswirkungen) an dieser Stelle noch differenzierter betrachtet werden.

Je sensibler die personenbezogenen Informationen sind, umso höher wird der Schaden für den Betroffenen sein und demzufolge die geforderte Schutzstufe ausfallen.

Tabelle 2: Vierstufiges Klassifizierungsschema mit Schutzstufen		
Schutz-stufen	Definition	Beispiele
Kat A	personenbezogene Daten aus frei verfügbaren öffentlichen Quellen, die ohne Schaden für den Betroffenen verwendet werden können	öffentliches Adressverzeichnis, Telefonbuch
Kat B	personenbezogene Daten, deren Verwendung unter normalen Umständen keine Nachteile für den Betroffenen erwarten lässt	Organigramm, interne E-Mail oder Telefonliste
Kat C	personenbezogene Daten, deren Missbrauch die Reputation eines Betroffenen schädigen kann (z. B. ihren Sozial- und Wirtschaftsstatus)	allgemeine Gesundheitsdaten (z. B. Schwangerschaft), Familienstand, Geburtsdatum, Nationalität, Mitgliedschaften, private Bankverbindung, Versicherungsdaten
Kat D	sensitive personenbezogene Daten, deren Missbrauch die Existenz, Gesundheit, Leben oder Freiheit des Betroffenen beeinträchtigen bzw. gefährden kann	Daten, die der Vorabkontrolle durch den DSB unterliegen (z. B. ethnische Herkunft), kritische private wirtschaftliche Daten (Einkünfte, Besitz, Schulden)

Legt man die vorangegangenen Überlegungen zugrunde, so lässt sich die Sensitivität von personenbezogenen Informationen unter Berücksichtigung des Kriteriums der informellen Selbstbestimmung wie in Tabelle 2 darstellen.

Im Ergebnis liefert die Anwendung der Klassifizierung eine Aufteilung der Verfahren in die vordefinierten Kategorien und einen ersten Anhaltspunkt, welche Verfahren besonderer Aufmerksamkeit bedürfen (Kat C, D).

Anwendung der Klassifizierung zur Risikowertermittlung

Wie jüngste Datenschutzvorfälle [7] gezeigt haben, ist es für die Einschätzung und Wahrnehmung der *Schwere* eines Vorfalls besonders wichtig zu wissen, wie viele Datensätze davon betroffen sind. Bereits der Verlust einzelner Datensätze kann für das Unternehmen und insbesondere den Betroffenen weitreichende Konsequenzen mit sich bringen. Der Verlust umfangreicher Datensätze mit personenbezogenen Informationen führt in der Regel zu rechtlichen Konsequenzen (z. B. Strafzahlungen), zusätzlichem Aufwand (z. B. zur Erfüllung der Informationspflicht gegenüber den Betroffenen) und einem Vertrauensverlust in die Produkte bzw. Dienstleistungen des Unternehmens (finanzielle Verluste bzw. Verlust der Reputation).

Ein besonderes Augenmerk bei der Risikoeinschätzung von Verfahren mit personenbezogenen Informationen ist auf die Grundmenge der zu verarbeitenden Informationen zu richten. Werden die Informationen beispielsweise strukturiert in einer Datenbank abgelegt (etwa Stamm- und Behandlungsdaten von Patienten), ist es wichtig, zunächst beide Datenpools inhaltlich voneinander zu trennen und zudem ein abgestuftes Zugriffskonzept zu implementieren, damit nur berechtigte Personen (im Rahmen der Zuständigkeit) auf die Informationen zugreifen können.

Für den behandelnden Arzt steht z. B. der Patient mit seiner medizinischen Indikation im Vordergrund, während für die Rechnungsstellung der Behandlung ein Zugriff auf Abrechnungsdaten erforderlich ist.

Tabelle 3: Klassifizierungsschema für Schutzstufen		
Wahrscheinlichkeit des Schadenseintritts		
Faktoren	**normal**	**hoch**
Missbrauchs-interesse	personenbezogene Daten, die von nur geringer Relevanz für potenzielle Schädiger (Konkurrenten, Kriminelle) sind und nur bedingt Möglichkeiten zur Bereicherung, Überwachung etc. bieten	personenbezogene Daten, die von hoher Relevanz für potenzielle Schädiger (Konkurrenten, Kriminelle) sind und konkrete Möglichkeiten zur Bereicherung (z. B. Kontodaten, Kundendaten, unternehmensrelevante Mitarbeiterdaten), Überwachung (Mitarbeiterprotokolldaten, Profildaten von Kunden) etc. bieten
Verarbeitungs-praxis	Verarbeitung einer überschaubaren Menge von personenbezogenen Daten, überschaubarer zugriffsberechtigter Personenkreis; einfache Systeme (z. B. Office-Dokumente auf Abteilungsserver oder Einzelrechnern)	Verarbeitung einer großen Menge von personenbezogenen Daten, großer zugriffsberechtigter Personenkreis (unternehmensweit eingesetzte Workflow-Datenbanken, SAP ERP)

Unter dem Faktor *Missbrauchsinteresse* versteht man dabei das mögliche Interesse Unbefugter, die Daten zu löschen, zu manipulieren und/oder zu nutzen bzw. deren – gesetzeswidrige – Zweckentfremdung.

Der Faktor *Verarbeitungspraxis* zielt auf die Wahrscheinlichkeit eines Schadenseintritts aufgrund der Verarbeitungsprozesse, insbesondere hinsichtlich des zugriffsberechtigten Personenkreises, der Menge der personenbezogenen Daten bzw. der Größe der Datenbank und der Komplexität der Systeme.

Mit Hilfe dieser beiden Faktoren lässt sich die Schutzwürdigkeit der Informationen weiter konkretisieren (n = normal bzw. h = hoch) und abschließend als Risikowert (grün = niedrig, gelb – mittel und rot = hoch) des zugrunde liegenden Verfahrens darstellen.

Tabelle 4: Risikowertematrix				Farb-legende
Schutzstufe	Missbrauchs-interesse	Verarbeitungs-praxis	Risikowert	
A			n	rot
B			n	gelb
C	n	n	n	grün
C	n	h	m	
C	h	n	m	
C	h	h	h	
D			h	

Die finale Einstufung sollte in Abstimmung mit dem Verfahrenseigentümer erfolgen, da dieser am besten den Wert der genutzten Informationen beurteilen kann.

Tabelle 5: Verfahrensverzeichnis mit Risikowert (Auszug)					
Verfahrens-name	Verfahrenszweck	Schutz-stufe	Miss-brauchs-wahr-schein-lichkeit	Ver-arbei-tungs-häufig-keit	Risiko-wert
Bürokom-munikation	Verfahren zur internen Kommunikation in Form von Briefen, Erstellung von Präsentationen und Tabellen, Plänen etc. in welchen personenbezogene Daten vorkommen können	B			n
E-Mail-System	Durchführung interner und externer Korrespondenz, Bürokommunikation, Terminverwaltung, Aufgaben- und Besprechungsplanung, Unterstützung bei der Projektarbeit, Kontaktdaten (Adressbuch)	B			n

Tabelle 5: Verfahrensverzeichnis mit Risikowert (Auszug) (Fortsetzung)					
Verfahrens-name	Verfahrenszweck	Schutz-stufe	Miss-brauchs-wahr-schein-lichkeit	Ver-arbei-tungs-häufig-keit	Risiko-wert
Arbeitsun-fallerfas-sung	Verfahren zur Erfassung von Arbeitsunfällen, um den gesetzlichen Obliegenheiten nachzu-kommen	D			h
Auswertung IT-Dienst-leistungen	Auswertung der durch den Nutzer anfallenden IT-Kosten in Bezug auf den Dienstleister	B			n
Klinische Studien	Durchführung von Stu-dien an Patienten zur Grundlagenforschung bzw. Überprüfung der Wirkung von Medika-menten bzw. medizi-nischen Produkten je nach wissenschaftlicher Fragestellung	D			h
Lieferanten-evaluierung	Auswahl von Liefe-ranten- und externen Dienstleistern sowie deren Evaluierung	C	n	n	n

Der ermittelte Risikowert dient als Basis für die Auswahl der Verfahren, die im weiteren Verlauf der Risikoanalyse (Bedrohungsanalyse, Risikobewertung, Definition von Schutzmaßnahmen und Akzeptanz der Restrisiken) besonderer Aufmerksamkeit bedürfen.
Eine weiterführende Betrachtung der Risikoanalyse soll an dieser Stelle nicht erfolgen.

Sofern nicht bereits umfänglich berücksichtigt, kann ein hoher Risikowert bei Bestandsverfahren als Anlass genommen werden, den Grundsatz der Datenvermeidung und Datensparsamkeit zu überprüfen, das heißt, ob bereits implementierte bzw. geplante technische und organisatorische Schutzmaßnahmen geeignet sind, das vorgegebene Sicherheitsniveau zu erzielen.

Grundsatz der Datenvermeidung und Datensparsamkeit zur Risikominimierung

Der Grundsatz der Datenvermeidung und Datensparsamkeit für personenbezogene Informationen ist in § 3a BDSG verankert: »Gestaltung und Auswahl von Datenverarbeitungssystemen haben sich an dem Ziel auszurichten, keine oder so wenig personenbezogene Daten wie möglich zu erheben, zu verarbeiten oder zu nutzen. Insbesondere ist von den Möglichkeiten der Anonymisierung und Pseudonymisierung Gebrauch zu machen, soweit dies möglich ist und der Aufwand in einem angemessenen Verhältnis zu dem angestrebten Schutzzweck steht.«

Bereits bei der Festlegung der zugrundeliegenden Technik für die Datenverarbeitung, jedoch spätestens bei der konkreten Ausgestaltung der Lösung, lassen sich die Vorgaben entsprechend umsetzen und zur Risikominimierung beitragen. Im Grundsatz sind dabei folgende Fragen zu klären:

⇨ Können die gewünschten Ziele auch ohne sensible (personenbezogene) Informationen erreicht werden?

⇨ Lassen sich Art und Umfang der sensiblen Informationen reduzieren?

⇨ Müssen die erhobenen Informationen dauerhaft in der gegenwärtigen Detailstufe vorliegen?

⇨ Kann eine Aggregierung der erhobenen Informationen nach einem bestimmten Zeitraum z. B. durch Verfahren der Anonymisierung bzw. Pseudonymisierung erfolgen?

Aus Datenschutzsicht ist die Pseudonymisierung von der Anonymisierung zu unterscheiden:

⇨ *Pseudonymisierung* (§ 3 Abs. 6a BDSG): Ersetzen von Identifikationsmerkmalen durch Kennzeichen, damit die Bestimmung des Betroffenen erschwert wird.

⇨ *Anonymisierung* (§ 3 Abs. 6 BDSG): Verändern von personenbezogenen Informationen derart, dass Einzelangaben nicht mehr oder nur mit erheblichem Aufwand einem Betroffenen zugeordnet werden können.

Eine Nutzungsbeschränkung unter datenschutzrechtlichen Aspekten besteht nach erfolgter (absoluter) Anonymisierung nicht mehr. Damit verändert sich auch der erforderliche Schutzbedarf (bezüglich der Sensibilität) der Information.

Ein weiterer Aspekt, der berücksichtigt werden sollte, ist in § 35 BDSG zur Einhaltung von Löschfristen von personenbezogenen Informationen festgeschrieben. Hierbei muss grundsätzlich danach gefragt werden, ob Informationen nach Ablauf der gesetzlichen Aufbewahrungspflicht noch vorgehalten werden sollten bzw. gleich an der Information ein entsprechendes Kennzeichen festzumachen sei, so dass die Informationen nach Erreichen des Verfallsdatums automatisch zur Löschung freigegeben werden.

Nutzung der Pseudonymisierung am Beispiel von Patientendaten

Die Nutzung von systematisch gewonnenen Patientendaten in der medizinischen Forschung ist ein wichtiger Erfolgsfaktor zur Verbesserung bestehender bzw. zur Entwicklung neuer Behandlungsmethoden. Aus datenschutzrechtlicher Sicht besteht hier ein Dilemma, denn der einrichtungsübergreifenden und längerfristigen Nutzung entsprechender Informationen stehen die Persönlichkeitsrechte der Patienten gegenüber.

Um eine effektive Nutzung der Informationen zur Optimierung medizinischer Entwicklungen und Behandlungsmethoden zu gewährleisten, müssen diese oftmals über einen unbestimmten Zeitraum hinweg zum Teil aus verschiedenen Quellen erfasst werden (Aufbau einer längerfristigen Forschungsdatenbank). Eine Mehrfachnutzung der Informationen muss patientenspezifisch möglich sein. Gegebenenfalls ist es unerlässlich, eine Rückidentifizierung zu gewährleisten. Insoweit scheidet ein gänzlich anonymisiertes Verfahren aus.

Demnach müssen die Informationen folgende Kriterien erfüllen:

⇨ Es ist davon auszugehen, dass vielfach das Ziel der Forschung nur dadurch erreicht werden kann, dass die medizinischen Daten einer Person über längere Zeit zuordenbar sind.

⇨ Ferner kann es erforderlich sein, dass weitere Details bekannt sind, z. B. in welchem Land die Behandlung des Patienten stattgefunden hat.

⇨ Gleichfalls kann es von Bedeutung sein zu vergleichen, wie sich die medizinischen Patientendaten in den beteiligten Kliniken gegeneinander entwickeln (Benchmarking).

Ist davon auszugehen, dass zur Zielerreichung des Forschungsvorhabens personenbezogene Einzeldaten erforderlich sind, bietet sich als Rechtsgrundlage die Datenverarbeitung auf Basis einer Einwilligung durch den Betroffenen an [8]. Dessen Entscheidung, am Forschungsvorhaben (z. B. einer Studie) teilzunehmen, muss aus freien Stücken erfolgen (informelles Selbstbestimmungsrecht) und bestimmten inhaltlichen und formalen Mindestanforderungen genügen (siehe § 4 BDSG).

Prinzipiell gibt es auch noch die Möglichkeit wissenschaftlicher Forschung ohne Einwilligung des Betroffenen (unter Einschränkungen des informationellen Selbstbestimmungsrechts). Dieser Form sind durch den Gesetzgeber in Deutschland allerdings sehr enge Grenzen gesetzt. Grundsätzlich ist es anzustreben, insbesondere bei der Weiterleitung von Informationen möglichst frühzeitig eine Anonymisierung bzw. Pseudonymisierung von personenbezogenen Informationen herbeizuführen.

Ist eine Anonymisierung nicht möglich, etwa weil zur Qualitätssicherung der Behandlung bzw. zur Klärung unerwünschter Nebenwirkungen ein permanenter Zugriff auf den Patienten gewährleistet sein muss, sollte das Risiko für den Betroffenen durch die Nutzung eines geeigneten Pseudonymisierungsverfahrens vermindert werden.

Die erforderlichen Voraussetzungen hierfür können bereits bei der Entwicklung der technischen Lösung durch die Einhaltung des so genannten Trennungsgebotes erreicht werden, das heißt durch die Trennung von Identifikations-, Identitäts- und Medizindaten bereits bei der Erfassung und Ablage in separaten Datenstrukturen in der Klinik.

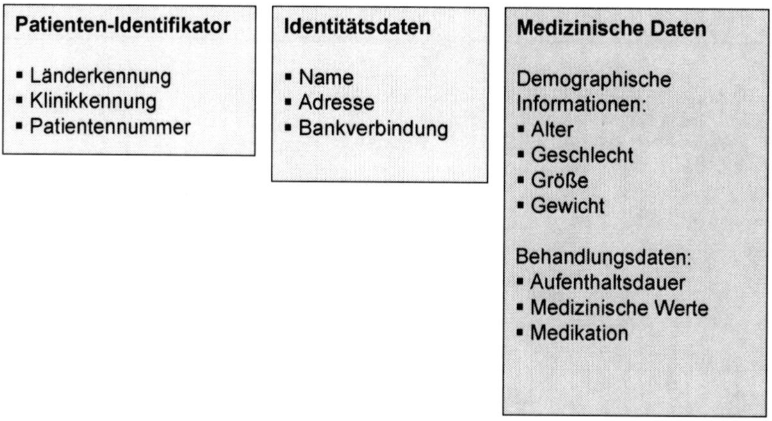

Patienten-Identifikator	Identitätsdaten	Medizinische Daten
▪ Länderkennung ▪ Klinikkennung ▪ Patientennummer	▪ Name ▪ Adresse ▪ Bankverbindung	Demographische Informationen: ▪ Alter ▪ Geschlecht ▪ Größe ▪ Gewicht Behandlungsdaten: ▪ Aufenthaltsdauer ▪ Medizinische Werte ▪ Medikation

Abb. 2: *Trennung von Identifikations-, Identitäts- und Medizindaten*

Eventuell ergeben sich im Zuge eines Forschungsvorhabens noch weitere Einschränkungen, wenn beispielsweise lokale Rechtsvorschriften die Weitergabe von Behandlungsdaten über Landesgrenzen hinweg nur in eingeschränkter Form gestatten oder wenn die Anzahl der Patienten zu klein ist, um eine unbeabsichtigte Re-Identifikation zu ermöglichen.

Ein Verfahren, welches den vorausgegangenen Überlegungen Rechnung trägt, ist in Abbildung 3 dargestellt [9].

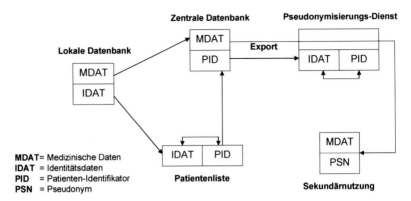

Abb. 3: *Pseudonymisierungsverfahren*

Die Identitätsdaten des Patienten werden lokal (bereits in der behandelnden Klinik) von den Medizindaten getrennt, nur mit dem Patienten-Identifikator (einer fortlaufenden Nummer, die eventuell noch um weitere Informationen ergänzt werden kann, z. B. eine Länderkennung) versehen und somit in reduzierter Form an eine zentrale Stelle weitergeleitet. Die empfangende Stelle nutzt eine weitere unabhängige Stelle, welche den Patienten-Identifikator durch ein Pseudonym ersetzt. Damit ist sichergestellt, dass der Patient vor Re-Identifikation bei der weiteren Verarbeitung seiner Daten (z. B. im Rahmen einer medizinischen Studie) ausreichend geschützt wird.

Voraussetzung für dieses Verfahren ist

⇨ die Unabhängigkeit der Pseudonymisierungsstelle,

⇨ ein ausreichender Schutz der Patienten- bzw. Pseudonymisierungsliste vor unberechtigtem Zugriff und

⇨ die Maßgabe, dass der Patienten-Identifikator selbst als Informationsträger keine personenbeziehbaren Daten, also Daten, die indirekt auf eine Person bezogen werden können, enthält.

Literatur

[1]   *Daten-Management noch zu selten im Einsatz - Firmen bekommen Informationsflut nicht in den Griff, CIO Online, 11.08.2008*

[2]   *Diesmal im Gesundheitswesen - Wieder Daten von Briten verschwunden, Handelsblatt Online, 23.12.2007*

[3]   *Datenklau: Kontodaten von 21 Millionen Bürgern sind illegal im Umlauf, ZEIT Online, 06.12.2008*

[4]   *COA – Information Classification, 2009 (siehe auch: http://www.opengroup.org/jericho/publications.htm)*

[5]   *BITKOM Leitfaden Verfahrensverzeichnis Anlage 5.2., 2007 (siehe auch: http://www.bitkom.org/de/publikationen/38336_43488.aspx)*

[6]   *BSI-Standard 100-2: IT-Grundschutz-Vorgehensweise V2.0, 2008, S. 49-52 (siehe auch: http://www.bsi.bund.de/literat/bsi_standard/index.htm)*

[7]   THIEME, M.: *Bewerbungsmappen bei Ebay. Frankfurter Rundschau Online, 17.09.2009 (http://www.fr-online.de/in_und_ausland/wirtschaft/aktuell/?em_cnt=1954710&)*

[8]   METSCHKE, R.; WELLBROCK, R.: *Datenschutz in Wissenschaft und Forschung, 2002, S. 25-29 (siehe auch: http://www.datenschutz.hessen.de/fachthemen.htm)*

[9]   POMMERENING, K.; RENG, M.; DEBOLD, P.; SEMLER, S.: *Pseudonymisierung in der medizinischen Forschung - das generische TMF-Datenschutzkonzept. GMS Med Inform Biom Epidemiol. 2005;1(3):Doc17, S. 4-5*

Zusammenfassung

Der Beitrag zeigt Ansätze auf, wie datenschutzrechtliche Anforderungen zum Aufbau eines Verfahrensverzeichnisses genutzt werden können, um in Unternehmensanwendungen zur Reduzierung von personenbezogenen Informationen beizutragen.

Die Klassifizierung kann hierbei als unterstützendes Instrument eingesetzt werden, um Anwendungen zu identifizieren, die besonders sensible Einzeldaten verarbeiten und meist ein hohes Risikopotenzial sowohl für die Betroffenengruppe als auch für das Unternehmen mit sich bringen.

Besonders bei diesen Verfahren gilt es, sich nur auf die notwendigsten personenbezogenen Informationen zu beschränken und möglichst frühzeitig (idealerweise bereits beim Anwendungs-Design) darauf hinzuwirken. Durch die Zuhilfenahme der Grundsätze der Datenvermeidung und Datensparsamkeit kann einerseits das Risiko und andererseits eine ausufernde Datensammlung wirksam minimiert werden.

Das Fallbeispiel zeigt anhand der Nutzung von Patientendaten in der medizinischen Forschung auf, wie entsprechende Ansätze zur Datenreduktion im Datenschutz in der Praxis umgesetzt werden können.

Datensicherheit bei Selbstbedienungsterminals in Banken

Selbstbedienungsterminals sind heute aus Banken und Sparkassen nicht mehr wegzudenken. Für Kunden bequem, reduzieren sie auf Anbieterseite die Kosten. Ferner liefern sie wertvolle Daten. Welcher Umgang mit diesen Daten sinnvoll und zweckmäßig ist, untersucht dieser Beitrag.

In diesem Beitrag erfahren Sie:
- welche Bedeutung SB-Terminals für Banken und Sparkassen besitzen,
- wie sich die Potenziale von Daten heben lassen, die an SB-Terminals anfallen,
- wie dabei der Anfall von Datenmüll vermieden werden kann.

CORNELIA ZWIRNMANN

SB-Systeme als Datenlieferant

Waren vor einigen Jahren bei den Finanzinstituten noch Schalter- und Kassengeschäft an der Tagesordnung, sind es heute die Automaten. Entweder an Drittstandorten oder in die Filiale integriert, sind sie die passende Antwort der Banken und Sparkassen auf die notwendige Kosteneinsparung durch Automatisierung. Selbstbedienungsgeräte haben sich in den Sparkassen und Banken als preisgünstige Alternative zur Durchführung von Standardbankgeschäften weitestgehend durchgesetzt. Ob die klassischen Geldautomaten, Kontoauszugsdrucker, kombinierte Aus- und Einzahlgeräte oder Cash Recycling Systeme, die Geräte erfreuen sich großer Beliebtheit bei den Kunden und leisten so ihren wichtigen Beitrag zu Kostenreduktionsstrategien der Kreditinstitute.

Anzahl Geldautomaten
1996 - 2008

Abb. 1:   *Anzahl Geldautomaten in Deutschland [1]*

Um dauerhaft erfolgreich mit den Geräten arbeiten zu können, sind verschiedene Rahmenbedingungen notwendig. Technisch betrachtet, können alle Daten von den SB-Geräten aufgefangen und weiterverarbeitet werden. Doch welche Daten sind sinnvoll und erzeugen einen betriebswirtschaftlichen Mehrwert? Welche Daten sollten so kosteneffizient wie möglich aufbewahrt werden? Welche rechtlichen Rahmenbedingungen existieren und zwingen Geldinstitute sogar, bestimmte Daten für eine gewisse Zeit zu archivieren? Solche und weitere Fragen sollen im Folgenden erörtert und beantwortet werden.

Potenziale der Selbstbedienungsdaten

Ein wichtiger Punkt dabei ist das Erfassen aller betriebsrelevanten Daten. Mit Hilfe am Markt etablierter Softwarelösungen ist es den Instituten möglich, automatisiert und mit minimalem Aufwand alle relevanten Daten zu erfassen und auszuwerten, die für einen reibungslosen Betrieb der Geräte nötig sind. Genauso wichtig ist, neben der kontinuierlichen Erfassung und Auswertung betrieblich-technischer Daten die Aufbereitung und Analyse betriebswirtschaftlicher Daten.

Für eine effiziente Datenerfassung bedarf es geeigneter Softwarelösungen. Deren Aufgabe ist es vor allem, den ordnungsgemäßen Betrieb der Selbstbedienungsgeräte zu sichern. Ziel einer modernen, zentralen SB-Management-Lösung ist ein hoher Automationsgrad, um die komplexen Ereignisse und Prozesse rund um das SB-Management darzustellen und möglichst proaktiv in Abläufe eingreifen zu können. Kern des SB-Monitorings ist es, die Transparenz über alle relevanten Prozesse der SB-Landschaft von Sparkassen und Banken zu erhalten. Dazu sind zum einen betrieblich-technische Daten wie etwa der SB-Gerätestatus, die vorhandene Bargeldmenge oder auch die Erfassung der betrieblich technischen Störfälle wichtig für das Tagesgeschäft. Auf der anderen Seite ist die tägliche Verfügbarkeit der Automaten aber auch eine wichtige Datengrundlage für Auswertungen verschiedenster Art (z. B. durchschnittliche Verfügbarkeit/ Jahr / Tag). Damit die Erfassung der Daten möglichst aufwandsminimal verläuft, ist die automatisierte Datenerfassung dabei das zentrale Thema. Prozesse, wie etwa die automatische Abstimmung von Geldautomatenkonto und Buchungsbestand, werden überhaupt erst anhand detaillierter SB-Daten und deren sinnvoller, softwaregestützter Auswertung möglich.

Aber auch die betriebswirtschaftlich interessanten Daten, wie zum Beispiel die Erfassung der Gebührenerträge durch die Automatennutzung bankfremder Kunden, stellt eine wichtige Basis für statistische Auswertungen oder ein sinnvolles SB-Controlling dar. Um die SB-Geräte vertrieblich sinnvoll nutzen zu können, sind verschiedene Kundendaten, die über die Transaktionsdaten mitgeteilt werden, für eine eventuelle Weiterverarbeitung interessant. So ist zum Beispiel über eine intelligente Datenauswertung und entsprechende Schlussfolgerungen aus den gewonnenen Daten die Erweiterung der Kundenstammdaten und im Rückschluss die intelligente kundenindividuelle Produktansprache möglich. In Zeiten, in denen Banken sich mehr und mehr innovativer Vertriebswege bedienen, kann der Selbstbedienungsbereich so zu einem Schlüsselvertriebskanal aufsteigen.

Wie können diese Daten automatisiert aufgefangen werden?

Um die Daten automatisch aufzufangen, bieten sich mehrere Wege an. Eine Möglichkeit besteht darin, die Daten direkt an den Endgeräten zu erfassen. Voraussetzung für diesen Weg ist eine Anbindung an die Endgeräte über einen Softwareagenten. Der Vorteil liegt vor allem darin, Statusnachrichten von den Endgeräten zu erhalten, ohne von der Verfügbarkeit zwischen Server und Endgerät abhängig zu sein. Auch können im Verhältnis zu den Alternativen mehr Informationen über den Status der SB-Geräte gewonnen werden (z. B. sind detailliertere Auswertungen hinsichtlich SB-Gerätekomponenten möglich) als bei den beiden folgenden Datenauffangwegen. Der Nachteil dieser Variante liegt vor allem in der separat erforderlichen Leitung, die zudem noch einen weiten Weg extern, d. h. fern jeder Schutzhoheit eines Rechenzentrums oder Einzelinstituts liegt. Damit sind die Datenströme anfälliger für Manipulationen. Darüber hinaus müssen die Softwareagenten stetig angepasst werden, wenn sich Veränderungen an der sonstigen Gerätesoftware ergeben. Zusätzlich stellen die Softwareagenten und ihre Verfügbarkeit eine weitere SB-Komponente dar, die einer ständigen Überwachung und Wartung bedarf. Die über diesen Weg erfassten Daten gelten als nicht revisionssicher und können nur nach Konfiguration in Echtzeit erfasst werden.

Eine weitere Möglichkeit für das automatische Auffangen von Daten ist das Aufsetzen auf die Datenströme zwischen Endgerät und Autorisierungssystem. Die Voraussetzung für diese Form der Daten-

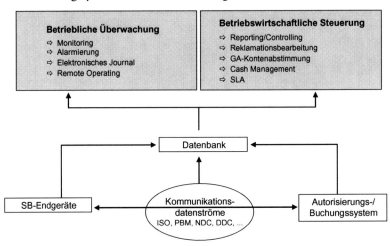

Abb. 2:   *Wege zur SB-Datenbeschaffung*

erfassung ist ein sogenannter Listener, der die Datenströme zwischen Endgerät und Autorisierungssystem mitschneidet und zur Weiterverarbeitung auffängt. Folglich ist keine separate Leitung erforderlich. Obwohl die Daten mit denen, die direkt auf dem Autorisierungssystem der Bank oder Sparkasse auflaufen, identisch sind, gelten sie nicht als revisionssicher. Von Vorteil ist aber die Echtzeitverfügbarkeit der Daten. Es sind keine Eingriffe oder Anpassungen am Endgerät erforderlich. Aus Sicherheitsaspekten heraus kann diese Datenerfassung als vergleichsweise sicher betrachtet werden, da die Nachrichtenkommunikation im internen Netz des jeweiligen Instituts erfolgt.

Schlussendlich können die Daten auch direkt vom Buchungs- oder Autorisierungssystem übernommen werden. Diese Daten gelten gemeinhin als revisionssicher und werden aus diesem Grunde mit besonderer Sorgfalt ausgewertet. Die Voraussetzung für diese Form der Datenerfassung ist eine Schnittstelle zwischen Autorisierungssystem und Server. Es ist keine separate Leitung notwendig. Die Daten können in Echtzeit erfasst und ausgewertet werden.

Potentiale heben durch intelligente Datenaufbewahrung

Zentrale Datenbereitstellung mit einem Information Server

Im SB-Bereich sind die datenauswertenden Software-Lösungen auf externe Daten angewiesen. Diese werden über Schnittstellen geliefert. Unterschiedliche Anwendungen benötigen dabei häufig dieselben Daten oder Daten aus derselben Quelle. Nach heutigem Stand sind in den Instituten keine einheitlichen Schnittstellen für diese Daten vorhanden, sondern jede Anwendung hat ihre eigene Schnittstelle, die separat angepasst und erweitert werden muss. Wünschenswert aus Sicht der Banken und Sparkassen und um Längen effizienter wären gemeinsame Schnittstellen für die SB-Daten, so dass die datenliefernden Systeme nur über eine Schnittstelle mit den datenauswertenden Softwarelösungen kommunizieren und die Schnittstelle dafür

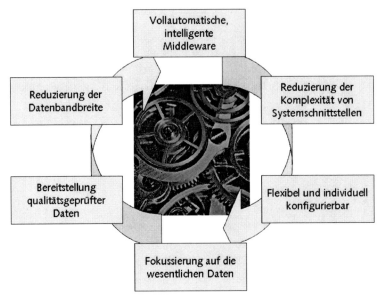

Abb. 3:   *Bestandteile InformationServer der SARROS GmbH*

sorgt, dass die relevanten Daten an die jeweilige Anwendung wei-
tergereicht werden. Ändert sich das Schnittstellenformat, so müssen
nicht zwingend alle Anwendungen angepasst werden. Die aufwändige
Entwicklung separater Schnittstellen würde entfallen.

Diese gemeinsamen Schnittstellen könnten außerdem vorab dafür
sorgen, dass die Daten validiert und gegebenenfalls bereinigt werden.
Ein Umstand, der mit Blick auf weiterführende elektronische Archivierungssysteme ebenfalls von Vorteil ist.

Die Anwendung, die die Schnittstellen betreibt und die Daten an
die übrigen Anwendungen weiterleitet, soll im Folgenden als Information Server (z. B. InformationServer von der SARROS GmbH)
bezeichnet werden.

Jede Schnittstelle des Information Servers sollte folgende Aufgaben übernehmen:
⇨ Datenvalidierung,
⇨ Datenbereinigung,
⇨ Datenreduzierung.

Datenvalidierung bedeutet in diesem Zusammenhang, dass die von der Schnittstelle übermittelten Daten auf ihre strukturelle und inhaltliche Richtigkeit überprüft werden. Fehlerhafte Daten können aussortiert bzw. alle im Zusammenhang mit den fehlerhaften Daten übermittelte Informationen verworfen werden.

Der Information Server loggt Informationen über fehlerhafte Daten. Die Datenbereinigung kann je nach Schnittstelle unterschiedliche Funktionen wahrnehmen:
⇨ Mehrfach gelieferte Daten werden aussortiert.
⇨ In der falschen Reihenfolge gelieferte Daten werden in die richtige gebracht.
⇨ Bekannte Fehler im Dateninhalt werden berichtigt.

Die Datenreduzierung erfolgt vor der Weiterleitung speziell für die jeweilige Datenauswertungssoftware. Auch die Datenreduzierung kann je nach Schnittstelle unterschiedliche Funktionen wahrnehmen:
⇨ Die Daten werden aggregiert.
⇨ Es werden nur die Daten an die jeweilige Softwarelösung weitergeleitet, die sie auch benötigt. Das kann bedeuten, dass ganze Datensätze aussortiert oder auch einzelne Inhalte nicht übermittelt werden.

Von Vorteil wäre in diesem Zusammenhang, dass Änderungen an der externen Schnittstelle durch eine neue Version des Information Servers abgefangen werden könnten. Der Information Server würde die angebundenen Softwarelösungen mit den Daten versorgen. Die datenauswertenden Anwendungen könnten also in der bestehenden

Form weiter betrieben werden, falls sie nicht auf Informationen aus den Änderungen angewiesen sind.

Falls beim Information Server die Datenmenge, die über die Schnittstelle generiert wird, vor dem Weiterleiten stark reduziert werden könnte, sind positive Effekte auf die Performance der angeschlossenen Datenauswertungssoftwarelösungen zu erwarten.

Die Datenverarbeitung mit Hilfe eines Informationsservers kann aber auch Probleme verursachen. Die Schnittstelle für den Information Server muss entwickelt werden und bedeutet für Banken und Sparkassen zunächst einen gesonderten Aufwand. Technisch betrachtet, sind alle datenauswertenden Anwendungen vom Information Server abhängig. Tritt hier ein Fehler oder ein Problem auf, so wirkt sich das auf alle angeschlossenen Systeme aus.

Nach festgelegten Zeiträumen können die Daten archiviert werden.

Intelligente Aufbewahrung: elektronische Archivierung

Damit die gesammelten Daten nicht zur Datenmüllhalde werden, sind geeignete Archivierungssysteme ratsam. Gerade Banken und Sparkassen haben gesetzlich vorgegebene Archivierungspflichten akribisch einzuhalten. Dafür bieten sich elektronische Archivierungssysteme an. Entscheidend ist hierbei die verdichtete Archivierung (elektronisch komprimiert) revisionssichererer Daten. Elektronische Archivierungssysteme zeichnen sich unter anderem durch die Möglichkeit aus, programmgestützt direkt auf die geforderte Einzelinformation aus der Vergangenheit zugreifen zu können. Auch sollte dank datenbankgestützter Verwaltung der verdichteten Informationen auf Basis von Metadaten eine Suchmöglichkeit das Auffinden von Datensätzen erleichtern. So entsteht gerade im Finanzinstitutsbereich oft hoher Arbeitsaufwand, wenn Kunden nach Jahren bestimmte Informationen für ihre Unterlagen benötigen, die bereits archiviert und daher schwer rekonstruierbar sind. Das können und sollten Banken und Sparkassen einfacher und vor allem kundenorientierter lösen. In praxi sollte zum Beispiel eine kundenorientierte Reklamationsbearbeitung nicht länger als nötig dauern. Mit Hilfe der Unterstützung verschiedener Indizierungs- und Recherchestrategien sollten die Kundenbetreuer auf die Einzelinformation direkt im Kundengespräch zugreifen können.

Vor allem aber muss sichergestellt sein, dass die Verfügbarkeit der gespeicherten Informationen über den Zeitraum gemäß den Datenaufbewahrungspflichten gewährleistet ist. Von Vorteil sind elektronische Archivierungssysteme auch dann, wenn sie standardisierte Schnittstellen aufweisen, um Datenimporte zu Archivierungszwecken problemlos integrieren zu können. Auch die Möglichkeit einer Wiederherstellungsfunktion (Recovery) sollte in einem elektronischen Archivierungssystem nicht fehlen und ist gerade im Finanzdienstleistungssektor von wichtiger Bedeutung. Denn: SB-Transaktionsdaten zu verlieren wäre für die Kreditinstitute nicht nur aus rechtlicher Sicht fatal; stellen sie denn oft auch noch Jahre später eine wichtige Beweisgrundlage im Reklamationsfall dar.

Auch sollte der Zugriff auf archivierte Daten schnell und unkompliziert erfolgen können. Voraussetzung dafür ist die übergreifende Verwaltung unterschiedlicher Speichersysteme, um im nächsten Schritt durch Zwischenspeicher einen schnelleren Zugriff auf die Informationen aus den SB-Transaktionen zu gewährleisten.

Redundanzen vermeiden und Detailtiefe verringern

Wenn es um das Thema Datenmüll geht, muss auf die Bedeutung von Redundanzenvermeidung hingewiesen werden. Es ist statistisch nicht erhoben oder nachweisbar, wie viele Daten in deutschen Unternehmen doppelt, dreifach oder noch häufiger in unterschiedlichen Aktualitätsstatus vorgehalten werden und Speicherplatzkapazitäten blockieren.

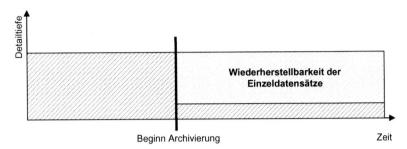

Detailtiefen bei der elektronischen Archivierung

Um Redundanzen vorzubeugen, soll die »Normalisierung« der Daten
helfen. Unter der Normalisierung relationaler Datenbankschemata
versteht man die schrittweise Zerlegung der vorhandenen Interda-
tenbeziehungen in mehrere Relationen auf der Basis funktionaler
Abhängigkeiten mittels geeigneter Normalisierungsalgorithmen. Das
oberste Ziel dieses Vorgangs ist die Reduktion von Datendopplungen
und dadurch verursachte Kosten für Speicherkapazitäten signifikant
zurückzuführen. [2]

Mit Blick auf eine elektronische Archivierung der Daten empfiehlt
sich mit zunehmender Archivierungsdauer eine geringere Detailtiefe
der Datenbestände. Aus Gründen der Revisionssicherheit muss aber
jeder Datensatz einzeln rekonstruiert werden können. Mit Hilfe intel-
ligenter Archivierungssysteme können Banken und Sparkassen diesem
Anspruch gerecht werden.

Archivierungspflichten und Aufbewahrungsfristen

Kreditinstitute unterliegen dem Bundesdatenschutzgesetz und dem
Handelsgesetzbuch und haben entsprechende Archivierungspflichten
einzuhalten. Das Handelsrecht verpflichtet alle Kaufleute, so auch
Banken und Sparkassen nach § 257 Abs. 1 HGB zur geordneten Aufbewahrung geschäftlicher Unterlagen. Eine geordnete Archivierung
der SB-bezogenen Daten ist demnach ebenfalls eine Pflicht für die

Kreditinstitute. Demzufolge sind alle Buchungsbelege, zu denen auch die Transaktionsdaten via SB zählen, 10 Jahre lang aufzubewahren (§ 257 Abs. 1 Nr. 1 und 4 HGB).

Revisionssicherheit der Daten und GoBS

Revisionssicherheit ist in der Finanzdienstleistungsbranche ein wichtiges Thema. Der Begriff Revisionssicherheit bezieht sich auf die revisionssichere Archivierung für elektronische Archivsysteme, die in Deutschland den Anforderungen des Handelsgesetzbuches (§§ 239, 257 HGB), der Abgabenordnung (§§ 146, 147 AO), der Grundsätze ordnungsmäßiger DV-gestützter Buchführungssysteme (GoBS) und weiteren steuerrechtlichen und handelsrechtlichen Vorgaben entsprechen. [3] Die Revisionssicherheit bezieht sich auch im Banken- und Sparkassenumfeld nicht nur auf die technischen Komponenten. Sie schließt zum Beispiel sichere Archivierungsabläufe und den Nachweis in einer Verfahrensdokumentation ein. Abgeleitet von den gesetzlichen Vorschriften gelten folgende Vorschriften für die Revisionssicherheit:

⇨ Ordnungsmäßigkeit,
⇨ Vollständigkeit,
⇨ Sicherheit des Gesamtverfahrens,
⇨ Schutz vor Veränderung und Verfälschung,
⇨ Sicherung vor Verlust,
⇨ Nutzung nur für Berechtigte,
⇨ Einhaltung der Aufbewahrungsfristen,
⇨ Dokumentation des Verfahrens,
⇨ Nachvollziehbarkeit,
⇨ Prüfbarkeit.

Die GoBS regeln konkret die Anforderungen an die Datenarchivierung und deren Umsetzung. Die Grundsätze ordnungsgemäßer DV-gestützter Buchführungssysteme sind vom Bundesfinanzministerium aufgestellt, um Buchführung mittels Datenverarbeitungssystemen eindeutig zu regeln. Im Konkreten werden in den GoBS die gesetzlichen Bestimmungen aus dem Handelsgesetzbuch und der Abgabenordnung erläutert. [4]

Aus SB-Daten Nutzen ziehen

Sind die Daten zentral erfasst, ausgewertet und elektronisch archiviert, bieten sich den Banken und Sparkassen erhebliche betriebswirtschaftliche Nutzenpotentiale. Die Zeiteinsparung in der Datenbereitstellung und -auswertung ist dabei ein zentrales Themenfeld. Damit einher geht aber selbstverständlich auch ein höherer Kundennutzen, der sich wiederum in einer spürbar höheren Kundenzufriedenheit niederschlägt. So zum Beispiel im Bereich der Reklamationsbearbeitung. Nur durch die zentrale Datenerfassung sind solche und ähnliche Themenbereiche vergleichsweise schnell möglich. Die kurze Bearbeitungsdauer führt zu einer signifikanten Steigerung der Kundenzufriedenheit.

Durch die notwendige Datentransparenz wird vorausschauendes Handeln möglich. Die Auswertung der Daten in Echtzeit bietet Banken und Sparkassen erhebliche Verbesserungspotenziale hinsichtlich der proaktiven Fehlervermeidung der SB-Geräte. Auch die Verfügbarkeit der Geräte kann durch die zentrale Auswertung betrieblich-technischer Daten spürbar verbessert werden. Dies hat selbstverständlich auch betriebswirtschaftliche Nutzen zur Folge, wie etwa weniger Gebührenausfälle von Fremdkundenverfügungen.

Und zusätzlich können auch sicherheitsrelevante Fragestellungen mit Hilfe der SB-bezogenen Daten beantwortet werden. So können mit Hilfe der Datenauswertung sowohl der internen als auch der externen (Manipulation am Geldautomaten, zum Beispiel) Betrugsprävention wichtige Schritte gelingen, die u. a. BASEL II (Kleinhaltung operationaler Risiken) von den Kreditinstituten fordert.

Quellen

[1]   *http://www.bankenverband.de/pic/artikelpic/102009/ta0910_rb_geldautomaten.pdf*

[2]   *http://de.wikipedia.org/wiki/Normalisierung_(Datenbank)*

[3]   *http://de.wikipedia.org/wiki/Revisionssicherheit*

[4]   *http://www.bundesfinanzministerium.de/nn_314/DE/BMF__Startseite/Service/Downloads/ Abt__IV/BMF__Schreiben/015,templateId=raw,property=publicationFile.pdf*

Zusammenfassung

Banken und Sparkassen setzen seit langem auf die maschinelle Abwicklung von Standardgeschäften. Um dauerhaft erfolgreich mit den Selbstbedienungsgeräten arbeiten zu können, sind verschiedene Rahmenbedingungen notwendig. Technisch betrachtet, können alle Daten von den SB-Geräten aufgefangen und weiterverarbeitet werden. Doch welche Daten sind sinnvoll und erzeugen betriebswirtschaftlichen Mehrwert, welche sollten so kosteneffizient wie möglich aufbewahrt werden? Welche juristischen Aspekte sind zu beachten? Um die Daten automatisch aufzufangen, bieten sich mehrere Wege an. Vor allem aber muss sichergestellt sein, dass die Verfügbarkeit der gespeicherten Informationen über den Zeitraum gemäß den Datenaufbewahrungspflichten gewährleistet ist.

Ferner sollte der Zugriff auf archivierte Daten schnell und unkompliziert erfolgen können. Voraussetzung ist die übergreifende Verwaltung unterschiedlicher Speichersysteme, um im nächsten Schritt durch Zwischenspeicher einen schnelleren Zugriff auf die Informationen aus den SB-Transaktionen zu gewährleisten. Mit Blick auf eine elektronische Archivierung der Daten empfiehlt sich mit zunehmender Archivierungsdauer eine geringere Detailtiefe der Datenbestände. Aus Gründen der Revisionssicherheit muss aber jeder Datensatz einzeln rekonstruiert werden können. Sind die Daten zentral erfasst, ausgewertet und elektronisch archiviert, bieten sich erhebliche betriebswirtschaftliche Nutzenpotenziale. Die Zeiteinsparung in der Datenbereitstellung und -auswertung ist dabei zentral. Gleichzeitig wächst der Kundennutzen, der sich wiederum in einer spürbar höheren Kundenzufriedenheit niederschlägt.

Das dauerhafte Entfernen von Datenspuren im Internet

Das Internet hat ein Gedächtnis, das einer Hydra ähnelt. Landet erst einmal eine Information im Netz, vervielfältigt sie sich rasch und ist kaum wieder aus der Welt zu schaffen, selbst wenn es gute Gründe hierfür gibt. Umso erstaunlicher ist es, wie sorglos immer noch viele Nutzer mit ihren Daten umgehen.

In diesem Beitrag erfahren Sie:
- warum zum Teil sehr persönliche Daten ins Netz geraten,
- welche Missbrauchsrisiken bestehen,
- unter welchen Umständen Daten wieder aus dem Netz entfernt werden können.

SUSANNE WILBERG

Digitale Datenspuren im Internet

Zu fast jeder Privatperson und zu jedem Unternehmen existieren Daten im Internet. Selbst wenn eine Person noch nie das Internet benutzt hat, können Daten vorhanden sein. Dies muss zunächst noch nicht problematisch sein. Doch der Ursprung, die Vielfalt und die Dauerhaftigkeit der Daten ist das eigentliche Problem, denn das digitale Gedächtnis des Internets vergisst nichts. Gerade die Dauerhaftigkeit und die Unmöglichkeit, eigene Daten wieder zu löschen, führen dazu, dass sich Unmengen von Daten in den verschiedensten Datenbanken ansammeln. Je nach dem Standpunkt des Betrachters kann es sich dabei um Datenmüll handeln oder um willkommene und demnach wertvolle Informationen – auch wenn ihr »Haltbarkeitsdatum« schon überzogen ist.

Suchmaschinen [1], Personensuchmaschinen [2], und soziale Netzwerke [3] liefern per Mausklick alle öffentlich im Netz auffindbaren Informationen zu einem Namen, ob privat oder beruflich. Das kann mitunter zu schwierigen Situationen führen. Unternehmen können durch einige negative Einträge in kurzer Zeit großen Schaden nehmen, Arbeitssuchende/ Arbeitnehmer leiden unter den Folgen ihrer Online-Reputation. Die Kontrolle der öffentlich auffindbaren Daten und das Managen der eigenen Person im Internet entwickelt sich zu einem stetigen Begleiter im Alltag.

Das Entfernen von Datenspuren ist eine Option, die hilft, problematische oder private Daten zur eigenen Person zu verändern. Doch geht das so einfach? Besteht ein Rechtsanspruch auf Entfernung und ist dies sowohl für Personen als auch Unternehmen möglich? Sind die Daten dann auch tatsächlich weg oder verbleibt noch etwas im World-Wide-Web? Dies wird im Folgenden näher erläutert. Da das Thema sehr umfassend ist, beschränkt sich die Betrachtung auf die Aspekte für Unternehmer, Unternehmen und deren Mitarbeiter sowie Arbeitnehmer.

Welche persönlichen Daten und Einträge gibt es im Internet?

Selbst ins Internet eingestellte Daten

Öffentlich auffindbare Informationen kommen aus ganz unterschiedlichen Quellen. So gibt es die selbst ins Netz gestellten Daten in sozialen und beruflichen Netzwerken, Foren, Blogs, Microblogs, Online-Shops, Bewertungsportalen, Presseportalen oder der eigenen Homepage. Es handelt sich um private oder berufliche Informationen und Beiträge, Meinungen, Bewertungen, Fotos, Videos. Mit Hilfe von Suchmaschinen sind diese durch den Bezug zum eigenen Namen auffindbar.

Autorisierte und nicht autorisierte Daten

Die zweite Gruppe sind Daten, die Andere autorisiert oder unautorisiert mit Bezug zum Namen im Internet veröffentlichen u. a. durch Vereine, Unternehmen, Behörden, Presse, Adressverlage, Blogs, Microblogs, Foren. Die Inhalte reichen von sachlicher Berichterstattung, privaten Daten, Meinungen, Bewertungen bis zu Online-Mobbing durch Beleidigung, Bloßstellung oder Diffamierung. Auch neue Geotools wie Google Streetview [4] oder Google Earth[5] zeigen mehr Privates als gewünscht. So kann man auf den Bildern genau die eigene Straße, das Auto, Personen etc. erkennen.

Welche Gefahren sind mit diesen Daten verbunden?

Die Daten werden nach dem jeweiligen Algorithmus der Suchmaschine in einem Ranking aufgelistet, und es entsteht mit wenigen Blicken beim Betrachter ein Eindruck zu einer Person oder einem Unternehmen.

Bei Unternehmen und Marken ist die Verwechslungsgefahr zumeist gering. Bei Namen zu Personen ist eine eindeutige Identifizierung nicht immer sofort möglich. Fast jeder Name ist diverse Male im Internet vertreten. Eine Verwechslungsgefahr ist häufig gegeben. Die Probleme sind auch hier wieder so vielfältig wie die Einträge. Einige Beispiele dazu:

Aus Datenmüll entsteht ein Datenpuzzle

Bei selbstinitiierten, personenbezogenen Daten entstehen die Probleme zumeist durch einerseits Unkenntnis der Auffindbarkeit in Suchmaschinen, Gedankenlosigkeit oder durch Ignorieren der möglichen Privatisierungsoptionen bei z. B. sozialen Netzwerken. Gern angeführtes Beispiel ist der Wunschzettel von Amazon [6]· Hier kann der Nutzer seine Wunschbücher eintragen. Doch viele wissen nicht, dass bei entsprechender Einstellung diese Liste für jedermann sichtbar wird. Die

Voreinstellungen der Portalbetreiber stellen zumeist eine öffentliche Sichtbarkeit ein und nur durch genaue Prüfung der Optionen seitens des Nutzers kann dies verändert werden.

Hat sich ein Nutzer in einem Medizinforum über seine Depression geäußert und das unter vollem Namen, kann sich dies in Hinblick auf die berufliche Entwicklung sehr nachteilig auswirken. Denn laut einer Studie [7] aus 2008 informiert sich bereits ein Drittel der Personalberater über potentielle Kandidaten im Internet, mit steigender Tendenz.

Sind Mitarbeiter in Netzwerken, Foren, Microblogs oder Blogs sehr offenherzig, kann es für Unternehmen kritisch werden. Sowohl der Wettbewerber als auch Kriminelle freuen sich über jedes Interna. Aus dem Datenmüll entwickelt sich ein Datenpuzzle.

Meinungsfreiheit und Manipulationspotenziale im Web 2.0

Gelangen Daten durch Dritte ins Netz, entstehen zumeist die Probleme durch negative Bewertungen, private Fotos, Videos oder auch sensible Adressdaten. Die Plattform Spickmich.de [8] hat gerade vor dem Bundesgerichtshof die nächste gerichtliche Instanz gewonnen. Eine Lehrerin hatte geklagt, weil sie ihre Persönlichkeitsrechte durch eine negative Benotung durch Schüler in diesem Portal verletzt sah. Die Richter entschieden, dass es sich um die Bewertung ihrer beruflichen Tätigkeit handelt und nicht um ihre private Person.

Für viel Ärger sorgt das sogenannte Online-Mobbing. Es werden gezielt, zum Schaden einer Person, falsche Daten, ungünstige, gegebenenfalls radikale Äußerungen in Blogs oder Foren oder ganz Privates veröffentlicht. Die Urheber können häufig nicht ausfindig gemacht werden. Hetzkampagnen, die sich auch in Presseorganen wiederfinden, sind meist für die Person langfristig sehr schädlich. Der Widerruf oder die Widerlegung durch gerichtliche Urteile ist zumeist keine große Notiz mehr wert und so bleibt das Negative zumeist an vorderster Stelle der Suchergebnisse und im Gedächtnis präsent.

Ein weiteres Problem ist der Identitätsdiebstahl z. B. durch Anlegen eines Fake-Profils. So kämpfen Politiker und Prominente in Twitter gegen falsche Accounts, angelegt mit ihrem Namen, die Falschmeldungen, Unqualifiziertes und für Dritte nicht immer Nachvollziehbares verbreiteten. Bei E-Bay [9] entstehen häufig Probleme, wenn sich Nutzer unter dem Namen eines Dritten anmelden und Waren bestellen.

Die große Meinungsfreiheit im Web 2.0 bietet mehr Transparenz aber auch Manipulationspotenzial. Verbraucher hinterlegen ihre Meinungen z. B. zu Hotels, Reiseveranstaltern, Gastronomie, Marken, Produkten, Verkäufern oder Dienstleistungen. Arbeitnehmer können ihr Unternehmen bewerten. Lehrer und Schulen werden von Schülern und Eltern bewertet. Die Bewertungen sind zumeist anonym. Wie der Fall der Deutschen Bahn [10] zeigt, ist jeder Eintrag auch kritisch zu betrachten, denn häufig werden die Bewertungen von der Konkurrenz (dann zumeist negativ motiviert) und auch von Beurteilten selbst (dann zumeist positiv motiviert) eingestellt. Sehr umstrittene Angebote wie Rotten Neighbour [11] oder dontdatehimgirl [12] sind Auswüchse der Bewertungsoptionen, die keinerlei positive Aspekte enthalten. Hier kann anonym jeder öffentlich seinen Nachbarn, seine Ex-Liebe oder auch sonstige Personen an den Pranger stellen.

Der Fall Deutsche Bahn

Um das Image zu verbessern, platzierte die Bahn mittels erfundener User positive Einträge und Videos in Internetforen. Die 1,3 Millionen Euro teure Manipulation flog Mitte 2009 auf, sorgte für erheblichen PR-Schaden und zog eine öffentliche Rüge des Deutschen Rates für Public Relations nach sich. Die Bahn trennte sich vom verantwortlichen Generalbevollmächtigten für Kommunikation und Marketing.

Für Unternehmen, Marken oder Dienstleistungen bieten Bewertungsportale aber auch eine große Chance. Öffentlich geäußerte Meinungen sind ein sehr guter Fundus für die Produktentwicklung und die Strategie. Nirgendwo bekommt man so direkt und quasi kostenfrei Verbrauchermeinungen geliefert. Das Ignorieren dieser Meinungen und der

Bewertungen ist für Unternehmen ein Risiko. Zusätzlich bieten sich diverse Optionen, in Interaktion mit dem Kunden zu treten.

Warum ist eine Entfernung sinnvoll?

Reputationsservices wie Dein guter Ruf [13] sind aus einer Notwendigkeit heraus entstanden. Die Kehrseite der weitreichenden Optionen und Funktionalitäten des Web 2.0 haben unmittelbar negativen Einfluss auf privates und berufliches Leben genommen. Die Erkenntnis, dass der eigene digitale Fußabdruck per Klick im Netz in Sekunden sichtbar wird, hat Einige überrascht. Eine Entfernung der negativen Einträge und Daten, ob selbst verschuldet oder von anderen eingestellt, ist ein wichtiges Element, um sich um die eigene Datensouveränität zu kümmern und mögliche negative Folgen zu vermeiden bzw. umzukehren.

Können Daten wirklich aus dem Netz entfernt werden?

»Was einmal im Netz steht, geht nie wieder raus«. Dies ist aus technischer Sicht sicherlich eine vertretbare Aussage. Dennoch können Daten entfernt und deren Auffindbarkeit unmöglich gemacht werden und darauf kommt es ja an. Wie geht man dabei vor, wo sind die Grenzen, welches sind die juristischen Hintergründe? Dies wird im Folgenden beschrieben.

Alle Daten, die im Internet zu finden sind, haben einen Ursprung. Diese »Quelle« ist entscheidend, um eine Entfernung zu beantragen. Jede Domain ist registriert; über das Impressum, Kontaktoptionen auf der Webseite oder durch Whois-Abfragen [14] erhält man die gewünschten Kontaktdaten.

Theoretisch kann jeder Inhalt im Netz auch wieder entfernt werden. Leider ist das nicht so einfach, da jeder Eintrag auch auf verschiedenen weiteren Servern neben dem Ursprung zu finden ist; Suchmaschinen indizieren Einträge und listen diese dann in ihren Suchergebnissen. Internetarchive [15] speichern langfristig ein Abbild jeder Webseite. Durch Verlinkungen und Zweitverwertungen entstehen zusätzliche Verknüpfungen. Inhalte werden auf externe Festplatten heruntergeladen und entziehen sich so dem Zugriff.

Nicht jeder auf der Ursprungsseite entfernte Eintrag ist ab Löschung nicht mehr auffindbar. Erst wenn die Suchmaschinen mit ihren Robots die Seite erneut besuchen, erfolgt eine neue Indizierung, und der Eintrag ist vollständig entfernt. Zunächst aber erscheint noch das Suchergebnis mitsamt Link, dieser führt dann aber nicht mehr zu dem gelöschten Inhalt. Durch die Cache-Funktion [16] innerhalb des Suchergebnisses ist der Eintrag allerdings jederzeit noch reproduzierbar. Die meisten Suchmaschinen bieten eine Option, den Cache [16] zu entfernen.

Dies ist der letzte Schritt bis zur vollständigen Entfernung aus den Suchergebnissen. Anschließend kann nur abgewartet werden, bis die Suchmaschine durch eine neue Indizierung das Suchergebnis entfernt. Für die Internetarchive muss eine eigene Entfernung beantragt werden.

Allerdings ist das Maß aller Dinge die Google-Suche, mit 81,22 % weltweit die meistgenutzte Suche [17]. Die Archivseiten sind dort nicht als Ergebnis gelistet. Doch zunächst ist zu prüfen, ob es eine rechtliche Grundlage gibt, auf der agiert werden kann.

Entfernen von Daten auf Grund juristischer Handhabe

Laut deutscher Rechtssprechung gibt es nur einige wenige juristische Sachverhalte, die eine Entfernung begründen. Dazu gehören die Missachtung der Persönlichkeitsrechte, u. a. das Recht am eigenen Foto, Beleidigung, Verleumdung, üble Nachrede, Diffamierung oder Verletzung des Marken-, Urheber-, Wettbewerbsrechts. In diesen Fällen kann ein Betroffener eine Entfernung verlangen und gegebenenfalls gerichtlich erwirken. Der Webseitenbetreiber ist persönlich dafür verantwortlich, dass der Inhalt nachhaltig auf der Webseite entfernt wird. Dies ist allerdings nur der erste Schritt, denn die Auffindbarkeit über Suchmaschinen bzw. über weitere Server ist auch nach Entfernung auf der Ursprungsseite noch möglich. Für die Entfernung des Eintrages in Internetarchiven [14] besteht keine Verpflichtung seitens des Webseitenbetreibers. Ist der Betreiber der Webseite im Ausland ansässig, greift die deutsche Rechtssprechung nicht. Hier muss sich der Geschädigte auf eine lange juristische Auseinandersetzung gefasst machen.

Entfernen von Daten mit Hilfe von Reputationsservices

In der überwiegenden Anzahl der Fälle gibt es keine juristische Handhabe für eine Entfernung. In diesen Fällen kommen Reputationsservices wie »Dein guter Ruf« oder Eigeninitiative in Frage. Nur über die Ermittlung und den Kontakt zum Webseitenbetreiber kann eine Entfernung erreicht werden. Voraussetzung dafür ist, dass der Webseitenbetreiber auch die Bereitschaft dazu aufbringt. Bei der Vielfalt der möglichen nachteiligen Einträge sind die Schwierigkeitsgrade dabei auch sehr unterschiedlich. Die Erfahrungswerte von »Dein guter Ruf« zeigen, dass die Bereitschaft grundsätzlich gegeben ist. Allerdings setzt auch die nachhaltige Entfernung ein gewisses technisches Know-how bei dem Webseitenbetreiber und Anfragendem voraus. Hier einige Beispiele:

⇨ *Forenbeiträge* enthalten zumeist Kommentare von mehreren Teilnehmern. Hier würde die Entfernung die gesamte Diskussion verzerren, was Betreiber von Foren zumeist nicht möchten. In diesen Fällen wird durch Anonymisierung des Namens die Auffindbarkeit in Suchmaschinen verhindert. Der eigentliche Beitrag bleibt erhalten. Diese Methode erfordert eine bereitwillige Kooperation vom Webseitenbetreiber.

⇨ *Fotos/Videos:* Eine besondere Herausforderung ist die Entfernung von Fotos und Videos. Hier ist eine große Gefahr, dass die Daten aus dem Netz auf private Festplatten gespeichert wurden und jederzeit wieder hochgeladen werden können. Das bedingt eine ständige Kontrolle sowie wiederholte Löschbemühungen, um langfristig erfolgreich zu sein. Hat ein Foto keinen Namensbezug, ist es sehr schwer, dieses zu finden. Bisher gibt es nur einen amerikanischen Anbieter, der mit einer Technik in diesem Segment aufwarten kann.

⇨ *Blogs:* Die Entfernung von Meinungen bzw. Berichten zu einer Person oder Marke in Blogs ist ein sehr sensibles Thema. Viele Blogs sind journalistisch geprägt und bestehen auf die Presse-/ Meinungsfreiheit. Bei Anfrage zur Entfernung besteht das Risiko, dass dieses Bemühen sich im Blog als Beitrag wiederfindet. Das gegenteilige Ziel wird erreicht und die Situation sogar noch verschlimmert.

⇨ *Presseberichte:* Entfernungen von Presseartikeln sind heikel. Bei Personen des öffentlichen Interesses oder Unternehmen ist dies in der Regel keine Option. Hier greift nur das Recht auf Entfernung meist nur, wenn Persönlichkeitsrechte oder die Privatsphäre verletzt werden. Dass es dabei einen großen Ermessensspielraum gibt, liegt auf der Hand. Doch ganz aussichtslos ist es nicht. Wenn ein Artikel z. B. schon sehr alt ist, die Sachverhalte oder Produkte sich bereits verändert haben, kann in der Regel auch eine Entfernung erreicht werden.

⇨ *Spamseiten:* Spamseiten [18] verlinken mit Namensbezug innerhalb der Suchergebnisse auf eine virusinfizierte, pornografische oder unlautere Webseite. Da hier die Seitenbetreiber anonym agieren und über die geeigneten Kommunikationskanäle nicht zu erreichen sind, kann eine Sperrung der Seiten innerhalb der Suchmaschinen beantragt werden.

⇨ *Bewertungsplattformen:* Die Möglichkeiten der Entfernung von negativen Meinungen und Bewertungen innerhalb der Plattformen ist sehr eingeschränkt, da ja dies die Basis der Geschäftsidee ist, wie im Fall Spickmich [8] zu erkennen ist. In den jeweiligen Nutzungsbestimmungen sind die Möglichkeiten festgelegt. Da ein Missbrauch mit Vorteilnahme, z. B. durch die Konkurrenz, nicht ausgeschlossen werden kann, werden Prüfungen der Einträge durch die Webseitenbetreiber angeboten. Leider gibt es auch die weniger seriösen Anbieter, bei denen die Bereitschaft zur fairen Kontrolle nicht vorhanden ist. Hier helfen meist nur juristische Mittel, wenn alle anderen Optionen keinen Erfolg zeigen.

Gibt es Grenzen der Entfernung?

Wie im Vorangegangen beschrieben, gibt es viele Fälle, in denen ein problematischer Web-Eintrag zu Nachteilen für Individuen oder Unternehmen führen kann. Dies kann zu einer großen psychischen oder beruflichen Belastung für den Einzelnen oder zu Umsatzrückgang und materiellem Schaden bei Unternehmen führen. Hier sollte es grundsätzlich eine Bereitschaft von Seiten der Web-Seitenbetreiber geben, die Einträge zu entfernen. Niemals zuvor war ein öffentliches Medium so stark und mächtig, da es alle Informationen auf Anfrage aus dem Langzeitgedächtnis präsentiert.

Noch nie waren so viele Daten zu Personen digitalisiert und unmittelbar verfügbar. Sowohl die Medienkompetenz der Nutzer als auch die gesetzlichen Rahmenbedingungen sind hier noch sehr reformierungsbedürftig und können mit der rasanten Entwicklung nicht Schritt halten.

Kritiker, die das Entfernen von ungünstigen Webeinträgen als »reinwaschen« verstehen, berücksichtigen nicht, dass nicht alles im Netz der Realität entspricht. Auch ist es nicht unbedingt fair, wenn jemand sein Leben ändern möchte und auf Grund von früheren Tätigkeiten, einer lange schon geänderten Meinung zu einem Thema oder einer zurückliegenden Insolvenz tagtäglich Nachteile erfährt. Auch Informationen sollten irgendwann verjähren dürfen. Der Harvard-Professor Victor Mayer-Schönberger [19] plädiert daher für die Selbstbestimmung der Internetuser. Sie selbst sollen ein Verfallsdatum für die Daten bestimmen. Nach seiner Ansicht verlieren viele Daten mit der Zeit an Wertigkeit. Jeder, der etwas ins Netz stellt, kann selbst angeben, wie lange diese Information oder Datei verfügbar sein soll.

Das Presserecht ist ebenfalls ein Faktor, der eine Entfernung schwierig bis unmöglich macht, vor allem, wenn es sich um Politiker, Topmanager oder Personen des öffentlichen Interesses handelt. Die Berichterstattung sowie Kritik müssen als ein Teil des Geschäfts akzeptiert werden. In diesen Fällen ist ein aktives Management der eigenen Online-Darstellung und Kommunikationswege die bessere Empfehlung: das sogenannte Online Reputations-Management. Einige Prominente nehmen durch selbstmotivierte Aktivitäten und Veröffentlichung von privaten Fotos und Meinungen in sozialen Netzwerken und Twitter [20] der yellow press bereits die Grundlage, denn sie befriedigen die Neugier der Fans oder Interessenten direkt aus erster Hand und das auch noch schneller.

An eine weitere Grenze stößt man, handelt es sich um Einträge, die einen strafrechtlichen Hintergrund haben und eine Person im Zusammenhang mit z. B. rechtsradikalen Ansichten, pädophilen Neigungen oder kriminellen Vorgeschichten bringen. Da fast nie sofort zu ermitteln ist, ob es sich dabei um üble Nachrede oder Diffamierung handelt oder doch der Realität entspricht, ist hier eine juristische Unterstützung zu empfehlen, um die Interessen gegenüber dem Webseitenbetreiber zu vertreten. An dieser Stelle zeigt sich auch die leichte Verwundbarkeit und Manipulierbarkeit der Wahrheit im Netz, in dem mit vergleichsweise geringen Mitteln eine Person, oder ein Unternehmen in eine Schieflage gebracht werden kann.

Wie wird Negatives im Netz verhindert?

Hier sind vor allem die Medienkompetenz und das Datenschutzbewusstsein eines jeden Internetnutzers gefragt. Die jeweiligen Privatisierungsoptionen in den Portalen sowie die AGB und Datenschutzhinweise sind genau zu prüfen, denn oft bieten sie Optionen, die auch genutzt werden sollten.

Der eigene Name ist sparsam und nur im beruflichen Kontext einzusetzen. In privat genutzten Portalen sollten, wo sinnvoll, nur Usernamen (kein Klarname) verwendet werden, die keinen Rückschluss auf den richtigen Namen zulassen, das gilt natürlich auch für die E-Mail Adresse. In privat genutzten Netzwerk-Profilen sollten nur Kontaktanfragen, die auch tatsächlich zum Bekanntenkreis gehören bestätigt, die Sichtbarkeit in Suchmaschinen eingeschränkt und Privates nur wenigen angezeigt werden. Grundsätzlich ist Datensparsamkeit ratsam.

In beruflicher Hinsicht ist ein aktives Management der Online-Reputation sinnvoll und verdrängt bisweilen auch Negatives auf hintere Ränge in den Suchergebnissen.

Nicht selbst erstellte Inhalte können nur durch regelmäßiges Monitoring der Sucherergebnisse seitens der Internetnutzer oder Unternehmen gefunden werden. Das ermöglicht eine schnelle Reaktion und verhindert unter Umständen größere Schäden.

Zukünftige Entwicklungen

Aus technischer Sicht

Die Frage ist, ob es irgendwann einen Daten-Overload gibt. Schon heute haben Nutzer ein wachsendes Problem, die Flut an Informationen, die aus dem Netz kommt, zu bewältigen. Der geheime Algorithmus von Suchmaschinen liefert Suchergebnisse in einer bestimmten Reihenfolge, die nicht unbedingt einen zeitlichen oder inhaltlichen Sinn ergeben. Dies birgt die Gefahr einer Verzerrung der Realität. Nur wenige Menschen machen sich die Mühe, mehr als die ersten 10 Suchergebnisse zu lesen, und so bestimmt eine Suchmaschine die Relevanz von Daten.

Innerhalb der Suchtechnologien gibt es zwei Trends:
1) Die semantische Suche: erstes Beispiel am Markt ist Wolframalpha. [21] Die neue Suchtechnologie soll helfen, einen besseren Überblick mit inhaltlichen Verknüpfungen zu erhalten.
2) Die Personensuche: Personensuchmaschinen [2] wie yasni.de, 123people oder spock.com zeigen auf einen Blick alles öffentlich Verfügbare zu einem Namen. Hohe Zuwachsraten machen deutlich, dass die Informationen zu Personen ein wachsender Markt sind.

Um die Sicherheit bei der Authentifizierung innerhalb von Netzwerken zu erhöhen und den Identitätsdiebstahl einzudämmen, werden neue sicherere Zugangstechnologien entwickelt.

Aus Datenschutzsicht

Der Datenschutz und die Datensicherheit bleiben noch häufig auf der Strecke. So kann ein Internetnutzer nur bedingt beeinflussen, was über ihn im Netz zu finden ist, und meist ist es ein schwieriger Prozess, Unerwünschtes zu entfernen. Gesetzlich geregelte Standards gibt es nur national, weltweit gibt es keine allgemeine Rechtsgrundlage. Hier liegt zukünftig eine wichtige Aufgabe darin, den gesetzlichen Schutz zu reformieren und den neuen Realitäten im Netz anzupassen.

Aus gesellschaftlicher Sicht

Die Digitalisierung der Daten schreitet voran. Proteste gegen die Volkszählung in 1987 muten jetzt fast skurril an, wenn man bedenkt, welche Daten heute überall frei verfügbar sind und auch freiwillig preis gegeben werden. Das Internet und die damit verbundenen Optionen sind aus dem sozialen Leben, der Arbeit und der Unternehmen nicht mehr wegzudenken. Hohe Zuwachsraten in den Netzwerken wie Facebook und wer-kennt-wen [3] sowie in Businessportalen wie Xing oder LinkedIn [3] untermauern die Erkenntnis, dass mittelfristig niemand mehr ohne eine digitale Identität auskommt und diese auch aktiv pflegen muss. Nicht nur für private Nutzer, auch für Unternehmen und ihre Führungskräfte sind neue Kommunikationskanäle und -optionen im Internet eine große Chance. Dennoch, eine Studie von Überceo [22] ermittelte, dass die meisten CEOs der 100 Fortune Unternehmen nicht die Optionen, die social media [23] ihnen bietet, nutzen. Vermutlich aus Zeitmangel, Berührungsängsten und einem gut funktionierenden Offline-Netzwerk.

Fazit

Jeden Tag werden Unmengen an Daten im Netz produziert, wobei die Entscheidung, ob es sich um Müll oder eine wertvolle Information handelt, nicht immer ganz eindeutig ist. Ein einfaches Verfahren der

»Müll-Entsorgung« oder »-Trennung« gibt es nicht. So muss jeder selbst mit seiner Medienkompetenz und seinem Datenbewusstsein ein Stück weit zur Datensicherheit beitragen. Jeder, der Daten ins Netz stellt, sollte sich der Langfristigkeit und der möglichen Konsequenzen bewusst sein. Portalbetreiber/Unternehmen müssen ihre Kunden schützen und das Vertrauen in die Datensicherheit geben. Die Überwachung, Pflege und Entwicklung der Online-Reputation entwickelt sich zu einem dauerhaften Begleiter im Leben von Privatpersonen und Unternehmen.

Legende

[1] *www.google.de, www.yahoo.de, www.ask.de*

[2] *www.yasni.de, www.123people.de, www.spock.com*

[3] *www.facebook.com, www.wer-kennt-wen.de, www.studivz.de, www.linkedin.com, www.xing.de, www.meinvz.de*

[4] *http://maps.google.de/intl/de/help/maps/streetview/faq.html*

[5] *http://earth.google.de/*

[6] *www.amazon.de*

[7] *Quelle: BDU, 269 befragte Führungskräfte aus Personalberatungen*

[8] *www.spickmich.de*

[9] *www.ebay.de*

[10] *Quelle: http://www.spiegel.de/wirtschaft/0,1518,627353,00.html*

[11] *www.rottenneighbor.com*

[12] *www.dontdatehimgirl.com*

[13] *www.deinguterruf.de*

[14] *www.denic.de*

[15] *www.archive.org, www.wayback.com*

[16] *Quelle: http://de.wikipedia.org/wiki/Cache*

[17] *Quelle: http://de.statista.com/statistik/daten/studie/13117/umfrage/suchmaschinen-nach-anteil-der-suchanfragen-im-juni-2009/#*

[18] *Quelle: http://de.wikipedia.org/wiki/Suchmaschinen-Spamming*

[19] *Quelle: http://www.golem.de/0804/58721.html*

[20] *www.Twitter.com*

[21]   *http://www.wolframalpha.com/*

[22]   *Quelle: http://www.uberceo.com/ceoslackers*

[23]   *Quelle: http://de.wikipedia.org/wiki/Social_Media*

Die genannten Webseiten mit ihren Angeboten sind exemplarisch für viele ähnliche Angebote zu verstehen.

Zusammenfassung

Das Internet ist aus dem heutigen Leben nicht mehr wegzudenken. Informationen, Meinungen, Nachrichten, Presseberichte, Profile, Bewertungen werden täglich im Netz veröffentlicht und stehen über Suchmaschinen jedermann zur Verfügung. Das digitale Gedächtnis reproduziert auf einen Blick Datenspuren zu Privatpersonen oder Unternehmen mit ihren Produkten oder Dienstleistungen. Der Kontrollverlust über die eigenen Daten birgt Risiken. Ein unbedacht verfasster Eintrag kann die Karriere kosten, wenn ein Personalverantwortlicher diesen per Suchmaschine findet. Ein Unternehmen kann großen Imageschaden erleiden, posten Verbraucher ihre negativen Eindrücke im Netz. Oft hilft hier das Entfernen von Daten aus dem Internet, um Schadensbegrenzung zu erreichen. Grenzen der Entfernung sind durch presse-/datenschutzrechtliche, ethische, technische Rahmenbedingungen und nicht zuletzt durch den Widerstand der verantwortlichen Webseitenbetreiber gesetzt. Auf der anderen Seite bietet das aktive Gestalten der Daten und der Reputation im Netz viele Chancen und neue Möglichkeiten, das eigene Image zu verbessern und in direkten Kontakt mit Bekannten, Verbrauchern oder neuen Zielgruppen zu kommen. Web-Medienkompetenz und kreative Nutzung sind schon heute ein entscheidender Vorteil, um auf die Datenspuren im Netz nicht nur reagieren, sondern sie gestalten zu können.

Management von IT-Services
Digitale Fachbibliothek auf USB-Stick

Eine wachsende Zahl von Unternehmen hängt insbesondere von der Qualität ihrer IT ab. Störungen können schlimmstenfalls ihre Existenz bedrohen. Daher ist die Steuerung der IT-Services eine Managementaufgabe ersten Ranges.

Die Grundlagen und Methoden eines modernen IT-Managements werden auf diesem praxisorientierten Ratgeber erstmals auf USB-Stick zugänglich gemacht und durch eine Vielzahl von Praxisbeispielen veranschaulicht.

Sie finden hier Fachwissen auf mehreren tausend Seiten und in über hundert Powerpoint-Präsentationen und Excel-Tools. Die Bibliothek bietet Ihnen viele Funktionen für eine effiziente Wissensarbeit. Etwa die praktische Volltextsuche, die Sie schnell zum Ziel führt oder die Import-Funktion, mit der Sie eigene Inhalte in die Bibliothek integrieren.

Den USB-Stick können Sie sofort ohne Installation nutzen. Sie können Ihre Bibliothek online aktualisieren – schnell, mobil und wann Sie wollen.

Die Digitale Fachbibliothek bietet umfassende Informationen zu diesen Themenfeldern
⇨ strategischen Planung
⇨ Entwicklung von IT-Services
⇨ Service Level Management
⇨ IT-Governance
⇨ Outsourcing
⇨ Best Practice Frameworks wie COBIT und ITIL

Bestellung per Fax: 0211/8669323
Leseproben unter:
www.servicemanagement-aktuell.de

Management von IT-Services
M.G. Bernhard, R. Blomer,
H. Mann, (Hrsg.)
Digitale Fachbibliothek
auf USB-Stick,
über 4.000 Seiten mit zahlreichen
Arbeitshilfen, Excel-Tools und
Powerpoint-Präsentationen,
ISBN 978-3-939707-27-1
Preis 201,11 Euro
(incl. MwSt. und Versandkosten)
Symposion Publishing

symposion

Enterprise Architecture Management in der Praxis
Wandel, Komplexität und IT-Kosten im Unternehmen beherrschen

Die Bedeutung des Enterprise Architecture Managements (EAM) ist in den vergangenen Jahren kontinuierlich gestiegen.

Aber was genau ist unter diesem Konzept eigentlich zu verstehen, was leistet es und wie lässt es sich in einer Organisation gewinnbringend einsetzen?

Dies sind die Ausgangsfragen dieses Buchs. Seine Autoren zeigen praxisnah: EAM ist ein nützliches Instrument sowohl für ein kosten- als auch für ein leistungsorientiertes Management der IT. Es ermöglicht IT-Kosten für Entwicklung und Betrieb proaktiv zu steuern und die Komplexität der Anwendungslandschaft zu managen. EAM hilft dabei, Geschäftsanforderungen effektiv umzusetzen und gleichzeitig die IT-Komplexität in den Griff zu bekommen.

Aktuelle Fallbeispiele aus den Bereichen
- ⇨ Transport und Logistik,
- ⇨ der Bankenbranche,
- ⇨ dem Mittelstand
- ⇨ und der Öffentlichen Verwaltung sowie ein umfassender Überblick marktgängiger EAM-Tools machen diesen Band zu einem unverzichtbaren Ratgeber für alle IT-Verantwortlichen, die sich mit dem Thema beschäftigen.

Bestellung per Fax: 0211/8669323
Leseproben unter:
http://www.symposion.de/?i/0002700

Enterprise Architecture Management in der Praxis.
Wandel, Komplexität und IT-Kosten im Unternehmen beherrschen
Hrsg.: Keuntje, Jan H.; Barkow, Reinhard, 1. Auflage, Hardcover, 430 Seiten mit zahlreichen Abbildungen
ISBN 978-3-939707-70-7
Preis 69,00 EUR (incl. MwSt. und Versandkosten)
Symposion Publishing, 2010

symposion